哈佛中国史
HISTORY OF IMPERIAL CHINA

[加] 卜正民 - 主编

05

THE TROUBLED EMPIRE
China in the Yuan and Ming Dynasties

挣扎的帝国

元与明

【加】卜正民－著 ｜ 潘玮琳－译

中信出版集团 · CHINACITICPRESS · 北京

图书在版编目（CIP）数据

挣扎的帝国：元与明 /（加）卜正民著；潘玮琳译
. -- 北京：中信出版社，2016.10（2025.11 重印）
（哈佛中国史）
书名原文：The Troubled Empire: China in the Yuan and Ming Dynasties
ISBN 978-7-5086-6454-5

Ⅰ. ①挣… Ⅱ. ①卜… ②潘… Ⅲ. ①中国历史 – 元代②中国历史 – 明代 Ⅳ. ① K247 ② K248

中国版本图书馆 CIP 数据核字（2016）第 162070 号

挣扎的帝国：元与明

著　　者：[加] 卜正民
译　　者：潘玮琳
策划推广：中信出版社（China CITIC Press）
出版发行：中信出版集团股份有限公司
（北京市朝阳区东三环北路 27 号嘉铭中心　邮编　100020）
（CITIC Publishing Group）
承 印 者：河北鹏润印刷有限公司

开　　本：960mm×1300mm　1/32　　印　　张：11.25　　字　　数：289 千字
版　　次：2016 年 10 月第 1 版　　印　　次：2025 年 11 月第 27 次印刷
审 图 号：GS（2021）8073 号
书　　号：ISBN 978-7-5086-6454-5
定　　价：68.00 元

目录 | Contents

第9章　南　海

第10章　崩　溃

推荐序

葛兆光

卜正民（Timothy Brook）教授主编的“哈佛帝制中国史书系”（History of Imperial China，Harvard University Press，2009—2013）共6卷，由陆威仪（Mark Edward Lewis，负责《秦汉》《南北朝》《唐朝》三卷）、库恩（Dieter Kuhn，负责《宋朝》卷）、卜正民（Timothy Brook，负责《元明》卷）、罗威廉（William T. Rowe，负责《清朝》卷）等四位学者分别撰写，现在译成中文在国内出版，这是一个应该关注的事情。我们知道，习惯于专题研究的欧美学者，对撰写上下通贯、包罗万象的通史，向来抱持谨慎态度，特别是近半个世纪以来，欧美中国学界撰写系统的中国通史并不多，除了卷帙浩繁而且内容专深、至今也没有全部完成的多卷本“剑桥中国史”系列和伊沛霞（Patricia Buckley Ebrey）为入门者撰写的较为简单的单卷本《剑桥插图中国史》之外，在我有限的视野内，还没有一部通贯上下而又分量适中的中国通史。这套上起秦汉，下至清代的6卷本通史系列出版，或许可以呈现近年来欧美学者较为全面的中国历史认识。

承蒙卜正民教授和严搏非先生的信任，让我为这套书的中译本写一篇序。我很乐意在这里谈一下我的读后感，严格地说，这并不能叫作“序”，只是一些感想，特别是一个在中国的中国史研究者的感想。

一

我曾说过，20世纪以来现代中国历史学的变化，大致可以概括为四点：一是时间缩短（把神话传说从历史中驱逐出去）；二是空间放大（超越传统中国疆域并涉及周边）；三是史料增多（不仅仅是新发现，也包括历史观念变化后更多史料进入历史视野）；四是问题复杂（分析历史的问题意识、评价立场、观察角度的多元化）。这四点当然说的只是清末民初以来20世纪中国的历史学，现在虽然已经是21世纪，而且这套“帝制中国史”也并不是中国史学界而是欧美学术界的作品，不过，无论这四点变化是否属于“现代性的历史学”（据说“现代性历史学”在如今这个“后现代”的阶段已经过时），或者只属于“中国的历史学”（中国现代学术始终与世界现代学术有所不同），但在我看来，它表现出来的历史研究与通史叙事之变化，仍在这一现代历史学延长线上，这套著作呈现的历史新意，恰好也可以分别归入这四个方面。

先看“时间缩短”。作为“帝制中国”的历史，这套书是从秦汉开始，而不是像中国学者的中国史那样，总是从上古（甚至从石器时代，即毛泽东所说“一片石头，敲过小儿时节”）写起。这一“截断众流”的写法，是否暗示了“秦汉奠定‘中国’”这一历史观念？我不敢断言，因为这一问题相当复杂。但是，这里可以简单一提的是，由于对“中国”/“帝制中国”的历史这样开始叙述，不仅避免了有关何为“最初的中国”这样的争论（这些争论现在还很热闹），也表达了秦汉时代奠定“中国”/“帝制中国”的观念。陆威仪在《秦汉》这一卷中说，“（前帝国时代，人们）要么以‘秦人’‘齐人’‘楚人’为人所知，要么以其他诸侯国国名命名，或者以某个特定地域命名，比如‘关内人’”，但是，秦的统一，则“把这些不同的人群在政治上联结起来”。我同意这一看法，虽然殷周时代可能已经有“中国”意识，但只有到秦汉建立统一帝国，先推行“一法度、衡石丈尺，车同轨，书同文字”，后在思想上“独尊儒术”，在制度上“霸王道杂之”，一个初步同一的“中国”才真正形成。陆威仪指出，秦汉历史的关键之一，就是“帝国内部的去军事化（demilitarization）和对国家边境的边缘族群所开展的军事活动”。如果说，由于秦汉在制度（在文字、货币、行政、法律、度量衡以及交通上整齐划一）、文化（通过政治力量，建立共同的生活习俗与文明规则，由帝国统一去除地方化，建立共同的神圣信仰，通过历史书写确立帝国边界，形成共同历史记忆）、社会（在政治上有共同国家观念，在社会上形成声气相通的群体，在思想上有共同伦理的士大夫阶层）三方面的推进，使得“中国”/“帝制中国”

成为一个具有内在同质性的国家，那么，包括秦之“销锋镝”，即《史记》所说的“收天下兵，聚之咸阳”，铸十二金人；汉之削藩平七国之乱，中央派遣官员巡行天下，使军队统一由中央管理；加上对四夷用兵以凸显“内部统一,四夷环绕”，都对形成统一帝国起了巨大作用。正如他所言，“把天下想象为由游牧民族和中国二者所构成，标志着一个巨大的进步”，换句话说，就是通过内部的同质化，通过外部的“他者”塑造“我者”意识，形成国族的自我认同，于是有了明晰的“中国”。

近二三十年来，中国学界有一种不断发掘历史、把“我们的中国”向上追溯的潮流，从官方推动的“夏商周断代工程”“文明探源工程”，到近年由于考古发掘而重新认识“最初的中国”，这里面当然有相当复杂的动机和背景，不过，越追越早的历史也碰到一个理论与方法的瓶颈，这就是原本“满天星斗”的邦国，什么时候才可以算内在同一的“中国”？在什么样的历史形态下，那片广袤区域才有了一个“中国”共识？这套“帝制中国史”用了“帝制”这个概念，把这个问题放在括号中搁置下来暂缓判断，无疑是聪明的方案。当然，帝制中国是一个“帝国”，既然作为“帝国”，秦汉疆域内仍然有着多种民族与不同文化，不过重要的是，在这个“帝国”之内，那个叫作“中国”的政治—文化共同体也在逐渐形成，并且日益成为“帝国”的核心。陆威仪在讨论秦汉时代的历史意义时，就指出在这个帝国控制下，“中国”，也就是帝国的核心区域，由于制度、文化、社会的整合，不仅在内部“去军事化”，而且在政治—文化—生活上逐渐“同质化”。这一点对我们来说相当有意义，对于此后的历史叙述也相当重要，因为这可以说明历史中的“中国”的形成、移动和变化，当然也是在扩大。因此，我们看到《南北朝》卷相当突出“中国地理的重新定义”，所谓“重新定义”，就包括长江流域以及南方山区（即属于古人所说“溪洞濮蛮”的地区）的开发，它拓展了“中国”的疆域和文化，而《唐朝》卷则再一次强调“中国地理的再定义”，指出中国政治文化中心的转移和南北经济文化重心的变化，在这一过程中，“中国”的形成与扩张才逐渐显现出来。

这一思路几乎贯穿各卷，像卜正民撰写的《元明》这一卷的第二章

《幅员》，就非常精彩地从蒙元的大一统，说到它的整合与控制；从明朝的版图缩小，说到明朝对西南的“内部殖民主义”；从交通邮递系统对国家的意义，说到元明的南北变化；从元明行政区划，说到人口与移民。就是这样，把族群、疆域、南北、经济一一呈现出来，在有关“空间”“移动”“网络”的描述中，历史上的“中国”就不至于是“扁的”或“平的”。而罗威廉撰写的《清朝》一卷，更是在第三章《盛清》中专列《帝国扩张》一节，浓墨重彩地叙述了大清帝国的疆域扩张，正如他所说，当这个帝国“在蒙古、女真、西藏、内亚穆斯林与其他非汉民族，整合成一个新形态、超越性的政治体上，取得惊人的成功。渐渐地，中国士人开始接受此重新定义的中国，并认同其为自己的祖国”。传统“中国”在帝制时代的这些变化，换句话说是“中国地理的定义与再定义”，应当就是这套历史书的一个主轴。

这当然也带来了“空间放大”。在现代有关中国的历史学变化中，“空间放大”即历史研究超越汉族中国或中央王朝的疆域，是一个很明显的特征。但是，这不仅是“中国”/“帝制中国”的空间在扩大，而是说，理解这个变化的“中国”就不得不了解“周边”，把历史中国放在亚洲背景之中，这或许是中国历史研究的一个应有的趋势。19世纪末以来，随着道光、咸丰两朝有关西北史地之学的兴起，以及欧洲和日本学者对于“四裔之学”的重视，到了20世纪，中国“周边”的历史地理逐渐被纳入中国史研究的视野，满、蒙、回、藏、朝鲜、苗以及各种边缘区域、民族与文化的文献、语言、历史、田野研究，使得有关“中国”的历史研究发生了深刻变化。当然，21世纪更引人注目的变化，则是“全球史”的流行。中国学界常常引用梁启超所谓“中国之中国”“亚洲之中国”“世界之中国”这种自我认识三阶段的说法，来证明我们也一样接受全球史，但在真正书写中国史的时候，却常常“中国”是“中国”，“世界”是“世界”，就像我们的历史系总是有“世界史”和“中国史”两个专业一样，甚至我们的各种中国史也对“边缘的”和“域外的”历史关注很少。这套书的撰写者都来自欧美，当然身在全球史潮流之中，主编卜正民教授本人就是全球史的身体力行者，他的《维梅尔的帽子》（*Vermeer's*

Hat)、《塞尔登的中国地图》(*Mr. Selden's Map of China*)等著作，在某种意义上都是全球史的杰作。因此，这一套书虽然说是“中国”的历史，却特别注意到“周边”。卜正民自己撰写的《元明》一卷，就特意设立一章讨论南海，通过《顺风相送》《塞尔登地图》《东西洋考》等新旧文献，“讲述了一个完全不同的明朝在世界中的故事”，正如《塞尔登地图》不再以大明为中心，而以南海为中心一样，一个15、16世纪海洋贸易圈，把中国、日本、菲律宾、印度，甚至欧洲联系到一起，呈现了一个全球史中的大明帝国。尽管卜正民认为明朝仍然只是一个“国家经济体”，但是，他也看到了越来越影响世界的“南海世界经济体”在那个时代的意义。

同样，把全球史视角引入晚期帝制中国研究的“新清史”，也刺激了这一清朝历史书写的转向，在《清朝》这一卷中，罗威廉列举出近年清史研究的三个转向，除了“社会史转向”之外，“内亚转向”和“欧亚转向”占了两个，而这两个转向，都使得中国/大清历史不得不突破以汉族中国为中心的写法，扩大历史书写的空间视野。正如罗威廉引用孔飞力(Philip A. Kuhn)的话所说的，“一旦我们更适切地以清朝的观点来理解清史时，历史学家或能在新清史中‘重新把西方带回来’”，在这种全球史视野中，欧美学者“不再将中国描写成(帝国主义的)受害者或一个特例，而是(把清帝国看成)众多在大致上相同时期之欧亚大陆兴起的数个近代早期帝国之一”，并且特别注意的是“并非帝国间的差异，而是其帝国野心的共同特征：在广大范围内施行集权管理的能力、精心经营的多元族群共存与超越国族边界，以及同样重要的、侵略性的空间扩张”。他们不仅把清帝国放在与同时代的欧亚帝国(如英、法、俄、奥斯曼)对照之中，也把清帝国越来越扩大的“四裔”安放在历史书写的显要位置，这样才能理解他在《结语》中说的，“大清帝国在性质上与之前各代相继的汉人或异族王朝有所不同。作为标准的近代早期欧亚大陆形态之多民族帝国，其在扩展‘中国’的地理范围，将如蒙古、女真、西藏、内亚穆斯林与其他非汉民族，整合成一种新形态、超越性的政治体上，取得惊人的成功。”

表面上看，“史料增多”这一点，在这一套书中似乎并不明显，但阅读中我们也常常有意外惊喜。毫无疑问，中国学者可以先接触新近的考古发掘、简帛文书、各种档案，这一点欧美学者并没有优势。但问题是，新发现需要新解释，缺乏新的观察角度、叙述方式和论述立场，新材料带来的有时候只是“增量”而不是“质变”，并不能使历史“旧貌换新颜”。西方学者虽然不一定能够看到最多或最新的资料，但他们善于解释这些新史料，并且有机地用于历史叙述。比如，陆威仪撰写《秦汉》卷，就能够使用各种简帛资料（包山楚简、睡虎地秦简、马王堆帛书、居延汉简），其中《法律》一章，基本上依赖睡虎地、张家山等出土文献，而库恩所写的《宋朝》卷讨论辽金的佛教，也能够引入诸如房山云居寺、蓟县独乐寺观音阁、应县木塔等考古与建筑资料；特别是，往往眼光不同，选择的史料就不同，卜正民撰写的《元明》一卷，不仅用了《天中记》这样过去通史一般很少用的边缘史料来作为贯穿整个明史叙述的骨架，而且用了严嵩籍没时的财产簿、《吴氏分家簿》《余廷枢等立分单阄书》《孙时立阄书》《休宁程虚宇立分书》以及耶稣会士被没收的物品记录等，讨论明代各种不同阶层、不同身份的人的家当，让读者更直观地感受到，明代各种阶层与各色人等的一般经济状况；同样，他还用《塞尔登地图》等新发现和《顺风相送》《东西洋考》等旧史料，来讨论南海以及贸易往来；更特别设立《物华》一章来实践物质文化史，讨论文物、家具、书籍、瓷器、书画，讨论当时文人的艺术品位、文化修养与艺术商品和市场问题，因此，过去一般通史写作中不太使用的《长物志》《格古要论》《味水轩日记》之类的边缘史料（当然，如果研究艺术、物质、文化的著作，会常常使用它们）就成为重要史料。这里显示出他对于史料有着别具一格的判断、理解和阐释。

当然，作为西方学者，他们常常能够以西方历史作为背景，时时引入欧洲资料与中文文献互相参照，这就更加扩大了史料边界。

二

欧美学者写中国通史，当然与中国学者不同；21 世纪写中国通史，当然也与 20 世纪不同。以往，中国的中国通史，基本上会以政治史为主要脉络，因此，政治、经济、军事等关系到古代王朝更迭的大事件，在历史叙述中总是占了很大的篇幅，其他领域大体上只是依附在这个主轴上。尽管从梁启超《新史学》和《中国史绪论》开始，中国通史写作就一直试图改变这种历史叙述的方式，但总体变化似乎并不大。

在写这篇序文的时候，我正准备和日本、韩国的几位学者讨论国别史与东亚史之间的叙事差异，因此，恰好在翻阅以前中国学者编纂的一些通史著作。从晚清、民国流行的夏曾佑、缪凤林、钱穆，到 1949 年以后成为主流的郭沫若、范文澜、翦伯赞、白寿彝，也包括各种通行的中国历史教科书。我注意到，中国学者撰写的各种通史，大体都是一根主线（政治与事件）、若干支流（社会经济、对外关系、思想文化），历史主线与各种支流在书中所占的比重大体固定。但在这套书中，我们则看到当下国际历史学界风起云涌的环境气候、性别医疗、社会生活、物质文化、宗教信仰等各种角度，越来越多进入了历史。虽然这套书还不能说已经是"复线"的中国史，但它也多少改变了以往"单线"的书写方式。例如，在几乎每一卷中，都专门设有一章讨论社会史意义上有关宗族、亲属、性别、日常礼仪的内容（如《秦汉》卷第 7 章《宗族》、《南北朝》卷第 7 章《重新定义亲属关系》、《唐朝》卷第 7 章《宗族关系》、《宋朝》卷第 7 章《人生礼仪》与第 12 章《公共领域中的私人生活》、《元明》卷的第 6 章《家族》、《清朝》卷的第 4 章《社会》），其中，像《秦汉》卷第 7 章《宗族》中借用韩献博（Bret Hinsch）、司马安（Anne Behnke Kinney）的研究，对于秦汉女性与儿童的叙述，不仅展示了秦汉女性在宗族组织和社会生活中的状况，而且讨论了女性在政治权力角逐中的作用，不仅讨论了秦汉帝国儿童的生命、寿夭、健康，还通过儿童讨论了"孝道"与"政治"，这是过去各种通史著作很少有的；《宋朝》卷第 12 章《公共领域中的私人生活》则体现了当下社会生活与物质文化研究的趋向，其中运用考古、图像与边缘文献讲述有关卫生、装扮、保健与福利的情况，比过去通史提供了更加立体和生动的宋代生活场景，使历史不再是严肃、刻板的单一向度。在这里，物质文化史的影响痕迹也相当明显，前述《元明》卷对于“物华”，即文物、书籍、家具、瓷器、书画以及欣赏品位与商品市场的描述，都是过去中国的中国通史著作中不太常见的。特别是环境史，众所周知，气候是中国历史上的一个重要因素，尽管 20 世纪 70 年代以前竺可桢就陆续写出了杰出的论文《中国历史上气候之变迁》(1925)、《中国历史时代之气候变迁》(1933)、《中国近五千年来气候变迁的初步研究》(1972)，但除了寒冷气候对于北方游牧民族迁移和南侵的影响外，我们的通史著作并不那么注意环境与气候在政治史上的意义，卜正民所写的《元明》一卷，却用“小冰河时代”这一因素，贯串了整个 13 世纪至 16 世纪的中国历史。尽管这套通史中所谓“小冰河期”与竺可桢的说法有些差异，元明部分关于“小冰河时代”(13 世纪到 15 世纪)与宋代部分对于“小冰河时代”(10 世纪末到 12 世纪)界定也有些冲突，有的证据(如用明代绘画中的《雪景图》证明气候变化)也多少有些疑问，但是，把这一点真正有效地运用到历史研究中，并作为政治变化的重大因素，确实是令人大开眼界，也使得历史本身和观察历史都变得复杂化了。

说到“复杂”，对中国读者来说，最为重要的当然就是“问题复杂”。所谓“问题复杂”，说到底是一个观察历史的立场、角度和方法的变动与多元。20 世纪以来，研究中国历史的现代史学比起传统史学来，不仅增加了“古今”“东西”“中外”等分析框架，也用进化的观念代替循环的观念，以平民的历史代替帝王的历史，打破原来的经史子集知识分类，使其转化为现代的文史哲学科，在文献之外增加了考古发掘与田野调查，对历史资料进行客观的审视和严格的批判。但到了 21 世纪，本质与建构、想象与叙述、后殖民与后现代，以及帝国与国家、国别与区域、物质与文化、疾病与性别等，五花八门的新观念、新角度、新方法，使得“中国”与“历史”不得不被拿出来重新认识，因此，这一套帝制中国史书系中涉及的很多新说，也呈现了晚近理论和方法的变化，这或许能给我们有益的启迪。

我一直强调学术史要“别同异”。对于海外中国学研究，我们特别要注意它自身隐含的政治、学术和思想背景，千万别把他们研究“中国史”和我们研究“中国史”都用一个尺码评判或剪裁。有人误读我的说法，以为我是把海外中国学看成“异己之学”，将海外学者“视为另类”，其实不然，恰恰是因为他们与我们所研究的“中国”不同，所以，我才认为特别要重视这个“异”。透过海外中国学家对“中国 / 历史”的叙述，我们不仅能看到“异域之眼”中的“中国史”，而且能看到塑造“中国史”背后的理论变化，也看到重写“中国史”背后的世界史 / 全球史背景。其实，当他们用流行于西方的历史观念和叙述方法来重新撰写中国史的时候，另一个“世界中的中国史”就产生了。

如果他们和我们一样，那么，我们还能从他们那里学到什么？他山之石才可以攻错，有所差异才互相砥砺。总是说“和而不同”的中国学者，往往只有“和”而缺少“不同”，或者只有“不同”却没有“和”。所谓“和”应当是“理解”，即理解这种历史观念的“不同”。中国读者可以从这些看似差异的叙述中，了解欧美中国历史研究的一般状况，也可以知道某些颇为异样的思路之来龙去脉。比如《宋朝》卷中，在提及欧美有关宋代科举与社会流动的研究时，作者列举了贾志扬（John W. Chaffee）、李弘琪、柯睿格（E. A. Kracke）、郝若贝（Robert Hartwell）的研究；在有关宋代日常生活仪礼的研究中，则介绍了华琛（James L. Watson）、伊沛霞、裴志昂（Christian DePee）、柏清韵（Bettine Birge）、埃琛巴赫（Ebner von Eschenbach）的成果。而对于明代政治，卜正民更指出，当年牟复礼（Frederick W. Mote）曾经认为，明代是宋朝皇帝与蒙古大汗两种传统的结合，蒙古野蛮化把帝制中大部分对皇权的限制都摧毁了，这就形成明代所谓的“专制统治”（despotism），而范德（Edward Farmer）则更有“独裁统治”（autocracy）的说法，把明代这一政治特点从制度设计层面提出来；接着贺凯（Charles O. Hucker）又以胡惟庸案为个案，讨论了明代初期皇权压倒相权的过程，以及“靖难之役”使得皇权进一步加强的作用。这样，我们大体上知道美国的中国学界对于“专制”这一问题的讨论经过，也知道了有关明代“专制”研究，美国与中国学者的差异在哪里。

读者不妨稍微注意他们观察中国历史时的聚焦点。前三卷中有个做法很好，撰写者常常会将他关注的议题开列出来，使我们一目了然。例如对秦汉，他关注（1）在帝国秩序之下逐渐式微但并未被完全抹除的地域文化；（2）以皇帝个人为中心的政治结构之强化；（3）建立在表意文字基础之上的文化教育，以及由国家操控的、巩固帝国存在的文学经典；（4）帝国内部的去军事化（demilitarization）和对帝国边缘族群所开展的军事活动；（5）农村地区富裕的豪强大族的兴旺。对南北朝，作者说明这一时期的历史重心应当是：中国地理的重新定义，它的内在结构及其与外部世界的关系，新的社会精英，世袭制的军事人口和新的军事组织，影响后世的宗教使中国不再严格按社会与政治来划分人群，等等。对唐代，他关注唐宋政治与文化的转型、中国地理格局的再变化、商人与外部世界、城市中的商业与贸易引起的文化与文学变化，而在卜正民所撰写的《元明》一卷中，虽然并不像前几卷那样明说要点，但他一方面说，“我们只需举出元明史上的两大主题——独裁制和商品化（commercialization），在宋代尚不见其踪影，而到了元明时期，它们在质和量上已发生了飞跃性的变化”，因此，他“没有把它（1368 年元明易代）当作中国历史上的一个转捩点，而是连接两段历史的纽带。使明王朝崛起的叛乱，确实终止了蒙古人长达一个世纪的统治，但也使蒙古人的遗产得以历数百年而传承不绝。元明两代共同塑造了中国的专制政体，将中国社会解体，重新以家族为中心聚合起来；并且，为更好地积聚商业财富而重建了中国人的价值观”；另一方面他别辟蹊径，不仅把社会结构（《家族》）、自然环境（《经济与生态》）、宗教信仰（《信仰》）、物质文化（《物华》）以及外部世界（《南海》）各列一章，而且特别指出“这两个朝代所在的时期恰好是研究世界其他地方的气象史专家所说的小冰河期（the Little Ice Age）”，因此他特别详细地叙述了自然灾害——饥荒、洪水、干旱、飓风、蝗虫、流行病。从这里，读者或许可以看到他对于元明两代历史的新认识。同样，对于清代历史来说，我们也可以注意，为什么罗威廉在《治理》这一章中那么重视“理藩院”“内务府”和“军机处”这三个他所谓的“创新”？因为这三个“创新”，其实就是“管理”“保护”和“控制”，它指向清王朝政治统治最重要的三个方面：一是对汉族中国本部十八省之外的管理（大清帝国的多民族与大疆域）；二是对皇帝个人及其有关家族的保护（异族统治者的利益和权力保证）；三是满洲统治者对核心权力包括军事权力和行政权力的高度控制。

这或许是理解清朝作为一个“帝国”的关键。

三

这套“帝制中国史书系”，值得击节赞赏的地方很多。比如，我们常常以为欧美学者总是习惯追随新理论，但在书中我们可以看到，他们对新理论在历史研究中的限度，也有相当清楚的认识。举一个例子，我很赞成《清朝》卷中罗威廉的一个批评，他说，一种所谓“后殖民主义”观点指责20世纪初中国的政治精英，说他们总是认为中国应当走欧洲式的民族国家道路，因而这一思想便成为中国民族主义力量的部分原因。罗威廉冷静地指出，这一说法“貌似合理且引人入胜，但必须记得，晚清的中国精英们没有这样奢侈的后见之明。对于越来越多的人来说，为了能在即将到来的战争中存活，把他们的政体重建成强大的西式民族国家，确为当务之急”，这才是同情理解历史的态度。再举一个例子，在讨论中国史的时候，这些来自西方的学者总能不时引入世界或亚洲背景，使中国史超越现代中国的“国境”，与世界史的大事彼此融合、相互对照，因此对一些历史事件与历史人物，不免多了一些深切理解和判断，与那些盲目相信“中国崛起”可以“统治世界”，因而对中国历史做出迎合时势的新解释的学者不同。如卜正民关于哥伦布与郑和航海的比较，就批评一些趋新学者把郑和当作探险家，并且比作哥伦布的说法。他指出，哥伦布的目的不是外交或探险而是经济利益，而郑和的目的是外交，即“不是一个为了在海上发现新世界的职业探险家，而是一个皇室仆人为了达成一个僭位称帝者的迫切心愿——获得外交承认”，因而这两个同样是航海的世界性事件，引出的历史结果大不相同。当然，我们也可以从中学到欧美学者在历史中说故事的本事，自从劳伦斯·斯通（Lawrence Stone）的《叙事的复兴》（*The Revival of Narrative: Reflections on a*

New Old History）以来，西方学者对历史如何叙事，重新有了更大的兴趣，而卜正民正是这一方面的高手，在《元明》卷中，他仿佛讲故事一样的方式对元明两代历史的叙述，会让我们想一想，中国通史著作非得写得一本正经地教条而枯燥吗？

毫无疑问，这套书也有一些我不能完全赞同的地方。作为一个中国历史研究者，阅读之后也有我的疑惑。首先，从文献资料上说，我要指出的是这套书有的部分虽然开掘了若干边缘文献，但有时不免过于轻忽主流历史文献（比如二十四史、通鉴、十通等等）的引证，甚至有一些常见的正史文献要从今人（如唐长孺）的著作中转引，这是中国学者难以理解的，而从学术论著之参考上说，对于近年中国学界的论述仍然较为忽略，以中古史为例，虽然陈寅恪、郭沫若、唐长孺、王仲荦、韩国磐等人的著作时有引述，但是，显然对近年以来中国学者的新研究了解相当不足，即以北朝之“子贵母死”一事为例，作者没有提及田余庆精彩的研究就是一例。其次，我也要说，如果以较严格的水准来衡量，书中有些论述也有不完整、不深入或者还有疑问的地方，比如，《南北朝》卷对中古时期的佛教与道教论述，似乎略有问题，至于《唐朝》卷说“在隋唐时代，佛教最终分成了四个宗派”（天台、华严、禅和净土），这更是不太可靠；《宋朝》卷虽然注意到宋真宗时代是一个重要的“历史转折点”，但遗憾的是，这里并没有深入分析为什么这是一个“历史转折点”，其实，可能更应当指出从“安史之乱”到“澶渊之盟”两个半世纪之间出现的胡汉、南北、儒佛、君臣四大关系的新变化；再比如，对于宋代儒学从反官僚体制到融入意识形态主流的曲折变化及其政治背景，似乎简略或者简单了一些，让人感到对于理学的叙述深度不足，而在《元明》卷对蒙元叙述过少，与当下蒙元史作为世界史的热潮相左，这一做法令人疑惑，而在有关王阳明与“大礼议”关系的论述中，作者似乎认为，由于王阳明支持嘉靖尊生父而使得王阳明之学得以兴盛，这一论述根据也许并不充分，结论也稍显简单，因为事实上，嘉靖皇帝并未因为王阳明和他的弟子们在“大礼议”中的立场，而改变禁止“王学”的政策；至于《清朝》这一卷中，罗威廉对于费正清朝贡体系的批评似乎也不能说服我，尤其是他用来批评费正清之说而举出的例子，即大清帝国和朝鲜、越南在“引渡与边界”方面“基于对等主权国家的模式”，这一说法恐怕缺乏历史证据。当然，这些并不重要，任何一套通史著作，都会留下这样那样的问题，这也是通史著作被不断重写的意义所在，历史不可能终结于某一次写作。正如前面我所说的，这 6 卷帝制中国史新书，即使仅仅在思路的启迪上，就已经很有价值了。

四

“帝制时代”在 1911 年结束，这套 6 卷本从秦汉开始的“帝制中国史”也在清朝结束之后画上句号，但掩卷而思，似乎这又不是一个句号，而是省略号。为什么？请看罗威廉在最后一卷《结语》中提出了“帝制中国”留下的三个问题：

第一个问题是国家。他说，“大清帝国在性质上与之前各代相继的汉人或异族王朝有所不同。作为标准的近代早期欧亚大陆形态之多民族帝国，其在扩展‘中国’的地理范围，将如蒙古、女真、西藏、内亚穆斯林与其他非汉民族，整合成一种新形态、超越性的政治体上，取得惊人的成功。”但是，此后从“帝制中国”转型来的“现代中国”，也面临清朝遗留的种种问题，他追问道，现代中国将如何维持这个多民族国家，如何解决蒙古人、满人、藏人、穆斯林的分离主义趋向？

第二个问题是政府。他说，清王朝是一个省钱的小政府，很多政府工作“转包”给了当地精英（士绅、乡村领袖、地方武力领导以及商业上的中介者）、团体（宗族、村庄、行会）。但是，当清政府 19 世纪面临国际侵略和内部问题时，“在这种竞争环境下借政治以求生存，一个更大、更强、介入更深的国家机器似乎就成为必要”。这也许是一个历史学家的“后见之明”，抑或是为庞大的现代中国政府上溯源头，那么，这个更大、更强、介入更深的“政府”将给现代中国带来什么后果？

第三个问题是“公”领域。罗威廉说，19 世纪中叶以来，以公众利益为名开办并给予正当性的各种事务（如慈善、防卫、基建、商业行会）

突然发展，开始在地方蔓延，虽然这可以视为“国家扩张的伪装方式”，但这种情况的出现，一方面使得国、共两党得以利用，另一方面使中央政府需要对这些领域重申控制的必要。那么，这是真正意义上（如哈贝马斯所说）的“公共领域”吗？它在清朝之后的中国发展状况如何？它在当代中国又将是个怎样的命运？

走出帝制之后的中国，似乎仍然残留着帝制时代的问题，而这些问题都值得继续深思。若干年前，孔飞力（Philip A. Kuhn）曾经在《现代中国的起源》（*Origins of the Modern Chinese State*）一书中试图解答这些问题，但是，我以为这个问题的最终解答，还需要很长的时间和更多的努力。

近些年来，东洋学者撰写的中国史，较新的如讲谈社之“中国史”系列，较旧的如宫崎市定之《中国史》等，都已经翻译出版，并且引起中国读书界的热烈反应。我听说，引起热议的原因，主要是它们不同于中国久已习惯的历史观念、叙述方式和评价立场，这让看惯或读厌了中国历史教科书的读者感到了惊奇和兴味。那么，现在西洋学者撰写的这一套哈佛版“帝制中国史”书系呢？人们常引苏东坡诗“横看成岭侧成峰，远近高低各不同”来比喻在不同角度，往往观察各有所得，如果说，日本学者对中国史是“横看成岭”，那么，西洋学者编纂的这套哈佛版“帝制中国历史”书系，是否也会“侧看成峰”，并且引发中国读者新的思考和议论呢？

2016年7月18日初稿于上海

2016年8月14日修订于芝加哥

中文版总序

卜正民

20 世纪 90 年代初我到北京参加一次会议时，幸运地发现清史研究专家朱维铮教授也出席了同一会议。在朱老师这一代人中，他可谓极富才学，或许性情也最火暴。对我而言，他还是一位慷慨的良师益友，在我需要之时往往不吝提出明智的建议。我想通过回忆自己与朱老师在北京月坛公园的一次谈话来为中国读者介绍这一套书。当时我俩正散着步，我突然向他袒露心声，说自己曾数度迷茫—— 90 年代初的我正处于迷茫之中——既然我不是中国人，那当一名中国历史学家到底有什么意义。我虽然能够像朱老师那样阅读第一手文献，但还是极度渴求拥有他那般理解中文文献的本能。到底怎样我才能像理解自己的母文化那般，更真切地理解中国呢？

朱老师做了这样一个比喻来回答我的问题："你想象中国是一个仅有一扇窗户的房间。我坐在房间里面，屋里的一切都在我的目光之中，而你在房间外头，只能透过窗户看见屋里的景象。我可以告诉你屋内的每一个细节，但无法告诉你房间所处的位置。这一点只有你才能告诉我。这就是为什么中国历史研究需要外国学者。"

朱老师或许对中国同事们的研究局限多有责备，但对那些愿意付出真正的努力来了解中国的外国人，则往往慷慨相助。他相信，我们的确能够带来些什么，而且我们拥有一种中国人无法依靠自身开辟出的观察视角，因为我们对中国的观察受世界其他地方的政治、社会、文化生活经验影响，而这些经验是中国人所没有的。听他说着，我不禁想起了明朝时的一句俗语：中国人用两只眼睛观察世界，欧洲人只用一只眼，其他地方的人则都是瞎子。我相信，朱老师是觉得他这一代的中国学者只睁开了一只眼，而外国历史学者正好为他们提供了第二只眼睛。

作为一个二十来岁才开始研究中国的学者，我自然是站在房间外面来观察中国的。然而重要的是，我二十来岁的光阴正好是在 20 世纪 70 年代——这意味着我大致上与中国所谓的“文革一代”同辈。彼时正是西方史学经历大转折的时期，历史不再是伟人和强权间相互影响所取得的成就，而转变为普通人在其所处社会的约束与机遇中经历的生活。对于一个在此时拥抱中国明代社会和经济史的外国人来说，这无疑是一个讽刺，因为彼时我最想求教的历史学者并非来自西方，而是一个中国人——傅衣凌。傅衣凌对与我同辈的中国历史学者产生了巨大的影响，他展示给了我们具体的研究路径，让我们知道如何用明代史料写出各个阶层民众经历的历史，而不是统治家族支配的历史。70 年代末，我有幸在北京见过傅老师一面，至今我仍后悔没能向他学习更多，像我从朱老师那里学到的一样。

当哈佛大学出版社邀请我主编一套中国帝国时期的历史时，我找到了与我同辈的三位历史学者，他们多多少少形塑了我在社会关系和物质文化方面的兴趣。我们并非用同一种语调或同一种国家视角（三人中一位是德国人，两位是美国人，我是加拿大人）来论述问题，但我们差不多是同一代人，踩在同一片知识的土地上。我并未做多少导引，主要是请他们引用自己和其他人近期研究的一些成果，这样他们的描述才能够与时俱进，跟上现在的知识脚步。我可不想我们只是在重复老套的故事。另外，我请他们仔细考虑在他们所写的那个时代生活到底意味着什么，并从这个角度来进行写作。我希望他们抱着生命经验之复杂的想法，而不是退回到“历史事件之所以发生就是因为它该发生”那一套统一的、早已建构出的历史叙述中。他们应该从自己所写时代的内部而非外部来呈现那些岁月，但同时，他们的写作也需要囊括该时期内中国所征服的地区，这就要求他们不仅从内部来观察，还要具备全局眼光，使影响该地区历史进程的非汉人形象更加具体。这套书仍保留的一个传统是按照朝代来划分中国历史。之所以这么做，部分是因为朝代变更往往意味着正式统治者的改变，由此人民的生活组织方式也改变了；更重要的是因为朝代的确提供了时间定位，方便人们明白自己在历史的何处徜徉。所以，读者会在这一套书中见证朝代兴衰，但也能更多地了解某个时代的经济、社会、文化，以及人民的日常生活，而不是像在故事书中那样只看到皇帝和大将军们的传奇故事。

我所写的元明卷与其他几卷有一个显著不同，这种不同是在整个系列的编纂后期才逐渐显露出来的，所以该特征在其他几卷中并没有出现。正如我提到的，我发现自己越来越喜欢从环境的角度来看待历史，这么做最开始是为了满足我对自身的要求——我认为我们应该好好利用环境研究领域的最新成果，而这些成果正不断涌现。然而，我逐渐得出了这样的结论：在元明四个世纪的历史中，对民众生活经历和政治时运产生影响的最重要因素正是气候变化。气候虽不能回答历史提出的所有问题，但我发现要回答元明时期的许多历史问题就不得不把两个最基本的物质生活条件——整个世界的寒冷和干燥程度——考虑进来。元明卷并非完全在论述中国自中世纪暖期到小冰河时代的环境历史，但它的确是在将气候变化影响纳入考虑的框架内对历史进行阐释的。

现在，我邀请你们走进这个中国历史的房间，而四位学者正站在外头观察它。我希望你会同意，我们的确看到了一些你会错过但值得留心的东西。我还希望我们发现的一些具有挑战性的问题，能够激励中国读者用自身的内部观察视角来检视中国的过去与未来。

2016 年 6 月 2 日

（田奥 译）

挣扎的帝国：元与明

导 言

13 世纪中期到 17 世纪中期，中国曾出现过两个王朝。第一个是元朝，始建于 1271 年，不过她的缔造者并非汉人，而是一个蒙古人——忽必烈，他的祖父就是曾经征服世界的成吉思汗；第二个是明朝，始建于1368年，明朝开国皇帝朱元璋是一个睿智而铁血的人，这个王朝在 1644 年被来自北方草原的满族人征服。这本书要讲述的就是这两个王朝的历史。

对于大多数中国人而言，1368 年是这 400 年历史中的一个重要时刻。因为就在这一年，朱元璋率领的本土反元势力，驱逐了备受汉人憎恶的蒙古人，重建起他们奉为“祖国”的中国。而中国之外的历史学家也同样重视 1368 年，不过，理由则是因为这一年标志着帝国晚期的开端，以及中国走向现代世界的漫漫之路的起点。1368 年在本书中则具有别样的意味：我没有把它当作中国历史上的一个转捩点，而是连接两段历史的纽带。使明王朝崛起的叛乱确实中止了蒙古人长达一个世纪的统治，但也使蒙古人的遗产得以历数百年而传承不绝。元明两代共同塑造了中国的专制政体；将中国社会解体，重新以家族为中心聚合起来；并且，为更好地积聚商业财富而重建了中国人的价值观。

本书原本并不打算完整地呈现13—17世纪中国的转型。我在动笔之初曾以为，蒙古人统治的近一个世纪（1271—1368）是一个独立的时间段，它截断了中国历史的奔流，而明代的建立又恢复了它故有的河道，延绵至今。外来的变成了本土的，蒙古人换成了汉人，我想两者的差别大概犹如黑白两个极端。把元明两朝看作同一个时期的组成部分的想法，来自一个我完全未曾想到过的方向。在我阅读有关这两个朝代的四种基本史料（正史、实录、地方志、文集）期间，我开始注意到其中不断提到的自然灾害——饥荒、洪水、干旱、飓风、蝗虫、流行病，甚至龙袭。我一点一点收集并排列这些记载，发现这两个朝代所在的时期恰好是研究世界其他地方的气象史专家所说的小冰河期（the Little Ice Age）。 002

一个温暖、湿润的世界变得寒冷、干燥将是怎样一番景象呢？欧洲和中国的确随着气候的改变而发生了许多变化。国家和社会变得更为强大，也彼此分离。各个经济体彼此连接，商贸活动日趋重要。人们不得不想出新的办法，去解释自己本身和周遭发生的变化，使种种新的生存格局合法化，也使自己能理直气壮地采取新的行为方式来顺乎世事的变迁。整个世界在朝全球化的方向发展，中国亦复如是。

身处元明两朝的人不会如此理解这些变化，因为个体只能经历其中的一些片段，且往往是灾难性的事件，从而难以看见全局图景。为了找出这些片段的规律，我在本书第三章中用了“九渊”的说法，来概括我在元明时期找到的九次持续时间长达3—7年的天灾人祸。这些灭顶的“深渊”并没有左右元明两代的历史，但是它们对当时人们生活、记忆的影响却和其他任何历史因素一样深刻。

反常气候的侵袭不断，近海又有外来商人频仍闯入的身影，使得一些人感到无所适从，只能牢牢抱守祖训。另一些人则不愿拘泥，用新的思想重构世界的秩序，并在其中找到自己安身立命的所在。于是乎，元明是一个迷惘不安的时代，也是聚讼纷纭的时代。

为了把握这个时代的充沛活力和多端变化，我尽可能地用当时的故事、绘画和语言来描述它的历史。这其实并非难事，因为这个时代
003 与中国以往的帝制时代所不同的一点，就是它为后人留下了极其丰富的记述。绝大部分的材料是时人有意识的记录，也有的是无心插柳。纵然亲历者很少能洞彻历史的大局，他们描绘的细节也足以让千百年后的我们触摸到那段历史的脉搏。他们的观念未必能与我们的相契合，但他们的欢乐和恐惧，我们仍能感同身受。

我的叙述就从恐惧开始吧。让我们回到龙开始闯入他们生活世界的那些时刻……

第 1 章

龙 见

元代首次出现龙是在至元二十九年（1292）。这是元朝建立后的 006
第 22 个年头，距离开国皇帝忽必烈汗（1215—1294）驾崩尚有两年。这条龙出现在太湖边。太湖是位于长江三角洲中心地带的一大水系，它像一颗心脏，通过纵横交错的自然与人工河流的密网为这片淤积地带输送水分，上至明朝的第一个首都南京，下至沿海港口上海，皆仰赖它的润泽。随着蛟龙腾空，洪水便从龙口倾泻而下，淹没了沿湖的庄稼地，[1] 良田变成了泽国。

仅隔一年，元人便再次目击到龙。这次，它出现在陈山，这是位于太湖东南 75 公里处的一座小山丘。陈山上有一座修于宋代的龙王庙。这座庙被称为龙王行宫，行宫是皇宫的专称之一，因为龙王就像皇帝一样，在全国各处巡视，故有此说。因庙宇年久失修，地方官觉得应该重新修葺，以期取悦龙王，为全县普降甘霖。至元三十年七月十五日（1293 年 8 月 25 日），临近正午时分，画工正在作业，突然雷鸣电闪，狂风大作，两条龙驭风而至——龙王和他的幼子驾到了。
双龙俯瞰战战兢兢的画工，随即摆尾，没入云中。说时迟那时快，一 007
阵雨从天而降，为该地长达两年的干旱画上了句号。

翌年，忽必烈汗薨。三年后，龙王携子二度在陈山呼风唤雨，竟被群龙乘暴雨大闹鄱阳湖（即长江自太湖溯游而上的第二个主要湖泊）的声势所压倒。它们在空中纵横翻腾，兴风作雨，让周围的州府都遭了洪涝之灾。

此后42年内，龙再未现身。直到元顺帝至元五年六月十五日（1339年7月29日），一条恶龙猛扑向滨海省份福建的腹地山谷。恶龙带来的疾风暴雨横扫了800户民宅，冲毁了1300公顷农田。10年后，五龙再次驾云莅临江南，吸卷海水于天空喷洒。此后的17年内（1351—1367），有关龙见的记载有七次。至正二十七年（1367），也就是元朝的最后一年，共有两次。第一次在六月四日（7月9日），北京。只见一道电光闪过，便有一条龙从废太子府的一口井中一飞冲天。那天早晨稍晚些的时候，有人看见这条龙栖息在附近一间寺院的洋槐树上，事后人们发现树干上有抓痕和灼烧的痕迹。第二次在一个月后，山东省的龙山，这里是一处祈雨胜地。在七月的暴雨中，一条龙曾现身山顶。[2]待龙飞升后，一块大石自峰顶滚落，留在了该地的民间传说中。八个月后，忽必烈的众多子孙之一被迫放弃元朝皇位，避入蒙古草原。元朝的军事统治遂告终结。

龙主

蒙古人统治下的汉人毫不费力地解释了这些奇怪的事件。他们在帝国境内叛乱四起的背景下，看着元朝最后17年逐步增加的龙见事件，于是知道这是元朝即将衰亡的天兆。至正十五年六月二十四日（1355年8月10日），飓风袭击了江南，一条白龙自旋风中冲
008 出，一位小品文作家记录了这一事件，他回忆道：“凡龙所过处，荆棘寒烟，衰草野邻。”当次年内战打到江南时便是这番景象。他哀叹道：“视昔时之繁华，如一梦也。”[3]12年后，即1368年，朱元璋

（1328—1398）自华中的叛乱里脱颖而出。用描述称帝的标准语汇来说，便是朱元璋“飞龙在天”，而明朝草创。

朱元璋把忽必烈汗当作一位伟大的征服者来崇拜，他渴望像后者那样，让天下以一己之意志为转移。正是这两个人，在很大程度上决定了中国在元明两朝长达四个世纪的时间里的形态，也左右了中国其后的走向。在他们之后，中国历史上再没有出现过具有如此影响力的人物，直到 20 世纪毛泽东的崛起。忽必烈的野心是征服东亚，而朱元璋在开疆拓土方面的胃口则没有那么大。对他来说，更重要的是如何把他从蒙古人手中夺来的满目疮痍的国土变成一个道家的乌托邦（Daoist utopia），尽管它很快就走了样，沦为一个法家的古拉格（Legalist gulag）。今天的中国人都知道他是“太祖”，这是他的庙号，即“伟大的祖先”的意思，这是对开国皇帝的尊称。但这并非当时人们对他的称呼，因此，我遵照一般的指称习惯，或直称其名讳——朱元璋，或以其年号称之——洪武（取“武运洪大”之意）。每个皇帝都要择取一个年号，或标榜自己过往的功绩，或表达对未来的期许，“洪武”即是要明朝子民牢记朱元璋的赫赫军功。

朱元璋在成为洪武皇帝之前，就十分留心元朝境内的龙见事件。驭龙是他的象征性职责（metaphorical task），他可不是不在乎象征意义（metaphors）的人。朱元璋很早就得到了第一次机会——至正十四年（1354）秋，距离他建立自己的王朝尚有 14 年。当时，他正在南京以西的长江流域作战，该地区遭遇大旱。当地父老告诉他，附近的泥沼地里时不时有龙出现。他们请他向龙祈祷，以避免灾害全面爆发。许多年后，朱元璋记道：“时信而往祷之，期日以三。后果答我所求。”雨来了。在谢龙的仪式上，朱元璋赞颂神龙：“不伤而不溢，功天地，泽下民，效灵于我。”——这正是他所希望的有朝一日自己的子民称颂自己的话，“今也，龙听天命，神鬼既知。”——既然朱元璋提到“天命”这一王朝兴亡的法则，那么自己要当皇帝的意 009

思已昭然若揭。他以一阕赞歌为整场仪式画上句点，他赞颂的是龙，可又像是在说自己：

> 威则塞宇，潜则无形。
> 神龙治水，寰宇清宁。[4]

既然有一位龙主登上了宝座，群龙就要俯首听命：它们从人间撤离。除了朱元璋即位的第一年夏天，鄱阳湖因暴雨引发洪灾外，洪武年间再无龙见的祸患。他确乎是一位龙主了。

明代的龙

1404 年，第一次有龙闯入明王朝的疆域，这是永乐帝（1403—1424 年在位）登基的次年。整个永乐年间尚有数次龙见，最后一次还带来一场疫疠。永乐从自己的侄儿建文手中篡夺了帝位，建文在一场神秘的宫廷大火中丧生，人们有理由猜测永乐是遭到了天谴。并非人人敢于说出这样的话，因为暗示皇帝不配做皇帝是一件大逆不道的事。每个人都保持沉默，永乐驾崩后，直至 15 世纪 80 年代，整个王朝内基本没有龙见。

弘治年间（1488—1505），经常有龙见的记载。其中五次见载于地方史料，不过，仅有两次入载 18 世纪编纂发行的官修史书《明史》。首次官方记载是弘治九年五月二十五日（1496 年 7 月 14 日），在北京附近的长城某墩，突降雷暴雨，有龙自一士兵的刀鞘内腾起。第二次是在九年后，弘治十八年四月二十六日（1505 年 6 月 8 日）正午时分，紫禁城宫殿内忽旋风大起，中有幻影，后驭风升空而去，据史家所记："若有人骑龙入云者。"[5]

010 弘治年间的这些龙见记载引起了时人的注意。山水画大家（同时以酗酒而闻名）汪肇也许是受到这些记载的启发，进而创作了《起蛟图》(图1),在我看来,这幅画堪称明代描绘蛟龙与风暴的顶峰之作。这些龙见的记载,困扰着弘治皇帝(图2)。明王朝在长达半个多世纪的时间内,控制在庸碌无能之辈手中,到了弘治年间,人们终于迎来了一位能够运筹帷幄的君主,他革除烦苛弊蠹,锐意兴革,明习机务。[6] 上天岂会对这样一位皇帝不满意呢?抑或上天要警示的是人民而非皇帝?也许是弘治九年(1496)长城的那次龙见,促使弘治皇帝遣中官至内阁询问有关龙的事情。内阁无人能对,又急往各部找寻知悉情况者。[7](我们在下一章会讲到他们发现的专家罗玘。)弘治年间的最后一次龙见是弘治十八年六月二十七日(1505年7月8日)——被描述为“有人骑龙入云”于紫禁之巅,这解释起来并不难,因为这正是皇帝驾崩之际。这是上天遣使召回自己的爱子。

龙是上天的造物,也是皇帝个人的象征。只有皇帝及其直系子孙居住的宫殿才能得到九龙壁的庇佑而远离恶灵的骚扰。只有皇室能穿着绣着龙的袍服,使用绘着龙的食器——尽管如此,官民效仿皇家用度的风气甚炽,因此绣匠、窑工往往去掉一只龙爪,使其不能被算作龙,借此方法绕过官民限用龙纹的禁例。事实上,亲王们也必须遵守这种降一级的待遇:现今仅存的一座明代九龙壁,于洪武二十五年(1392)建于大同代王府内,壁上飞龙都少了第五只爪子。[8]

统治者与龙的联系可追溯到传说时代的中华文明创始者,他们制服了住在华北大片沼泽地里的龙,将泥沼变为耕地,驯化野兽。有些皇帝甚至以龙为宠物。[9] 这种联系是模糊的,但它的影响力却是双向的。龙可以是皇帝权威的表现,也可以是上天不满皇帝统治的征兆。这就是龙被记载,甚至写入史书的原因。作为来自自然的征兆,它们是一个大模式上的小片断,如果这个模式被释读出来,则将揭示国家事务的未来走向。

朝代循环为人们提供了这样一种模式:上天授命通过夺取或守住 013
皇位来证明自己拥有天命的人。这种逻辑是同义反复,但并未因此而

图1　汪肇（活跃期为1500年左右）《起蛟图》。汪肇传神地描绘出时人想象中蛟龙现身时的奇特气象景观（北京故宫博物院藏）

图2　弘治皇帝（1488—1505年在位）像。请读者注意龙袍的肩部刺绣。左肩的红色图案是太阳，右肩的白色图案是月亮。左日右月，合为“光明”的“明”字，即王朝的名字（台北“故宫博物院”藏）

减少一分说服力。开国皇帝自然是奉天承运，没有理由发生龙见，有谁宣称见到该现象不啻邀祸。[10] 王朝的气数开始动摇的时候，龙才会来访，开国者家族暨其王朝丧失天命的前景开始浮现。弘治驭龙宾天——可能是史官编造的故事——表明他为上天喜爱，因此在弘治的案例中，龙是在告诫人民拥戴自己的皇帝，而非对皇帝本人的示警。

龙见在继任的正德皇帝在位期间（1506—1521）变得频繁，故事发生了变化。在正德朝的头六年里，龙并未出现。直到正德七年六月十五日（1512 年 8 月 6 日）晚，山东龙山东北 160 公里处，有赤龙腾空，光如火。它自西北到东南盘旋不已，之后飞入云霄，引来滚滚天雷。不过，赤龙并未造成什么破坏。五年之后，正德十二年六月九日（1517 年 7 月 7 日），九条黑龙惊现淮运交界处，伤及行人。黑龙自河中吸水，一只小船被水龙卷吸上空中。船家的女儿正在船上，龙只吸去小船，将此女轻轻抛回地面，毫发无伤。一年后，这种奇怪的景象复现，后果愈发严重。三条口中吐火的龙驾云而下，来到江南，吸二十余舟于空中。许多在船上的人坠亡，而更多的人是被吓死的。300 余座民居被毁，遍地瓦砾，此后红雨如注，五日乃止。[11] 这些景象都比不上 11 个月之后的鄱阳湖蛟龙斗。几十条龙同时出现，规模超过了元大德元年（1297）和明洪武元年（1368）的龙见。许多在暴雨中被淹没的岛屿再未露出水面。

所有人都赞同正德朝的龙见并非上天欢喜的征兆。在人们的记忆中，正德是有明一代最荒唐的皇帝。[12] 沈德符（1578—1642）在《万历野获编》中有《正德龙异》一篇，是为明证。这些龙不仅是坏皇帝当政的普遍征兆，而且是对他的臧否和可悲下场的明白预告。沈
014 德符成功地把每一次龙见与皇帝多舛生涯中的每一个特定时刻联系起来，包括他的死亡。正德在长江流域垂钓时，醉酒坠水得疾，三周后薨逝。水是龙的标志性元素，沈德符大胆地暗示，正德之死是

龙所为。[13]

自此而后，龙就成了明朝皇帝的常客，伴随他们经历一次次政治危机和自然灾害。正德的继任者嘉靖皇帝（1522—1566 年在位），深受龙见困扰，其中犹以嘉靖二十九年至三十八年的 10 年（16 世纪 50 年代）为甚。在这期间，有 18 次龙见的记载有准确的时间，还有更多的记载则时间不详。一位江南文人曾收集过嘉靖朝关于龙的故事，第一条龙出现在杭州一位兽医家中；第二条在过杭州方山时将巨松连根拔起；第三、第四条则喷着如火的热气，在苏州城郊连毁民舍数十间；第五条在杭州名胜西湖兴风作雨，推倒了一座铁塔，掀翻了数艘湖船，还对一座寺庙里的千佛阁痛下狠手，将其碎为齑粉。[14]

万历朝（1573—1620）与嘉靖朝一样龙见频仍。尤其是第二次龙见，万历十四年七月十五日（1586 年 8 月 29 日），有 158 条龙惊现南京西郊空中，山崩地陷，溺死者无数。直至明朝末代皇帝崇祯在位期间（1628—1644），关于龙见的记载不断。崇祯十六年（1643）秋，二龙现。此时的明朝已是强弩之末，政治、经济、军事危机和自然灾害此起彼伏，统治者再也无力回天。次年春，明朝覆亡。

全球的龙

中国人并不是这一时期唯一目击龙的民族。欧洲也有关于龙的记载。伦敦的科普作家爱德华·托普赛尔（Edward Topsell）在《大蛇的历史》（*The Historie of Serpents*，1608）一书中以两章的篇幅写龙。托普赛尔从汗牛充栋的文献中寻找材料，其中包括康拉德·盖斯纳（Konrad Gesner）那本被多次再版的《动物的历史》（*Historia Animalium*）。他把所有可以找到的有关龙的记载勉强拼凑成一段连贯的叙述。他告诉读者，有关龙的记载有着纷繁芜杂的来源：“有的以国别区分，有的以数量和体积区分，有的则以其肢体的

015 不同形态区分。”他的叙述通篇以历史上的记载为主，末了才将话题引到自己的国家：“即便是在我们的国家，许多龙已被发现并杀死。”不过，他掌握的最可靠的近代事例却来自欧洲大陆：法国（“得到许多博学之士和可靠人士的见证”）；1499年5月26日，卢塞恩（“据各种渠道反馈，许多人都目睹了同样的事情”）；1543年，德国（“确实咬伤多人，终身难愈”）；比利牛斯山脉（“一种凶残的大蛇”）。他向读者保证，巴黎的学者有可供研究的龙的标本，“据说是从印度带回的”。

托普赛尔知道，有的读者会质疑他的故事，因此他转引了一个德国人为盖斯纳写作自然史所提供的信息。他坚称，在盖斯纳看来，自己“绝不会写捏造的事情，只会写下像这样的真事，因为他是从诚实守信的人那里听来的，而后者确实目击了龙和火灾引起的不幸”。托普赛尔依样画瓢地为自己辩护道：“我所记述的事情经得起任何通情达理者的检验，那就是世界上确实存在生有羽翼的大蛇和龙。”他竭力证明它们的存在，却只能强作声辩道：他宁可劝告读者相信自己的话，而不愿让他们等到有龙出现在英格兰的一天，“免得随后要大难临头”。[15]

托普赛尔的言之凿凿，恰恰说明到1608年为止，并非每一个欧洲人都相信龙的存在。20世纪的学者已经为之聚讼纷纭。托普赛尔宣称自己关于龙的叙述没有“杂糅传说和真相”，从侧面反映出他所竭力抵抗的怀疑思潮正日趋高涨。另一方面，他的书又很畅销，说明许多人仍对龙的存在坚信不疑。

与托普赛尔同时代的明朝人也出现了同样的分歧。陈耀文，嘉靖二十九年（1550）中进士，此后不久他编纂了一部名为《天中记》的类书，在这部书中，他毫不怀疑远古时代对龙的记述。这位著作等身的学者从浩如烟海的早期典籍中挖掘资料，为读者奉上了一本通晓万物的大百科全书，其中的第56卷就是关于龙的。我们从这部书中读到，“人火得水而灭，龙火得水而炽；龙之目可见百里（约 58 公里）”。和其他所有生物一样，它们显然也有自己看不见的东西，“人不见风，鱼不见水，鬼不见地，羊不见雨，狗不见雪”——而“龙
不见石”。我们还知道了，龙角可长达六米，这正是北魏太和十一 016
年（487）献给皇帝的红纹龙角的长度。[16] 陈耀文的素材几乎全部来自尘封千年的故纸堆。他的同代人对这类知识并非没有怀疑，一些人开始在“笔记”——一种常见的文人书写形式——中记录自己对龙的质疑。这些笔记约略等同于同时期英语世界的“摘抄簿”（commonplace books），所以我应该用这个词来指称这种汉语文体。宋代以来的文人以此记录稗史野谈，我们正是在其中找到了明代学者对龙的困惑。

龙 性

多数明代学者认为确定龙的本质是一个分类的问题。他们追问最多的是龙可以被归入的属类，而非龙究竟是什么。龙在空中飞行，会喷火，会发光，因此是对阴阳二元谱系（黑暗 / 光明，女性 / 男性）中“阳”的最强有力的表现。阴阳是长久以来中国人对物理世界之想象的基本结构。事实上，龙潜伏在水井或其他阴暗潮湿的地方，一摆尾就能招来降雨和洪水，似乎又表明它与“阴”的亲缘性。中国人宇宙观的核心原则——物极必反——并不能从根本上解决这个问题，因为龙显然同时包含了这两个极端。

较真儿的学者便被难住了。陆容（1436—1494）的《菽园杂记》是明中期一本以搜奇志异为主的笔记，本书将会多次引述到其中的见解。陆容在说到龙的时候，一反常态地不置可否：据说“神龙或飞或潜，能大能小”。但因为没有判断这些说法的根据，他只能下结论说，“其变化不测。信矣哉！”[17] 半个世纪后，郎瑛（1487—约 1566）

作《七修类稿》，这是一部更偏重考史的笔记。他在其中试图以明代士人最擅长的方式来解决这个阴阳难题，即逐一筛查文献，找出最早的记载。这也是爱德华·托普赛尔的方法，他曾经兴致勃勃地写道：“（龙）在历史上提供并制造了如此丰富的题材，足以让我们从
017 中发现它的本质。”[18] 如果考虑到生育必将解开龙的真实本质的秘密，郎瑛应该会赞同关注龙诞的问题。不过，事实上，人们在这一点上有重大分歧。一些人认为龙是胎生，另一些则支持卵生说。接受卵生说的人更多，如陈耀文《天中记》即采此说。[19] 郎瑛问道，如果是这样，那么一个从卵里孵出的东西——上至飞鸟，下至爬虫——是如何获得属于龙的魔力的？他语焉不详，认为“愚意龙为神物，变化不测”，这说明他不会像陆容那样相信有关龙的奇谈。不过，最终郎瑛还是认输了。在引述了有关龙的诸家论说（属阳还是属阴？胎生还是卵生？温血还是冷血？）后，他诚惶诚恐地总结道，真相究竟如何，只能“录俟博物君子”给出一个较为肯定的说法。[20]

龙见通常发生在风雨如晦的时候，因此目击者总是力图从这一论据出发。可是，一旦人们开始发问，这些关于暴雨的报告就变得可疑起来。郎瑛提到暴雨使人视线不清的说法就很有道理。他指出，“世人见龙，或挂或斗，或经过，或取水，则必风雨交至，雷电晦暝”，因此要辨认清楚是很困难的。同时，龙也总是刻意远离人群，“甚之败屋拔木，不过闪闪于云烟中，见其盘旋之势耳，欲睹全体不得也”。[21] 结果，人们往往靠发挥自己的想象来填补经验的空白。为了强调自己的观点，郎瑛仔细分析了正德年间（16 世纪 10 年代早期）一次可疑的龙见，并指出，目击者只是瞥到一眼便武断地认定是龙了。

接着，郎瑛又说起广东的一次龙见。当时他正客居于彼，但并未言明他是否亲眼所见。他写道：“一日早潮方平，一龙自空坠于沙场。”人们的第一反应是抵御动物对人类领地的侵犯，因此“渔人各
018 以所担之木棰之至死，官民群往观之”。郎瑛描写道：该生物“其高

可人，其长数十丈，头足鳞角宛然如画”——生活模仿艺术——“但腹惟多红色”。郎瑛对这次龙见十分满意，于是他最后写道：“此可谓见之明也。”这条龙并没有帮助他解决如何分析龙的问题，但至少证明了龙的存在。当然，从逻辑上讲，在一个生物身上发现中国画家赋予的龙的特征，并不能证明那个生物就是龙，遑论证明龙的存在，但这并不是郎瑛的思路。对于他来说，龙是否存在从来就不构成一个问题，他的问题是何为龙的特征。他必须剔除可疑的龙见案例，以防止错误的信息干扰了他对龙进行的动物学分类的分析。

陆容比郎瑛早生一代，他对于海龙的证据还有些将信将疑。他复述了景泰年间（15 世纪 50 年代早期）在温州湾被海浪推到岸边的某海洋生物的故事。一个世纪以前，这里曾出现过二龙相斗的场景（元代第二次官方记载的龙见）。人民争相围观，还欲割取其肉。但该生物忽然转动，把伏在身上的百余个业余屠夫卷入海中。当时的目击者无法确定这种今天会被认作鲸的生物是不是龙，但他们判断它应该属于龙之类。陆容对这次龙见有所保留，但并未质疑将龙单列一类的做法。[22]

16 世纪后半期的文人似乎失去了探讨龙的本质的兴趣。他们仍然转述龙见的故事，特别是那些可作政治解释的故事，但他们对 15 世纪作者所求索的问题已提不起兴致。我在晚明笔记中发现的唯一关于龙的详细研究是谢肇淛的《五杂组》。这是一部汇集自然世界知识的百科全书，物部占了五分之一的篇幅，而其中前 13 条是关于龙的。第一条将最具灵性的龙与最凶猛的虎对比，认为龙可被人豢养，虎只能关在笼中。在第二条中，他批评相士所谓样貌像龙者必定具备龙的威力的说法。尽管谢肇淛反对相士人以似物为贵的说法，却并未进一步怀疑关于龙的其他学说。在第三条中，他解释说龙是最淫荡的生物。龙与其他生物交配，生下具有双方特征的杂种，在此后的六条笔记中，他不断重复这一观点，他认为“盖龙性淫，无所不交，故种独多耳”。龙甚至与人交媾。谢肇淛转述说，岭南有善致雨者正是利用了龙的这种性情。他们把少女架在空中作饵，当龙围着少女徊翔欲与之媾和时，他们设法阻止，龙因不得近身而洒下雨露。

尽管如此，谢肇淛也和陆容一样抱有怀疑，龙见对他来说是有问题的。龙现身时，总是在云雨的裹挟之中，得见龙的全形几乎是不可能的，最多能看清它的部分而已。他也提到人火和龙火的区别，不过又评论说：“此亦不知其信否也。”他对所谓凤凰喜食龙脑的古话也半信半疑。“夫凤非竹实不食，而亦嗜龙脑耶？”[23]然而，对任何一种关于龙的传说的怀疑，都未一举粉碎对其真实性的确信。龙自古就位居万物之首，元明时期亦复如是。即便如此，我觉得，正如在欧洲受过教育的人不再相信托普赛尔的说法，晚明士人也不能全然接受时人所谓的龙的知识。

《五杂组》中关于龙真实存在的最确凿证据，是在北京以西黄土高原的河滩上发现的龙骨。崇祯九年（1636），山西省东南的曲底村发生山崩，露出了一具完整的龙骨。龙牙宽3厘米多，龙头有五斗大，脚爪长1.2米。这是一条可以触摸的龙。不过它在被发现后被迅速肢解了。[24]曲底人不是猎奇者，亦非业余古生物学家。和我们不同，他们对利用化石建构地球的历史没有丝毫兴趣。他们考虑的东西要实际得多，且与同时代的欧洲人相同，那就是以龙入药。根据欧
020 洲药学知识，龙身上具有药用价值的部分存在于它的软组织中（托普赛尔曾提到过龙的脂肪、眼睛、舌头和胆囊），尤其是龙血。[25]然而，根据中医的理论，龙的精力集中在龙骨内。[26]这就是民间争相发掘龙骨的原因。3年前，山西大旱，而在此后的10年中饥荒愈演愈烈。饥荒引发了严重的疾疫，当时的情景用该省一位史学家的话说就是“饿殍载道”。[27]当龙骨露出地表之时，恰逢曲底村村民四处搜罗药材救命的紧急关头。

以龙为史

龙是中国历史的一部分，但它们是元明这段历史的一部分吗？答案是肯定的，理由很简单，因为那个时代的正统历史学家是这样认为的。如果我们翻开元明正史的《五行志》就会发现，史官把龙见与蝗灾、六月飞雪等异象放在一起。当我初次阅读这些章节的时候，我的注意力完全集中在蝗蝻与霜雪上，而忽略了龙。蝗蝻导致饥荒，非季节性降雪也许是气候变冷的证据。那么龙见呢？

既然当时的史家认为龙是值得记录的，我们或许能够从揣摩龙对他们的意义中获得一些启示，进而体会出龙对我们的意义。[28]元明时代的人是否相信龙的存在是无关紧要的。他们只是在观察对他们来说重要的现象，如果这些现象对他们来说是重要的，那么它们对我们来说也是重要的。最简单的处理方法是把龙见归为集体癔症（mass hysteria），但这并不能增进我们的认识。更有趣的做法可能是把它们当作隐喻，即描述极端气候的符号（descriptors）。海岸上的龙在海洋上掀起海啸；飞掠狭长江河流域的龙留下的是暴涨的洪水；黑龙劈裂房屋，抛撒瓦砾，遂变身旋风；把舟女和江水一同吸上天空的龙，再读之下就令人想到了水龙卷。如此等等，不一而足。

但是仅仅把龙解读为气象，即便是正确的，也可能会忽略了见龙的心理状态和政治影响。元明时代的人对恶劣天气的判别能力与我们一样好，但当他们看到龙的时候，他们看到的不仅仅是恶劣的天 021
气——他们还看到被扰乱的宇宙秩序。我们无法把龙看作是龙，这是我们现代人的特征，但并不是那些能看到龙的人的特征。生活在21世纪的我们果真能像我们自以为的那样豁免于过度诠释吗？我们自己不也认为坏天气不仅是坏天气，而是全球气候变化的表征吗？这何尝不是我们关于宇宙乱序的认知？

当然，龙不仅仅是动物，它们还是可怖的生物。古生物学家斯蒂芬·杰·古尔德（Stephen Jay Gould）曾说过，恐龙刺激了我们的想象，因为它们“个大、凶猛，而且已经绝种了”。[29] 龙对我们来说也是如此，不过在元明时代的人眼中，它们仍然是活跃着的生物。中国境内最后一次龙见的时间是光绪三十一年十月（1905年11月），地点在海边，距离最后一个中华帝国——清——的覆亡仅仅数年。[30] 见龙是与力量远胜于自己的生物遭遇，人们不仅看到龙，也为之深深吸引。此外，隐形的生物现形，是上天在影响人间。

现代西方人就会有所不同吗？近年来，有威尔士农民宣称在自己的农田附近看到黑豹。威尔士的生态环境并不适宜黑豹生存，因此当局否认了这种猫科动物的存在。然而，威尔士境内外的许多人都相信那里确实有黑豹。人类学家萨曼莎·何恩（Samantha Hurn）已经指出，对“动物的象征性力量”的兴趣反映出“人类把动物当作定义工具或人类活动之象征的普遍倾向”。[31] 大型猫科动物为那些宣称看到它们的人提供了一个揭露看不到或说不出来的东西的机会。在威尔士的案例中，黑豹成为那些憎恨禁止猎狐的英格兰法规的贫苦农民的“代言者”，因为这种法规使狐狸尽情繁殖并捕食家禽、家畜。在官方法规面前感到无力的农民，把黑豹当作一种自然力量，用以对抗难以捉摸的国家权力。

这或许能够帮助我们理解何以皇帝必须声称自己控制得住龙。龙使普通民众想到了自己在面对不可预测的上天和时而冷酷无情的国家时的脆弱性。那些看见龙的人可以宣称，这些偏离常态的现象是皇帝未能留意民生的征兆。洪武皇帝声称自己能控制龙。即便是悲情的明朝末代皇帝崇祯也在当太子时梦到过一条黑龙缠绕在宫殿柱子上的情
022 景——这是他在竭力争取权力并证明自己继承大统的资格。[32]

大多数的皇帝不是龙主，也没有见过龙。元明两代的龙只在普通人面前现形，后者则决定了龙的意义。

如果在威尔士真的存在黑豹的话，真正的黑豹也不会在意狩猎法

规，它们走出自己的安身之处是为了觅食，而非表达政治上的愤恨。即便根本没有黑豹存在，人们还是会不断发现黑豹，并把它看作对现状的警示以及如何使其趋于合理的灵光乍现。如果元明两代真的有龙，我们就不得不重新思考如何将其纳入一个我们能够理解的历史中去。不过，即便龙根本不存在，它们所化身而成的暴风雨已经足够真实——这一证据足以使人们相信，龙就潜伏在他们的视界边缘，随时会引来滔天洪水将他们冲走；同样，它们也时刻准备着严惩那些只会以暴政、苛政扰民的昏君。如果我们也生活在那个时代，那么我们也会看到龙。（如果我们生在那个时代的英国，那么我们也会知道威尔士龙是最危险的物种。）

即便我们仅仅把龙见解读为恶劣的气候，也将有助于使我们想象中的中国历史更加贴近古人的真实经历。本书第三章要论述的是，气候的确是影响元明两朝的重要因素。元明两朝（1271—1644）共有28位皇帝，他们艰难地挺过了一个又一个合法性危机，如果说他们的性格和热情是塑造这四个世纪的历史轨迹的主要力量，那么气候在其中所发挥的作用也丝毫不容小觑。所幸龙并不要求人们区分坏的预兆和坏的气候。两者是一而二，二而一的。

龙令人生畏的异常举动向当时的人们证实了，他们正经历一个政治动荡、气候恶劣的艰难时世。对此，他们在制度设计和生存策略上想方设法，为的是躲避灾祸，惨淡经营。当他们在努力作为时，世界也被大大改变了。我们只需举出元明史上的两大主题——独裁制（autocracy）和商品化（commercialization），在宋代尚不见其踪影，而到了元明时期，它们在质和量上已发生了飞跃性的变化。社会规范变得多样化，文化产品有了新的形式和用途，理学家开始怀疑儒家思想根植的基本假设。宋代的天下主义被抛弃了。宋朝在明朝只是一个文化隐喻，当人们需要一个（道德、制度、习俗上的）榜样之 023
时，宋朝就是他们标举的榜样。但实际上，她已不再具有任何示范性力量，没有人会认真将其付诸实践。过去有抚慰人心的力量，但她只是一个传说。现实要求用新的观念来解释私人财富的增加、个人情感的形成，以及因两者的不断发展而导致的与国家职能部门的日渐疏离。尤其是在明王朝的最后百年间，最优秀、最聪明的人都在热烈地争辩：哪些信仰是重要的，哪些是不重要的？他们身处的这个繁荣、开放的时代是一个更好的人世间，还是一个人欲横流的泥沼，最终将走向道德与政治的毁灭？这种状态究竟是历史的前进还是倒退？

中华帝国以内的世界变了，帝国之外的世界也发生着变化。商人和水手把明王朝织进了一个联通南中国海、印度洋与大西洋的贸易网络。一个全球经济体正在形成，明王朝被逐步推向核心参与者的位置。然而，环境、政治、军事上的灾难将要形成一股强大的合力，阻碍明朝前进的步伐。1644 年，明朝的终结者来了，但不是自海上来，仍是从蒙古草原来的。不过，明王朝结束了，帝制和支撑她的文化并没有结束。这段故事——亦有龙翩然出没的身影——要一直说到 20 世纪。

第 2 章

幅 员

14 世纪，欧洲人对元朝的了解，远甚于他们对中国悠久历史上其他任何一个朝代的了解。他们有关元朝的知识来自当时的一本畅销书《寰宇记》(*The Description of the World*)。书上说，这个国度的幅员、人口和繁荣程度胜过欧洲的任何地方，她的统治者，“无论是从臣民、领土还是财富的角度衡量，都堪称当今世界乃至从人类初祖亚当以降，最强大的人”。[1] 这本书的作者当然就是马可·波罗（Marco Polo，1254—1324），而他所奉承的那位统治者就是忽必烈汗。[2]

波罗家族来自亚得里亚海边的科尔丘拉岛（今属克罗地亚），当马可出生时已成为威尼斯人。1260 年，马可·波罗的父亲尼哥罗（Niccolò）和叔父玛菲（Maffeo）挣脱了地中海贸易圈的强大引力，一路向东而去。是年，忽必烈成为统率全体蒙古部落的蒙古大汗。经过五年的长途跋涉和买卖，波罗兄弟抵达了忽必烈汗的首都——位于蒙古草原上的哈拉和林（Karakorum）。随后，他们返回欧洲，于 1271 年再度东游。是年，忽必烈建立元朝。这次，他们带上了尼哥罗 17 岁的儿子马可。他们一去就是 24 年。这次旅行的最大遗产就是马可·波罗的《寰宇记》。对于欧洲人来说，一个人在元朝的经历成为他们认识亚洲的一扇窗户，在此后的数百年间，书里的中国就是他们头脑中的中国。[3]

如果说《寰宇记》有一位主角的话，那就是忽必烈。马可在核心章节的一开始写道："每个人都应知晓，这位大汗是最强大的人。"与这位统治者有关的一切事物都被夸得天上有地上无。他的宫殿是"我
025 所见过最大的"；宫殿所在城市的人口如此稠密，简直是"数不胜数"；"世界上再也找不出第二个城市"像这里一般物阜民丰。[4]难怪马可·波罗得到了"百万先生"（Il Milione, the Man of a Million Tales）的诨名。这就是欧洲人所相信的元朝的样子——美好得像尘世间的一个梦，后世作家如柯勒律治（Samuel Taylor Coleridge）者则期待通过置身于马可·波罗笔下的这片仙境，以激起自己想象的闪光。[5]

已经有人指出马可·波罗的失误在于，遗漏了我们认为最能反映中华帝国幅员辽阔、国力强盛的标志——长城。吴芳思（Frances Wood）甚至大胆地怀疑，马可·波罗是否到过中国。"无论是阅读当代中国地图，乘飞机俯瞰华北，还是坐火车穿越西伯利亚，除非是有严重视力问题，否则没有人会忽略长城；而看到长城后，没有人能轻易忘怀。"[6]我们望着这个伟大的人工奇迹，看到的是一个在地理和政治规模上令欧洲人望尘莫及的国家。马可·波罗在至元十一年（1274）来到忽必烈的王国时没有提到长城，这使一些读者怀疑其整个故事的真实性。这种质疑看似有理，但是如果我们自己回到13世纪，就会发现，他遗漏某些重要事物并非那么显而易见的失误。马可·波罗说，他沿着丝绸之路上的河西走廊，进入沙州境内［"所有拜偶像者（穆斯林），除了一些信景教的突厥人"］，又南下甘州（"一座辉煌的大城市……三座建筑精美的教堂……许多修道院和大教堂"），接着"往东南行，去大秦人（Cathay）的国家"。[7]他在河西走廊一带没有注意到长城，原因很简单，因为长城不在那里。直到明

朝后半期，可以被称作“长城”的东西才在这一地区出现。[8]

并没有一道城墙可以为马可·波罗抵挡对其捏造游记的指责。有趣的是，当时的长城尚未如后世那般成为中华权力的象征。忽必烈的帝国横跨于中原扎根土地的世界和蒙古草原逐草而居的世界，他对这些城墙必然毫不在意。明初的皇帝大概亦复如是，因为他们还在想象，有朝一日能收复忽必烈曾经统治的大草原。后来的皇帝放弃了这个念头，于是开始在北方边境修筑一段段城墙，在游牧与农耕、蒙古与明朝、“中华”（Chinese）与“异族”（foreign）间划下防线。明末时，原本数百公里的城墙已绵延至数千公里。但是，事与愿违，城墙没有挡住游牧者（1644 年，他们变身为满族人再次逐鹿中原）的 026
铁骑，事情也并非大家传说的那样，长城没有长到在外太空也能看到的地步。

一　统

蒙古人的生活方式是游牧，征服是其生活习惯的逻辑。如果一个部落停留在一个地方，一直在同一个脆弱的生态系统中狩猎，那么将逐渐衰落，最终臣服在别的部落脚下。生存的唯一方法是不断迁徙。因此，头领如果能够带领自己的族人不断寻找更好的居所，就具备了特殊的人格魅力。直到 1227 年逝世为止，成吉思汗遵循的一直是这一逻辑。因此，他南进华北平原。一个世纪前，属于通古斯人种一支的女真人征服了那里并建立金朝。七年后，蒙古人踏平金朝，开始盘算南征宋朝。

蒙古人在长江流域的西北门户襄阳和樊城陷入五年的苦战，元世祖至元十年（1273，即南宋咸淳九年），襄阳陷落。这次蒙古人是得益于回人攻城技术的大力协助。[9] 两年后，杭州的南宋朝廷被攻克。不过蒙古人又花了四年时间，才将进一步南逃的南宋小朝廷完全击溃。

忽必烈在攻陷襄阳后，将注意力转向援宋的日本。至元五年（1268，即咸淳四年），他初次遣使日本，劝说后者终止与宋朝的结盟，但未被理会。他派出的第二、三次使团也同样无功而返。蒙古人先礼后兵。于是，至元十一年七月（1274 年 10 月，即咸淳十年七月），一支由水师 6700 人、步兵 23 000 人组成的蒙古—高丽联军驾 900 艘军舰穿越朝鲜海峡向日本而去。蒙古人可谓心狠手辣，他们将赤裸的日本妇女的尸体钉在船舷上，作为示威的手段。日本人亦顽强抵抗，终于等到一场台风，使三分之一的敌舰和半数敌军葬身大海。蒙古人只能收拾残部撤离。

忽必烈尚未降服日本，就将大宋江山收入囊中。至元十八年（1281），他又纠集了一支更强大的军队，二度伐日。漏船、断粮、仓促成军、再遇风暴，导致了又一次的失败。于是，自 19 世纪起，
027 便出现了这样一种神话——日本是被“神风”（kamikaze）所救。“神风”一词在 1945 年又复现于历史舞台，这次是被用来形容“二战”末对美国海军实施自杀性空袭的日本神风特攻队队员。[10]

在征服宋朝以后，忽必烈急需寻找一种理念来支持蒙古统治的合法性。他找到了这样一种论调，即蒙古人有权统治这块次大陆，因为他们结束了长达数百年的宋、辽、金鼎立的分裂局面。把四分五裂的领土一统于一个名为大元王朝的政治体之下，很可能是出自忽必烈最信任的汉人幕僚子聪的谏言。子聪原为僧人，蒙古乃马真后元年（1242，即南宋淳祐二年）曾为大汗延揽，海迷失后元年（1249 年，即淳祐九年）又再度入幕，成为忽必烈的主要谋臣。[11] 子聪明白，如果忽必烈不设法归依汉族传统，就无法成为令汉人心悦诚服的皇帝。一种方法是使这个政权具备华夏王朝的身份，将其置于自公元前 221 年秦国统一北方算起的漫长的王朝系列。忽必烈自称为大元的创立者，将自己打扮为辽、金、宋朝的合法继承者。为了完全奠立自己的

正统地位，他召集了一批学者，并任命脱脱（Toghtō）为都总裁官，为前三个朝代修官史。这一举措抹杀了长久以来汉人对“华”（文明的——也是“中华”的“华”）和“胡”（草原上的游牧民族）的区分。如果汉人把蒙古人视为“胡”，那蒙古人就不可能使臣民相信他们能自称为“华”。因此，最好是找一个更具包容性的概念，也就是“一统”。忽必烈把许多民族聚集在自己的统治之下，使他们融为一体，因此，他当得起天子之名。

辽、金、宋三代的历史是把元朝嵌入中国朝代序列的参照坐标。又是在汉人智士的谏言下，忽必烈如法炮制，下令编撰全国性方志——即一部囊括各省地理、行政区划、人物传记的志书。这是史无前例的。以往各朝方志都是地方性的，到了元朝发生了变化。至元二十八年（1291），《大元一统志》修成，12年后重修扩版。这部全国性的出版物为以后的朝代树立了典范。洪武三年（1370），明朝的创立者也下令编纂本朝的一统志，但是在数十年后才正式启动。永乐十六年（1418）和景泰五年（1454），又先后两次申令修志，后一次更是催迫甚严。七年后，《大明一统志》终于问世。 028

朱元璋治下的疆域并不等同于忽必烈“统一”的疆域。朱元璋被迫放弃了元代统治下的蒙古和西伯利亚，即传统上所说的胡人区。然而，既然元朝声称统一了天下，则明朝必不能稍逊于彼。自朱元璋以后，明代的国家话语中始终充斥着“天下一统”“国朝一统”和“一统万方”这样的说法。[12] 洪武三年，朱元璋命人创作了一首比打油诗好不了多少的《大一统颂》，从中可以看出他有多么在乎这一点。

大明天子驾飞龙，
开疆宇定，王封江汉远朝宗。
庆四海车书会同，
东夷、西旅、北戎、南越都入地图中。
遐迩畅皇风，

亿万载时和岁丰。[13]

明朝疆域辽阔，但东西南北四面都不及元朝版图大，甚至与唐帝国也无法相比。[14] 永乐皇帝（1403—1424 年在位）意图恢复至元朝边界，故北进草原，南征安南（现越南），但明朝的武威在两面都未能维持太久。成书于万历三十五年（1607）的类书《三才图会》中有关朝代赓续的条目中竟然宣称“元氏以夷狄入主华夏”，而疆域却较以往的汉人王朝缩小了，“其地西北锥过于前”暗指有另一支蒙古
029 部落控制着中亚，“而东南岛夷则未尽附”指的是日本两次击退蒙古人的进攻。按照该书编者的说法，这些局面随着明朝的建立而改观。“唯我天命统一华夷。幅员之广，东尽辽左，西极流沙，南越海表，北抵沙漠。”[15]

这只是反元的修辞策略。到明代中期为止，疆域已较元代大幅缩减。根据地理学家王士性的说法，北面回缩了 500 公里，东北面回缩了 250 公里，西北面回缩了 1000 公里，而西南面也回缩了 1000 公里。[16] 在这些区域中，最易被明朝侵蚀的是西南。有明一代，乃至入清以后，通过不断移民开垦和设立行政机构，汉族势力有条不紊地侵入西南——这是一个在大范围内“吸收、取代和消灭”的进程，用人类学家詹姆斯·斯科特（James Scott）的说法就是“内部的殖民主义”。[17] 最易拓边的区域是北方边境，明朝最终在那里建起了一个缓冲地带，史称“九边”，并在其最外围筑起了长城，以区隔中外。[18] 而且如王士性所言：“若元人兼有沙漠……其广狭又不在此内。”[19]

通 衢

一个幅员广袤的帝国必须面对的潜在问题是如何不变成一盘散沙，因为过于星散的人口分布往往阻隔了有效的通信。对于自秦以降的中华帝国而言，如何建筑起一个纵横境内的水陆交通网络，既能便

于驿卒、官员、军队、邮差经济又迅速地移动，又能方便平民百姓的出行，是个不小的挑战。

在元朝建立之前，蒙古帝国就已发展出了令人震惊的通信网络，更不用说那之后了。这种网络是必要的，因为如果没有长距离通信的手段，蒙古人就无法控制边疆地区。马可·波罗就曾为元代的陆路通信系统而深深折服。他写道："当大汗的信使沿着任何一条驿道出发，每40公里就有一个驿站。你要知道，在通往各个行省的每条驿道上，每隔40或50公里就有一个这样的驿站。"传送紧急公文的马 030
递，一日之内可行400公里。马可·波罗向读者保证说："无论是对国王、皇帝还是你能想到的任何人来说，这是他们活在世上能够享受到的最伟大的资源。"作为一个来自中世纪欧洲小城邦的人，马可·波罗从未见过这样的东西，他说："这套制度实在太了不起了，但是耗费的代价也太高，因此它反而妨碍了谈话和书写的传递。"

在这套驿传制度中，与之并行的是兵部用以传递日常公文的独立系统。这套系统依靠的是"急脚递"而非马递。马可·波罗是这样描述这些"急脚递"的装扮的："（他们）身缠宽大的腰带，腰带上悬数个小铃，一跑起来，在很远的地方就能听到他们的铃声。他们总是全力奔跑，且最多跑5公里路。在5公里外的下一个递送铺，听到他们铃声由远及近的下一个役夫便早早地做好了准备。"通过接力的方式，这些"急脚递"可在一日之内跑完普通旅行者10日的脚程。[20]马可·波罗当然会对此印象深刻。16世纪末，从伦敦送信去400公里外的巴黎要10天时间。而在13世纪，信能不能送到还成问题呢。

明朝沿用了元朝的通信体系，尽管裁减了部分消耗马匹过巨的陆上线路。[21]根据晚明某笔记的记载，明代驿道系统，东西长10900里（约合5450公里，3386英里），南北长11750里（约合6768公里，3650英里）。[22]据某位现代学者的估算，明代水陆驿道的总长度达到了143700里（约合71850公里，44645英里）。[23]各地驿道的修筑质量天差地别，而养路的责任自然落到地方官和地方财政的头上。明初，皇帝为尽量减少重修南京驿道的成本，曾下旨用元代碑石为铺路的材料。[24]佛寺中镌刻供养纪录的石碑数不胜数，因此需要闯入城市周围的寺庙把石碑搬运出来，许多地方官员发现，这项严苛的政策执行起来政治阻力不小。然而，如果不能做好辖区内驿道的养护工作，则会招来降级甚至革职的处分，在这种威慑下，一些地方官员不得不
031 兢兢业业地修护驿道。时间是至关重要的。按规定，“急脚递”一日需行 300 里（约合 150 公里，93 英里），如公文递送延迟，每延迟三刻，则笞二十。[25]驿使跑的距离更长，速度也要更快。因此对于他们稽程的处罚是按日计算的，每耽搁一日则笞二十。[26]

官员出公差时允许乘驿。驿递系统虽然是免费使用的，但对于驿使的行程以及在递运所和驿馆的待遇等级都有相当严格的规定。譬如，在元代，诸驿使日行不过三驿，以免马疲致死。这些规定被写入元代法规大全——《元典章》，载明官员乘驿的各项限制。至元二十四年（1287）的一个律例规定，官员投驿止宿时，需将驿马交由驿卒饲以草料后才可自去饮酒，而不是下马后就任由驿马在驿馆外自生自灭。还有一项律例告诫驿使，不得向驿官索要妓女。起因是至元二十一年（1284），有人状告一名小官员贿赂驿馆，为其差拨三名妓女赴驿馆内伴宿，次夜又复提出同样要求。[27]

明代驿制，隶属兵部，用军士代民役。为了方便驿使，还编制了一本参考手册，名为《寰宇通衢》。这本印制粗劣的手册，首印于洪武二十七年（1394），其中罗列了全国所有驿道里程及 1706 个驿站。发驿遣使，必须持有注明时日和出行方式的牌符。如果是准给驿马的话，牌符上会印上马匹的图样。如果使臣逾制索要驿马，则会受到笞八十的刑罚。与“急脚递”一样，身负公差的官员也有行程的限制。每条线路都按照所需时日计算了里程。[28]

譬如，一个官员坐船从北京去南京需 40 日，到扬州则少一日，

多一日则可抵苏州。从北京到陕西省北部的延安、河南省西南部的南 032
阳，也都是 40 天的路程。到边疆地区的城市的路程则要长得多。从北京到四川省首府成都需 145 天，到广西省首府南宁需 147 天，里程数之最要数到广东省沿海城市潮州，需 149 天。首先从北京出发，行走 113 天后抵达省会广州，此后还要往东进入丘陵地带，经过 36 天的跋涉，穿越 1155 里（约 578 公里）的崎岖山路。[29] 如果使臣走海路的话，行程可大大缩短，不过朝廷不允许这样。

南 北

宋朝时的一场全国性危机导致了南北分裂的局面。随着北方女真
人的入侵，宋朝被逐出中原，被迫接受与金朝分立的局面。双方以淮 033
河为界。淮河是位于黄河与长江之间的一条东西向河流。元朝统一南北后，就消灭了这一内部屏障。不过从地文学的角度来说，南北界线依然存在。南北方不仅存在气候、地貌、饮食、建筑和文化上的差异，人们甚至相信，南人与北人的思想与性格也有所不同。北方以干燥、贫穷、文化落后为特征，南方则完全相反。当时的人就已知道，淮河流域是农业上的生态过渡区。淮河以南地区降雨充沛，适宜水稻生长（年平均降雨量不少于 80 厘米），淮河以北只能种植小麦、高粱和其他旱地粮食作物。早在 14 世纪，元人王祯在《王祯农书》中就已阐明这一点，他宣称淮河是水稻和小米种植区的分界线。两个世纪后的一本笔记中提到，淮河流域的部分地区适宜种植水稻，“谷价亦廉”，而其他地区则不产水稻，因此推断“此南北之交也”。[30] 降水充沛和气候温暖是南方独有的资产，因此，这里的农业产量更高，基础设施建设投入更大，教育和文化产业也更发达，而这一切便铸造了南方的领先优势。

不过，在一般人的眼中，南北的分界线是长江，而非淮河。所谓

“江北”指的是长江以北，而“江南”指的是长江以南，这是两个截然不同的世界。甄别江南、江北，是明代文人笔记乐此不疲的话题。福建谢肇淛的《五杂俎》中是这样区分南北的：

> 江南无闸，江北无桥；江南无茅屋，江北无溷圊。南人有无墙之室，北人不能为也；北人有无柱之室，南人不能为也。北人不信南人有架空之楼，行于木杪；南人不信北人有万斛之窖，藏于地中。[31]

034 地理学家王士性则详述南北自然环境的差异，论述更见细致入微：

> 东南饶鱼盐、粳稻之利，中州、楚地饶渔，西南[32]金银矿、宝石、文贝、琥珀、硃砂、水银，南饶犀、象、椒、苏、外国诸币帛，北饶牛、羊、马、骡、绒毡，西南川、贵、黔、粤饶楩楠大木。江南饶薪，取火于木，江北饶煤，取火于土。西北山高，陆行而无舟楫，东南泽广，舟行而鲜车马。海南人食鱼虾，北人厌其腥，塞北人食乳酪，南人恶其膻，河北人食胡葱、蒜、薤，江南畏其辛辣。[33]

发达的南方的核心区域是长江下游的冲积平原，它的西北面是明代的第一个首都南京，东面以海港上海为限，西南面则是南宋首都杭州（地图1）。这个区域亦称江南，我在书中将称其为长江三角洲。元代在江南设行省，但明代开国皇帝朱元璋则将其分为南直隶和浙江两个省。朱元璋出于自己的政治直觉和社会保守主义（social conservatism），[34]对这一地区并不信任。他更倾向于分化、征服的做法。他崛起于淮河流域的凤阳府，那里正是南北的分界线，因此他始终与江南精英圈格格不入。尽管如此，与以往朝代的开创者相比，朱元璋还算不上是个北方人，当时与后世的观察家都注意到了这一点。如明代颇负文名的汪道昆（1525—1593）就曾说过：“畴昔
035 圣帝明王，率由北产。帝臣王佐，亦以类从。……迄我太祖，中天而

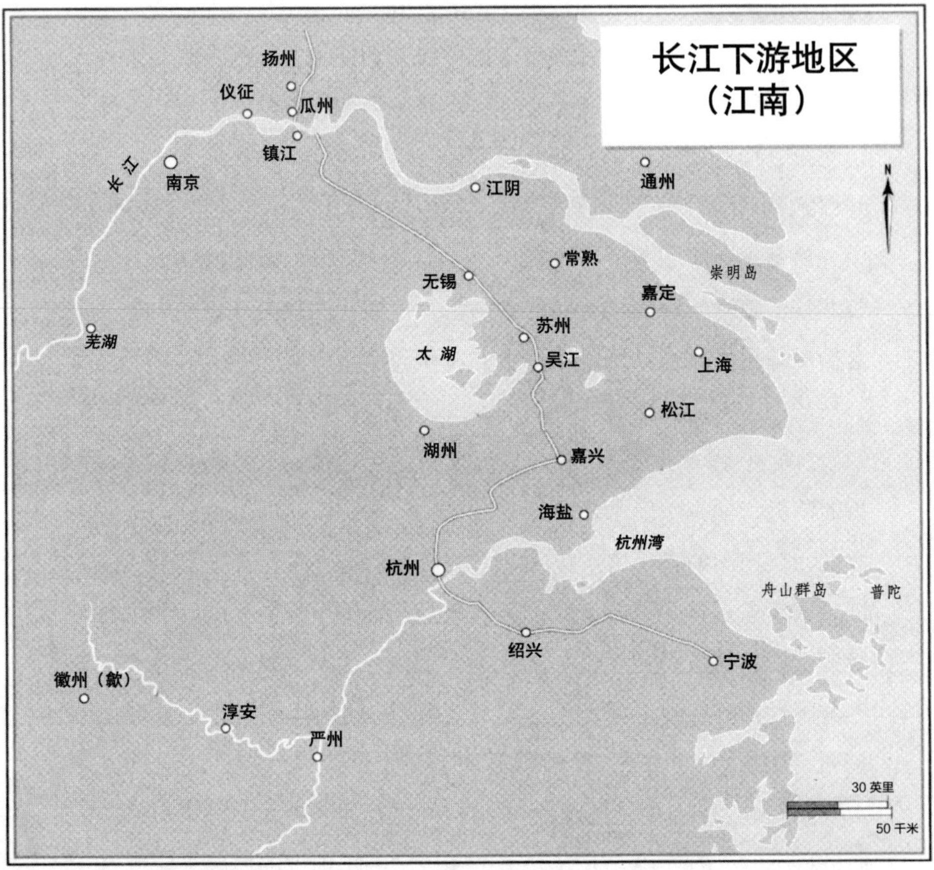

地图 1

兴，挺生南国，向明而治，此其向方。”[35]

在寻找中国文化的源头时，人们也许还会引颈北望，但宋代以后，随着南方的兴起，经济增长的动力和文化潮流的风向标已经南移。从长时段的观点来看，这是一种新的变化。正如地理学家王士性乐于指出的那样，“江南佳丽不及千年”，到王士性所处的 16 世纪，这个地区才“正当全盛之日”，他进而猜想：“未知何日转而黔、粤也。”[36]

元代的统治范围尽管跨越了南北的分界线，但元代统治者尽可能
036 重用北人而提防曾经反元的南人的做法，却使南北隔阂的观念常驻人心。元朝统治下的宋金遗民发现自己并未如朝廷曾许诺的那样重新联合起来，而是要在偏见的隔阂下交涉。这种差异反映在北人与南人之间在政治、文化上的紧张关系，前者被派遣南下，治理南宋的旧江山，后者则无缘服务于新政权，还不得不与新来的领主谈判。南人指责北人没教养、没文化，而北人则认为南人心胸狭隘、自以为是。在这样的情况下，很难达成政治上的调和。

蒙古人采用举荐而非考试的方式来选拔官员，在被元廷严重排挤的南人心中播下了怨恨的种子。元朝覆灭后，他们为了扭转这种不平衡的态势，便寄希望于恢复科举制度。科举制度，通过每三年一轮的考试，在全国的青年中选拔人才，为政府效力。第一关是县一级的童试，第二关是省一级的乡试，第三关是在首都举行的会试。通过县一级考试者，被授予“生员”的头衔；通过乡试者，称为“举人”；通过全国性的、在京城举行的考试者，则是“进士”。[37] 因为科考范围是通行的教材，所以这种制度有助于在士绅中培养一种统一的国家文化。不过，人们也普遍认为科举制度更有利于南人，因为历来南人通过科举的人数要比北人多。王士性曾试图用地理的原因来解释这一现象：长江以北，地方广大而缺少变化，人们可以甘于千篇一律而不求在文化上独树一帜；长江以南，地形更为复杂，人们被迫聚居在一起，相互间的竞争自然增多。不过，王士性坦承，并非所有文人学士都出自江南，但他也不得不指出，嘉靖（1522—1566）以后，“则江南彬彬乎盛矣”。[38]

不唯嘉靖之后，南北间的这种不平衡，实在由来已久。洪武三年（1370），朱元璋恢复科举，就是意识到了元朝南人无由晋升之
037 苦，但他本人更欣赏北人的坦率，因此也不愿过多地矫正重北轻南的局面。南方在文化上具有优势——教育资源更多，文学更典雅，赞

助和繁荣学术的社会网络更发达，因此，洪武四年（1371），明代首次科举产生的进士中，有 3/4 是南人。朱元璋对这一结果很不高兴，一度暂停了科举。洪武十八年（1385），他重开科举，南人与北人的中试比例还是如此。

在洪武三十年（1397）的殿试中，这一问题终于酿成了一场危机。这一次，52 名进士全部是南人。朱元璋叫主考官刘三吾重新审阅落榜的试卷，希望重新发现被埋没的优秀北方举子。但令皇帝失望的是，刘三吾再次呈上的排名仍复如是。他向皇帝解释说："礼闱取士，向无南北之分，大江以南本多佳士，北士自不及南。"朱元璋大为震怒，处决了两名考官（刘被豁免），并重新举行殿试。这一次，61 名进士自然都来自北方。

洪熙元年（1425），终于在制度安排上解决了这一问题：35% 的进士席位留给北人，55% 留给南人，余下的 10% 则留给来自南北交界的淮河流域的人。不过，这一配额方案并不适用于进士的排名，而进士排名决定了官职的安排，因此，这项关于官僚职业生涯的改革并不彻底。洪武三年到崇祯十六年（1643），殿试第一名者（被称为"状元"或"魁元"），有 80% 来自南直隶、浙江、江西、福建等四个南方省份。从统计结果上看，省籍是一个重要因素。如果你来自以上这些省份，那你晋升的机会将比来自诸如山西等北方省份，或广西、云南、贵州等西南省份的人要大得多（上述三个西南省份，在明代没有出过一个状元）。[39] 出身地是一个重要的文化因素，也决定了士子所能获得资源的多寡。

为了增加北人科举成功的机会，北京的国子监只录取北人。而南 038
京的国子监则面向所有非北方人，这就意味着更为激烈的竞争。就学于北方的国子监还有一个额外的好处，就是方便走吏部的门路，而吏部是决定官员任命的部门。罗玘（？—1519）——上一章提到过，弘治皇帝曾向数位臣子询问有关龙的事情，他便是其中之一——是个南人。罗玘出身于江西与福建交界处的某县，为人好标新立异，也许是因为他对经典之外事物的浓厚兴趣，所以屡次在乡试中落榜。罗玘在 39 岁时，放弃科举，为自己捐了一个监生的头衔，即在北监中谋得了一席之地。当时的国子监祭酒是长于经世之学的著名学者丘濬（1420—1495），他反对南人留在北监。罗玘固请不已，终于惹得丘濬怒骂：“若识几字，倔强乃尔！”罗玘则回答：“唯中秘书未读耳。”

本来这就足以把罗玘打发回老家了，但丘濬却因为他的不羁言论而另眼相看，特地留他下来考试，并惊异于他的才华。成化二十二年（1486），罗玘被准许参加京闱乡试，从而跳过了在南京参加考试的一长串南人，取得了第一名。[40] 有些讽刺意味的是，北监祭酒本人来自海南，也就是说，他出身自大明帝国里南到不能再南的地方。

政 区

蒙古人将原来金、宋两朝的领土分为九个行政单位，另外还有三个涵盖了大草原及同纬度的北方地区。[41] 元朝统治的核心区域是北京及其周边，称为中书省。这沿袭了前朝的称法，同时也是中央政府的主要行政机构的名称。其余的领土被分为八个区域，由八个行中书省
039 管辖，它们分别是中部的河南江北，西部的四川，东南的江浙，西南的云南，西北的陕西、甘肃，还有南部的江西、湖广。

明初沿用元制，近 10 年后才有所改变。洪武九年（1376），废除行省制度，将地方权力一分为三，即承宣布政使司、提刑按察使司、都指挥使司。其管辖范围一般比行中书省要小一些。有三个省（陕西、四川和云南）仍维持元朝时的边界。甘肃省消失了，因为它的大部分地区已不是汉人的领土，而处于蒙古人的控制之下。明代仍控制着甘肃的西南走廊，并将之并入陕西。其余各省都被划分为更小的单位。中书省被分割为山东、山西和北平（后改称北直隶，今为河

北），江西行省被分成江西和广东，江浙行省被分成浙江和福建，湖广行省被分成广西和贵州。此外，在合并不同行省的基础上成立了两个新的行政区域：南直隶（今天的江苏和安徽），即原江浙行省的北部和原河南江北行省的东部；新的湖广，即原河南江北行省的西部与原湖广行省的北部。这些新的行政区域仍称为“省”（secretariats），今天在英语中用“province”一词表示。[42]

将行省分为三使司，是一种预防省一级的官员形成地方割据势力的分权策略（a divide-and-rule tactic）。然而，从另一个角度来说，这一新制度实际上加强了省一级的行政能力，因为它把三个反馈系统汇总到一个结点上。与元代行省制度相比，明代增加省的数量，削弱了政府进行跨区域协调的能力。为了解决这个问题，明代增设了巡抚和总督。这两个职官初设于宣德五年（1430），原本是临时性的，为的是应付诸如洪水等由环境恶化引起的、需要跨省协力解决的突发问题。因此，巡抚和总督是明朝“排除环境问题的专家”（environmental trouble shooters）。[43] 040

省下面一级的行政单位（在元代是路和府，明代是府和州）再划分为县，就是国家行政体系中的最基本单位。元代一度有过 1127 个县，明代 1173 个，当然这些数字会随着疆域变化而浮动。县是中央政府任命官员的最基层单位。每个县有一个县官，根据省籍回避制度，必须由非本省出身者担任，这是为了防止地方势力坐大从而削弱中央的权力。县官要负责辖区内的治安和财政，小的县有 5 万人，大的县有 50 万人。如果县官感到职责不堪负荷，可将该县进一步划分，从而成立新的县。

新县似乎是分批设立的：15 世纪 70 年代有 14 个，16 世纪 10 年 041
代有 9 个，60 年代有 8 个。许多新设县是在管理松懈的边远地区，往往是为了应对当地的盗匪问题。[44] 在发达地区，设县则是因应经济增长的需要。例如，太湖南岸的桐乡在宣德五年（1430）被提升为县，就是为了改进这一人口稠密地区的赋税而进行重大调整的结果。桐乡周边市镇的纺织贸易量增长惊人，因此在16世纪30年代，当地的士绅领袖奏请分立县治。当时的一个青镇人提出的理由是，作为一个商业市镇，青镇地处水陆要道，就其规模和繁荣程度而言，分立县治乃势所必然。他说道："本镇……居民不下四五千家。丛塔宫观周布森列（佛寺道观仰赖民间捐助，因此是衡量地方贫富的晴雨表），桥梁阛阓，不烦改拓。"由此可见，立县尚不足以符合青镇的实际地位，难怪他要暗示说，"已宛然府城气象"。[45] 但是他的上疏未被批准。

福建沿海的海澄县，则是为了应对以上两种需求而设。月港位于海澄县，是漳州地区中国与东南亚海上贸易的主要港口。第一次要求置县是在16世纪20年代初期，但因为嘉靖四年（1525）的海禁，遂无疾而终。嘉靖二十八年（1549），二度议立县治，又因为朝廷围绕中央对沿海赋税控制权的复杂斗争而未果。嘉靖四十四年（1565），三度附议立县的问题，次年又有邑人正式上疏。在嘉靖四十五年（1566）的上疏中，把立县称为救生灵而弭寇乱的根本办法。立县意味着能够加强应对倭寇的军事投入，从而促进海澄的进出口贸易。上疏中批评该地民众顽劣奸猾，目无法纪，又有私通倭寇之便，因此设立县治能加强地方控制。"市贾船舶往往有税皆归于捕盗牙家"，而非地方政府，"当即布告，令其输税于官"。如此一来，设立新县的费用就绰绰有余了。[46]

该项建议被朝廷采纳了。嘉靖四十五年十一月二十八日（1567年1月17日），福建设立了两个新县，其中一个就是海澄。是年，弛禁开海，贩私的转为合法贸易，倭寇变身商贾，而月港则成了海澄县。

人口

元明统治时期究竟有多少人口？这两个王朝都遵循着户籍统计的

传统，以此掌握可服徭役的人丁数量。今天，这些档案资料为我们提供了了解这一时期经济与社会状况的信息。因此，我们有厚厚一沓人口统计数字，但是这些数字常常是不准确的。

12 世纪的宋代人口超过了 1 亿。而据至元二十七年（1290）元朝第一次人口统计显示，仅有 58834711 人。统计者知道，实际的总人口数应该更高，因为“山泽溪洞之民不与焉”。[47] 天历三年（1330）调整后的数字有所上升，但也仅为 59746433 人。难道宋元易代的过程中竟损失了 4000 万生命？元人入主中国是否引起人口锐减？历史学家对此莫衷一是。有人提出，应该把至元二十六年的统计数字提高 20%—50%，从而得到的假设数字在 7000 万—9000 万人。这组数字似乎比较符合人们对元朝统治规模和疆域的认识，但是元代发生的诸多灾祸应该也造成了某些地区人口的下降。我们还知道，在一些地区，作为蒙古人家奴的人口是不入籍的，这也是造成这部分人口从统计数字中消失的原因。

明太祖急于知道自己统治着多少臣民。洪武三年十一月十七日（1370 年 12 月 14 日），他下旨户部：“如今天下太平了也，止是户口不明白俚。”他要求重籍天下户口，写明各户性别、年龄（为了区分中青年人和老幼，因为只有中青年人要负担徭役），以及房屋、田产数量。这些信息被编制成户帖，一份给民，另一份令有司造册，藏于县衙（即县官的府署和公堂所在地）。[48] 这些统计材料称为“黄册”。曾有人说，这是得名于书册的封面颜色。但实际上，封面并非黄色。3 岁是孩童，15 岁是少年，20 岁起为丁，59 岁步入老年。3 岁以下尚未断奶的小孩儿称为“黄口”。[49] 早期的官方户籍统计并不涉及幼童，因为考虑到儿童的自然死亡率颇高，许多孩子无法长大成人，进入赋税体系。统计儿童人口被认为是徒劳之举。明代则不然，故而户籍名册才有此名。因此，“黄册”之“黄”的确切意思是“亦自男女之始生登籍而名之耳”。也就是说，婴儿也不能逃脱户籍编审。[50]

明代的第一次人口普查是洪武四年（1371），不过当时有些地区并不在普查之列。天下并非皇帝说的那样都太平了，至少有些地方不是。10年后，朝廷下令进行了第二次普查——此后，每10年造册一次，除少数几次中断外，该制度与明朝相始终。根据洪武十四年（1381）上呈的数据，明代共有1064362户，总人口为59873305人。10年后，总户数增加约1万户，但是总人口却减少了300万人。一定是哪里出了问题。统计结果被重新核算，洪武二十六年（1393）给出的修正人口数量为60545812人。经过调整后，这些数据已与至元二十六年和天历三年的数据非常接近了。

明朝规定，户口每年勘核一次，人口普查则每10年进行一次。每10年一次的统计称为“大造”，地方官往往嫌麻烦，或是填报10年前的数字，或是调整几个数据，敷衍了事。结果，明代的人口统计数字几乎与元代一致，有明一代的官方人口数字始终在6000万上下浮动。

对于明代的官员来说，“夫户口之增损，国势之强弱，于是乎在”是不言而喻的。[51] 人口增加意味着地方繁荣，地方繁荣意味着治理有方，这是任何一个朝代都希望实现的图景。这一信念也许会诱使县官们多报人口数字，但这样做也势必导致本县赋税的提升，这又是县官们所不乐见的，因此，他们又有把数字报得越低越好的动机。对于纳税人来说，为了减轻自己的负担，他们会尽量把大户分成更多的小户，以逃避徭役。因此，通过拆分户口的手法，表面上，户口的数字增加，并造成人口增长的假象；同时，实际负担徭役的人丁数量却减少了。黄河流域曾流传着一首绝句，讽刺的正是上述这种情形：

> 瘠地濒河岁未登，新来赋役重难胜。
> 各分版籍求规避，谁解翻为户口增！[52]

如果地方上的百姓能够哄骗官员的话，我们又该如何看待这些数据？怀疑派学者都认为，洪武二十六年（1393）以后的统计数字皆属地方官员虚报，掩盖了人口增长的真实情况，但对于实际人口增长的多寡，他们却莫衷一是。首先，他们假设这些统计数据最多不到实际人口数量的 90%，因此倾向于将起始数字提高 10%。其次，他们假设每年的人口增长率为 3‰，由此得出，万历二十八年（1600）的人口数量为 1.5 亿人，几乎是万历三十年（1602）“大造”所呈报的 5600 万人的 3 倍。极端怀疑派设定的起始数字和年均增长率（5‰—6‰）更高，因此，他们推算出的 1600 年的人口数量高达 2.3 亿人。[53] 这些假说，引起了我们称之为“统计基要派”（statistical fundamentalists）学者的反弹。他们质疑这种抛弃已有数据而采信自己所需数据的做法。他们尽可能严格地采用这两百年间的官方人口统计数据，并按照一个远低于怀疑派的年均增长率（0.4‰）进行推算，最终得出 1600 年的人口数量接近 6600 万人。 045

由此，怀疑派、极端怀疑派和基要派为我们提供了 3 个 1600 年的人口数字—— 6600 万、1.5 亿和 2.3 亿。这些数字造成的结果十分有趣，因为每种推算都暗示了一种不同的历史发展。根据清代的记录，乾隆五十九年（1794）的人口数量为 3.13 亿人，道光二十年（1840）为 4.3 亿人。我们所认定的 1600 年的人口数量，影响到我们对后来这些数据的解读。如果我们采取基要派推算的人口数 6600 万，则会发现 18 世纪的人口增长惊人，其年均增长率将接近 8‰；而按照极端怀疑派推算的 2.3 亿，则在统计上，所谓 18 世纪人口暴增就变成了一种假象；采取折中的数据 1.5 亿，则得出一条平滑的长期增长曲线，即明清两代的年均人口增长率约 3‰，这个数字较为合理。我个人倾向于采纳折中的推算。

移 民

在元明两代，许多人并不待在自己的原籍。一些人因为做生意或别的原因，总是居无定所。有些人则是迫于国家政令而不得不迁移。朱元璋抄没江南巨室田地时，就把部分富户迁到首都南京，置于自己的监视之下，一些迁到他在淮河流域的老家凤阳府，另一些则迁到人口减少的华北平原。永乐皇帝迁都北京，又带起了数波向华北平原的强制移民，有些达到数万户之多。整个 15 世纪，畿辅省份北直隶所
046 占全国人口的比率，从 3% 升至 7%。

一些移民是迫于政令，而大多数则是出于经济原因，移民渠道多通过私人网络而非政府计划。有一批北方移民就聚集到了山西洪洞县的老槐树下。该地是这个（基本未受元明易代影响的）人口大省内为寻找土地而漂泊的人们的一个集合点。洪洞，横跨于晋中地震带上的汾河走廊，是迁徙路途上一个理想的集合点，因为它是出省的必经之地。许多人专程到此，加入出省的移民团体。一位热心的乡土历史学家考证出，全国 40% 的县有移民家庭，一些来自洪洞本地，更多的来自山陕地区的其他地方。五分之四的移民往东进入华北平原，其余则分散在全国其他省份。[54]

这些移民一直保留着他们来自山西洪洞的记忆。菏泽王氏的家谱就记载着，先祖名王伯圣，王氏乃迁徙至菏泽：

> 始祖原籍山西洪洞县老鹳窝木查村，同胞四人，长字伯圣……每觉生于斯长于斯而终于斯也，不意洪武三年三月（1370 年 4 月）间上示迁民东土，同胞四人怀始祖安居故土守业养老，而始长祖与始三祖遵示东迁，过关山河海，跋涉之劳更甚，披星戴月，风霜之苦莫述。我始长祖行至大名府东明县东南至城六五里，爰居此处，度地安宅，选宅造室，安其身家。[55]

王氏“爰居”[56]之地名叫粪堆村，也就意味着他们从此变成了“粪
047 堆王氏”。后来，他们选取了一个更为文雅的“郡望”——菏泽，意为荷花之泽，因此，到清光绪十三年（1887）他们编纂家谱的时候，

他们就自称为“菏泽王氏”了。

就全国范围而言，明代迁出人口最多的是江南。洪武二十六年（1393），江南三大省——南直隶、浙江、江西拥有全国半数人口；而到了明中叶，已不足三分之一。[57]这一大规模的人口分布调整，固然与各省人口的实际增长有关，也得力于始及江西，次至湖广，直追四川、云南的西进移民潮的推助。早在15世纪20年代，就有大量来自东部省份、因经济压力迁移的人口（economic refugees）[58]涌入湖广南部，他们中的一些人私自削发，伪装成游方僧人。[59]正德四年（1509）湖广饥荒，[60]前来署理救荒的钦差惊讶地发现，该省聚集了大量“外省、外府、外州、外县流来寄住游食种田度荒人民”，其中绝大多数是来自东部省份、迫于经济压力迁移的人口。[61]自宋代起，江南已成为人口最密集的地区，并且塑造了整个宋代的社会规范、经济运作模式和文化潮流。然而，随着时间的推移，江南的人口不断迁移到全国各地：有时他们为了糊口而不得不在丘陵山地上开垦梯田，他们每迁移到一处，往往能发挥江南人的巧思和才智，从而成为地方社会中的显赫角色。

经 野

人口统计和赋税定额，编户和移民，族群聚合和分离，这些都显示出，国家通过设计各种程序和机制来登记和控制国境内的每一个臣民。这种控制之所以可能，是因为有一套自上而下、各行政单位彼此勾连的体系，其触角一直延伸到乡村，深入每一户家庭，最底层单位的官员亦由中央任命。没有哪个人的生活能超然于国家单位之外——至少这是该体系的目的。

元代承继了宋代的一整套地方政区单位，明代又进一步简化并固定下来。明代县以下分6个以上的乡，乡以下分为约12个都，都以下再分为数十个图（北方称社、屯），另外，根据不同地区人口密度大小，在这些层级间还会设立其他的区划单位，从而形成了一个更为精细的体系。[62] 图已是一个足够小的单位了——元代 50 户为 1 图，明代百户为 1 图——基本相当于一个自然村的规模，至少在理想情况上如此。在这一空间结构的基础上，洪武十四年（1381），明代政府推行了一套名为“里甲”的户口登记制度。10 户为 1 甲，10 甲为 1 里。在 1 里之内，选出 10 户最殷实的人家，负责主持各种活动、收缴赋税，这 10 户便是所谓的图，至少在理论上如此。这一由国家主持的体系遍及帝国上下。没有一户人家可以豁免于这一体系之外，并且在明初时确实如此。

国家将每户家庭、每个有劳动能力的成年男子、每一块可以征税的田地都登记在册。登记户口的是黄册，登记田地的是流水簿——顾名思义，没有一寸田地能逃脱登记。[63]

正如明代政府希望将每个人都落实在自己的行政体系中，它也同样希望丈量清楚每一块可耕种的土地。如陆容在自己的笔记中所言，丈量出准确的田地数据，“最是善政”。一个国家能否实现公正，端看赋税是否合理；而赋税是否合理，端看赋税标准是否一视同仁。“若委托得人，奉公丈量，见顷亩实数，使多余亏欠各得明白，则余者不至暗损贫寒，欠者不至虚陪粮税。”[64] 实际上，丈量田地并非易事。以刚正不阿闻名于世的官员海瑞（1514—1587）曾据自己在嘉靖三十七年到三十九年（1558—1560）任县官时的经历写成一部官箴书，在其中明白开列出丈田则例。第一，在测绘丈田地图时，应首先依据日升日落的方位，在纸上标定东西南北坐标，切不可采用旧时图画；第二，丈量务求精确，在阴天方向不明时测量的数据，一定要在日出之日再行勘合；第三，测量的方法必须前后一致。海瑞还提供了许多其他方面的实用建议，比如，量山时要如何从不同视角画清山界。均平丈量是十分重要的，因为“如此则经界正、苦乐均，而争讼息矣”。[65]

但是人们在现实中常常有意回避海瑞所树立的典范，出现有田者 049
无税，无田者反当重差的现象，尤其是在负责量田的官吏可以被收买的时候。万历八年（1580），兢兢业业的内阁首辅张居正（1525—1582）决心彻底整顿这一弊政。他下令各县重新丈量田地。此举恐怕并非出于正义感，而是为了增加岁赋，但两者的效果是相同的。他下令“天下清丈田粮，寸土不遗”。[66] 在下一个大造之年——万历十年（1582），张居正还没来得及亲眼看到自己所求的信息就溘然辞世，他梦寐以求的覆盖明朝全舆、寸土不遗漏的行政网络也未能完成。

幅员仍然是个问题。国家是这样大，不可能将每个地方置于中央的直接监管之下。然而，中央集权又势在必行，断不会容许皇权旁落或地方政府便宜行事。但实际上，恐怕不唯如此，且绝非特例。[67] 饶是如此，明代官员还是在重重矛盾中理出了一个折中的办法，设计出了一个前工业化国家所能获得的最彻底的行政控制系统。

第3章

元明“九渊”

050 明天顺二年（1458）夏日的一个午后，海南琼州府治所在地琼山县的居民亲眼看着它们慢慢迫近。那是空中乘五彩云霞而来的九条龙。海南是南方海岸线上一大亚热带岛屿，是广东也是中国的最南端。直至明代，这里仍是荒外之地，来自大陆的汉人与世居深山老林的土著始终势同水火。海南岛位于台风登陆的前锋线上，尤其是每年夏季风夹带着降雨来袭的时候。

九龙从云端俯冲而下，袭向县衙，致使仪门尽毁。这是在警示县官，抑或其真正的目标是天顺皇帝（1457—1464年在位）？——这位从自己同父异母的兄弟手中篡得大位的皇帝，在一年前因贸然北伐而沦为蒙古的阶下囚。[1]在震慑了一下这个国家后，群龙又扑向一个妇人，将她绞死，尸肉横飞的惨烈之状叫人想起这个国家对付罪大恶极者的极刑——凌迟（或称“杀千刀”）。我们不禁想问，她的罪过又是什么？群龙随即向东北腾空而去，捣毁民房，留下家具凌乱的景象。顷刻间
051 有百万只蜻蜓随之飞舞。是年夏，飓风登陆岛上，倒屋拔木。[2]

那个夏天，海南岛上天翻地覆。尽管这样的极端天气并非家常便饭，从万历四十六年（1618）府志上的逐年记录来看，海南还是遭遇

过不少自然灾害。龙袭只是元明时期光临该岛的种种匪夷所思的灾害之一。考诸府志自元大德九年到明万历四十六年（1305—1618）的相关记载，海南岛民经历的灾异包括了淫雨（1305、1520、1585）、饥荒（1324、1434、1469、1528、1572、1595、1597、1608）、干旱（1403、1555、1618）、蝗灾（1404、1409）、五色云（1412）、台风（1431、1458、1542、1616）、地震（1465、1469、1523、1524、1595、1605）、食物短缺（1469、1572、1596）、火灾（1479、1588）、异兽（1482 年有物如飞虎，比猫大，肉翅如蝙蝠，飞宿文庙；1496 年家猪生象）、疾疫（1489、1506、1597）、星陨（1498、1610）、雨雪（1507）、多胞胎（1509 年一乳产三子）、水沙变化（1511）、大风（1515）、洪水（1520）、海啸（1524）、大雨雹（1525、1540、1618）、星陨化为石（1539）、雷击（1582）、冬大寒致六畜冻死（1606）。修志者除了不厌其烦地叙述这些自然异象外，还记录了这些灾异的社会影响，诸如盗匪（1305）、饥民流离（1595、1608）、黎族作乱（1612）等。[3]

海南岛一直被看作境外之地——不仅因为它位处广东南部海岸之外，从文化上说也是如此。15 世纪一位出身江南的琼州府知府曾告诉自己的一位朋友，他有两个仆人是双胞胎兄弟，一个叫白龙仔，另一个叫黑龙仔。他们身上并未特别标记，但可以在水下潜泳很长时间，并且喜食生鱼胜过熟食。之所以如此，是因为他们的母亲是与龙交而得子，至少人们是这样告诉他的。[4] 海南岛民的处世方式与众不同，而各种自然灾异似乎只是印证了这一点。

方志编纂者列出各种灾异，并非为了说明该岛的特殊之处，而是为了借此察看地方官的表现。每当岛上的多事之秋，他们是否关心人民疾苦，又是否尽到了父母官的职责？灾异志对我们来说还有别的用处，它不仅是该岛发生治理危机的年表，也可被看作元明时期环境恶化和气候变化的证据。气象是生存最基本的物质条件，也是一种潜在 052

的变数，它可以令一种普通的作物获得巨大的丰收，然而，一旦它延误了作物成熟和播收的关键期，也会引发最致命的灾难。

气象异常和灾害的各种记录收录在正史的《五行志》中。《元史》所记灾害包括洪水、六月飞霜、冰雹、雷击、火灾、雪荒、冰风暴、豪雨、干旱、蝗灾、饥荒、疾疫、大风、虫害、山崩地裂，当然还有龙见。《明史》的相关记录倒不至于如此频密，这也许是因为，相较而言，反元士人在编纂明初历史时，刻意把灾害尽量与不受爱戴的前朝帝王联系在一起。[5]无论如何，这些史书中的数据，使我们得以按时序勾画出这四个世纪所发生的自然和社会灾害的面貌。元明两代也并非无岁无灾的水深火热，正如我们将看到的，岁丰人和的时候也是有的。但水旱相仍时偶然发生的波动或许就是致命的。

在这些数据之外，或许还可以加上散见于时人笔记、日记的材料。以解决明初以降江南重赋而闻名的周忱（1381—1453）有一册气象日志，可惜已经亡佚。周忱详记每日的阴晴风雨，为的是在决狱时判断证词的真伪。当他审问证人时，会问当天的天气如何，然后翻看自己的日记进行核对，再判断证词是否属实。因此，陆容在《菽园杂记》中记录了周忱的这一计谋，并评论道："公之风雨必记，盖亦公事，非漫书也。"[6]

一些人记录天气变化，则是希望从中发现规律，找到推断未来灾害发生的方法。因此，崇祯三年（1630）的一位方志编纂者，在回顾正统九年（1445 年 1 月）那场用 3.5 米厚的积雪掩埋上海县的暴风雪时，可以宣称这是预示倭寇迫近的天兆。他也可以把嘉靖三十四年（1555）一只公鸡开口说话看成是同年另一波倭寇来袭的示警。[7]《琼州府志》的编纂者没有如此这般顿悟各种灾异的深意。不过，他还是
053 认为"心正气和而天地如之"。[8]因此，罪不在天而在治理失当。然而，正如我们将要看到的，即使是最兢兢业业的官员，有时也会在极端恶劣的异常天象面前感到无力，忍看大部分民众受灾失救。

大 寒

元明两代正值气候异常时期，历史学家称之为小冰河期。大约自1270年起，地球与之前的四分之一世纪（即所谓的小适宜气候期，亦称中世纪暖期）相比变冷了。1370年左右，是第一个降温阶段的最低点，此后的一个世纪内气温略有回升。1470年左右，全球变冷的进程再次开始，气温进一步下降，一些从不下雪的地方也开始降雪。1494年，佛罗伦萨的积雪厚得惊人，当时的执政家族竟委托雕塑家米开朗琪罗堆一个巨型雪人。16世纪，气温变得更低，尽管这一变冷趋势偶尔会被短暂的回暖期打破。1630年左右，气温再次下降，终于在1645年达到了千年以来的最低点，这一极寒温度一直持续到1715年。[9]

小冰河期的气温变化，主要是依据亚洲之外地区的史料重构出来的。那么中国有什么相关证据吗？我们可以从树木年轮的宽度变化中发现气候异常出现的时期，但元明时期森林的大量损耗，使我们无法获得长时段的树轮资料。冰川运动速度的变化，是另一个常用的指标，这个在中国倒是有的。根据对四川以西的青藏高原冰川中碳同位素的测试发现，13世纪后半期冰川开始推进，也就是说，亚洲的小冰河期与欧洲的大致相同。[10] 气象学家张家诚和托马斯·克洛雷（Thomas Crowley）通过使用诸如此类的物理数据判断出，1450年以后是中国小冰河期的最后阶段，格外寒冷，极端最低气温出现在17世纪中期。[11]

正史和方志中对极端天气的记载，大大证实了这一描述，也使之更为精确。这些刊行的记录说明，在整个元代，只有一年，即延祐三 054
年（1316），气候比往年暖和。除此而外的记录都表明，气候正常或异常的冷。我们只知道诗人张玉娘是至元年间的人，但我倾向于认为她的《忆秦娥·咏雪》作于至元二十一到三十一年（1284—1294）之间，即忽必烈在位的最后时期，也是最冷的时期：

天幂幂，
彤云黯淡寒威作。
寒威作，
琼瑶碎剪，
乘风飘泊。

佳人应自嫌轻薄，
乱将素影投帘幕。
投帘幕，
不禁清冷，
向谁言着？[12]

明代气温更为多变，但总体上气候是寒冷的。明朝气候寒冷，到洪武二十七年至正统三年（1394—1438）之间逐步恢复正常，之后的15年间又再度转寒。景泰四年（1453）的冬天尤其寒冷，从东北部的山东到中部的江西竟普降大雪。是年四月，户部奏报，长江下游“冻死人民无算”，长江南岸的常熟县冻死1800人，而长江以北死伤更重。[13]次年春，大雪，竹木多冻死，海水结冰。明年冬，长江三角洲普降大雪，积雪深达一米。太湖沿岸港口结冰，船只全部停航。大批禽畜冻死。[14][15]

这段严寒时期到景泰七年（1456）结束，之后的3年气温回暖。接下来的66年内，气温大幅波动，乍寒还暖，周而复始，有时隔年便寒暖交替，不过总体上以寒时居多。成化十三年（1477）冬，大寒，运河结冰，厚达数尺，使江南交通中断达数月之久。此后40年间，一波波寒潮不断来袭。这种反常的情况到嘉靖十五年（1536）终于
055 停止，此后35年间，明王朝经历了唯一一次较长的暖期。但万历五年（1577）寒潮再次来袭，次年冬天，长江三角洲地区的湖都冻结，寒风将湖面的冰碴儿卷起，一直送上10米高的山丘。

除了万历十七、十八年（1589、1590）较暖和外，整个晚明时期

都很寒冷。万历二十五与二十六年（1597、1598）之交的冬天，耶稣会士利玛窦（Matteo Ricci）在首次进京后沿大运河南归时发现，“一旦到了冬天，华北的河流就全部结冰，无法通航，有时冰面上还能跑马车。”[16]（现在已非如此。）如此低的气温一直持续到明王朝结束，其中崇祯二年到十六年（1629—1643）的气温之低是史无前例的。

我不由得想到应该把元明两朝的政治运势与其气候变化对照看看：忽必烈汗迁都北京正值小冰河期的开始；1368 年，元朝衰亡，处于小冰河期第一阶段的极寒期；1644 年，明朝灭亡，正值这 400 年历史上记载的最漫长的严寒期的尾声。气温当然不是解释这些重大历史事件的唯一因素，但任何解释肯定绕不过它。

这段历史的特征确实有案可据，只是中国史家未把这类资料看作气象指标而已——我所说的就是绘画。我们对老伯鲁盖尔（Pieter Brueghel the Elder，约 1525—1569）、亨德里克·阿维坎普（Hendrick Avercamp，1585—1634）和托马斯·赫尔曼斯（Thomas Heeremanns，约 1640—1697）等画家描绘的小冰河期欧洲雪景并不陌生。但是当 16、17 世纪荷兰和比利时的运河结冰，并且艺术家把它们当作新的绘画题材进行创作时，中国北方的运河也结冰了。与同时期的欧洲艺术家相比，中国画家不太习惯记录他们周遭的事物，尽管如此，我们还是应该查找当时的雪景图，看看我们能发现什么。我们一般不会把中国看作一个多雪的国家，但是明代有些时期流行雪景图（传世的元代画作太少，无法进行比较），正说明艺术家是在写实而非描绘他们脑海中的雪。

明代最喜欢描绘雪景的画家，也是现存最早雪景图的作者，就是在中国美术史上产生过重大影响的宫廷画师戴进（1388—1462）。我们把他标注有年份的画作与当时的气象情况进行对比后发现，这些雪景图创作于正统四年到景泰六年（1439—1455），正是明代的第一次降温期（图 3）。[17]

图3　戴进（1388—1462）《冒雪返家图》。[18]这幅意韵生动的冬景图作于1455年左右，即始于1439年的明代第一波持续时间较长的寒冷期的最后一年（纽约大都会博物馆藏）

第二批雪景图出现在16世纪早期，与此同时，唐寅（1470—1524）、周臣（1535年后逝世）等画家开始突破以往的宫廷画风格，表现出一种新气象。这些画作恰好诞生于弘治十七年到正德四年（1504—1509）的寒冷期。[19] 下一批雪景图集中出现在嘉靖七年到十一年间（1528—1532），当时执画坛牛耳的是16世纪最具影响力的画家文徵明（1470—1559）。文徵明是当时创作雪景图最多的画家，正是因为他的带动，雪景图才开始流行起来。尽管当时并非典型的寒冷期，但仍然有一些年份是寒冷的（1518、1519、1523和1529）。文徵明的《关山积雪图》作于嘉靖十一年（图4），是整个明代美术史上集大成的雪景山水图之一。[20]

下一批雪景图出现在万历朝（1573—1620）后期，其中最具代表性的画家是董其昌（1555—1636），他的绘画作品和理论改写了中国艺术格调的评价标准。董其昌的《燕吴八景图》，恰作于万历二十三年到二十六年（1595—1598）寒冷期的中期。董其昌曾表示不屑于画雪，据说他扬言“吾素不写雪，只以冬景代之”。记下这番话的画家对董画无雪颇有微词，声称无雪的冬景与秋景无异，因而讽刺这种冬景是“干冬景”。[21] 董其昌的画友在画雪这件事上的态度则比较开放。比如，他的密友赵左，在万历四十四年到四十八年间（1616—1620，即明代的倒数第二个寒期），至少画了两幅雪景图。[22]

赵左的《寒崖积雪图》，作于万历四十四年（1616），有关这一年的情况，我们恰好可以翻阅艺术品收藏、鉴赏家李日华（1565—1635）的日记（这本日记是第八章的研究对象）。这一年入冬较晚，却是江南少有的严冬。正月初三，西风始壮。九日后，降温。李日华正月十二的日记中写着：“寒甚。”正月二十九，初雪。此后，稍有回暖。二月初四，再次降雪。二月十八日的日记写道：“暮有微雪。”次日，“雪甚。”第三日，“仍雪，积四五寸，乃六七年来所罕者。”[23] 李日华计划于三月十九去杭州，却因大雪受阻。也许我们应当感谢这个冬天的雪带给赵左创作

图4　文徵明《关山积雪图》。文徵明钟情于雪景。这幅画作于1528—1532年间。1529年的冬天尤为寒冷（台北“故宫博物院”藏）

的灵感。

最后一批雪景涌现于明代的最后八年，即崇祯九年到十六年（1636—1643）。正如前文所叙，这是明代的极寒期。这一时期创作雪景图最多的是极富原创性的画家张宏（1577—？），他的画风受到欧洲艺术的影响。[24] 与他同代的画家包括王时敏（1592—1680）和蓝孟（1614—？），他们也画过雪景。

干 旱

如果说元明两代的气候往往偏冷的话，根据正史的资料显示，干燥的天气也是常态。[25] 元初的 40 年间，气候干燥。到了 14 世纪早期（1308—1325），气候开始变得湿润。此后，是徘徊在旱涝两极间的波动期。在元末明初（1352—1374）时，进入第二个干燥期。15 世纪的前 25 年，气候湿润，紧接着在明宣德元年（1426）便遭遇大旱。除了在 15 世纪 50 年代、70 年代有过短暂的湿润期外，整个 15 世纪的后 75 年，不断出现干旱。明弘治十七年（1504），降雨量恢复正常，之后出现过短暂的湿润期。嘉靖二十三年（1544），干旱频仍的现象再次出现。到崇祯十七年（1644）为止，明代的最后 100 年，天气异常干燥，其中尤以嘉靖二十三到二十五年（1544—1546）、万历十三到十七年（1585—1589）、万历四十二到四十七年（1614—1619）三个时段最为严重。由于连年干旱，良田都变成了焦土，故而《明史》形容 1615 年的景象是“赤地千里”。[26] 明王朝在经历了七年的致命干旱后，终于走到了尽头。[27]

干旱发生时，官员们会向龙祈雨。嘉靖四十二年（1563），大旱，杭州知府派一名道士往山中取龙，以便在杭州城内设坛向其祈雨。当道士来到山中的龙潭时，他只抓到四只青蛙和一只牛蛙。[28] 他把牛蛙放在瓮中，带回府城。由于路途艰辛，道士向同行者抱怨说："以一蛙而费钱粮人役若此，倘祷不应，归当烹食之。"道士刚说完便雷雨交作，将他淋得浑身湿透。等他再看向瓮中时，发现牛蛙早已踪影不见。于是，他赶紧折返龙潭拜祷，为自己的失言而忏悔。他又抓到一只牛蛙，将它小心送回杭州城，并在它面前拜祷，果然下
060 雨了。他随后再用瓮将牛蛙送回山中龙潭。当他打开盖子要放出牛蛙时，却发现那只牛蛙也消失了。[29] 人们相信牛蛙是龙王的化身。

洪 水

洪水是件复杂的事。干旱后的正常降雨也会像持续暴雨那样引发洪水。河水是否会泛滥，除了与降雨量有关外，还取决于政府在修筑堤坝和疏浚河道方面投入的多寡。

《元史》的编纂者尤其关注洪灾。元代这 100 年内的洪水记录，超过了《明史》对此后 300 年内洪水记录的总和。元代的洪灾固然可能比明代多，但元史显然对洪水有异乎寻常的关注。从 13 世纪 80 年代起，就有关于洪水的记录，但直到忽必烈汗驾崩后的第二年，洪水才开始一发而不可收拾。元贞元年（1295）夏，长江泛滥，起初一些地方陆续受灾，最后演变为一场全国性灾难。次年夏，长江上游突发洪水，接着黄河沿岸数处决堤。当年冬直至次年夏，一个接一个的地方出现灾情，用正史里的话来概括，就是"漂没田庐"。[30] 整个中国好像都被水淹没了。

大德五年（1301）起，有一波持续时间更久的洪水期，几乎年年都有洪水。无论是善政抑或苛政，忽必烈的子孙们都注定要统治一个洪水滔天的国度。延祐六年到至顺三年间（1319—1332），洪水尤其频仍。河决，湖溢，海啸，坏乡邑，损民田。整个中国东西走向河道周围的堤岸、城墙，冲决无数。致和元年戊辰（1328 年 4 月），某处海堤崩坏，朝廷派遣西藏僧侣，造浮屠 216 座，并诵经祷祀，但

并未奏效。次月，又有一波海潮淹没了浮屠所在的海岸。于是，朝廷又花费更多人力物力，派军民以石块填补长达 16 公里的决堤处。[31]元顺帝至正六年（1346），情况有所减缓，元代的最后 20 年仅发生过两次重大洪灾。不过，这短暂的喘息时间来得太晚，无法使元朝子民相信蒙古统治者还未失去天命。

明王朝在步入 15 世纪的第一个 10 年之时，才开始出现零星的洪灾。永乐九年到十四年（1411—1416）间的灾情格外严重，洪灾与大运河的重修几乎同时发生。到了 15 世纪 40—50 年代中期，洪水又两度来袭。但是到嘉靖十六年（1537），明朝才真正开始遭遇大规模的洪灾。隆庆三年（1569）和万历十四年（1586），发生过两次严重的洪灾，此后慢慢减少。所幸，明代的最后 30 年，除了崇祯十五年（1642）外，再没有出现过有关洪水的记载。

蝗灾

中国历来饱受蝗蝻伤稼之苦。元明两代从华北平原到整个长江流域的高度密集的农耕劳作，益发使人们受迫于虫害。《元史》上几乎每年都有关于蝗灾的记载，一点不少于洪水。而且，有许多年份往往是祸不单行，尤其是元贞元年到三年（1295—1297）的大水灾和致和元年到天历三年（1328—1330）的大蝗灾。天历三年，飞蝗大起，农作物损失惨重，此后百年内无过之者。此后 20 年，有过些太平日子；到了顺帝至正九年（1349），蝗虫又卷土重来；在元朝的最后五年内则间有发生。

明初，除了 14 世纪 70 年代每四年有一次蝗灾外，倒是极少受到蝗虫的饕虐。这种平静直至宣德九年到正统十三年（1434—1448）间才被打破。1441 年的蝗灾是毁灭性的。15 世纪 50 年代中期（1456 年尤为糟糕）到 90 年代初，蝗虫又卷土重来，不过造成的损失不如元代的那几次严重。16 世纪只有三次严重的蝗灾（分别是 1524、1569 和 1587）。17 世纪上半期，这种昆虫才铺天盖地而来（1609、1615—1619、1625、1635、1637—1641）。在崇祯十年到十四年（1637—1641）的这五个夏天，蝗虫来势之凶猛，为元明两代所仅见。

蝗虫泛滥成灾，通常是在久旱逢雨之后。元代最严重的蝗灾发生在致和元年（1328），正是在一场持续三年之久的大旱之后。同样，明代第一次持续较长的蝗灾出现在 15 世纪 40 年代初，是在一场干旱的第五个年头。15 世纪 90 年代初的蝗灾，恰好也是在此后的又一
062 次持久干旱（1482—1503）的中期。持续干旱后的甘霖似乎也刺激了这些粮食作物天敌们的大量繁殖，从明代的情况来看，可以说确实如此。明代最后百年间的每次大蝗灾总是发生在旱灾之后。

地　震

欧亚大陆东部是由数个微大陆拼合而成的，地震就是其地形最生动的说明。中国就是一个板块间彼此摩擦的地壳拼图。青藏高原以东三大地震区的断裂带基本是南北向的：陕西省境内自汾河河谷直至黄河河道东折之处一线；福建海岸一线；从云南北上四川盆地一线。这三个地震区在元明两代都很活跃。

至元二十七到二十八年（1290—1291），元朝发生了大量地震，不过这些地震的震级都比不上大德七年七月二十三日（1303 年 9 月 13 日）发生在汾河河谷的那次。午夜时分，在位于汾河中段的高平县，人们被一阵来自西北的大风惊醒。也多亏了这阵扰人清梦的风，因为当数小时后发生地震时（约里氏 5.5 级），大部分人已经起身，及时逃离了坍塌的房屋。据说，当时的震感如荡舟河中。

四晚后，在沿汾河往北约 50 公里处的赵城发生了第二次地震，比高平的那次要厉害得多。赵城地震（里氏 8 级）波及高平，将那里

所剩的房屋全部夷为平地，甚至是远在黄河边的建筑物也变成了一堆瓦砾，地震震感则传得更远。约有 25 万—50 万人在第一次地震中被压死，伤者和倒塌的房屋成千上万。这次地震的余震长达两年之久，地震后发生的干旱则又持续了一年之久。[32]此后，元代时有地震发生，顺帝至元四年到至正十二年间（1338—1352）几乎是无年不有。 063

明代在开国之初，15 世纪 40 年代及 80 年代，以及弘治十八年至嘉靖七年间（1505—1528），都发生过地震。在最后一波地震中，云南还发生了一次诡异的龙见事件。陆粲（1494—1551）的《庚巳编》中有一则关于正德初年一条粉白的龙夜半现身民宅园圃的奇闻。这个园圃是当地举人汪城的产业。此地名叫龙卫，位于云南与缅甸交界处的土司领地内。这条龙的鳞甲锋利刺手，但懒洋洋地躺着并不离去。一连数日，有不少邻人来汪家参观，汪城担心惹出祸事来，便采用了一种古老的驱龙术——他在龙身上涂满狗血。这个方法果然奏效，龙很快便消失了。陆粲解释说，汪家人之所以会发现这条龙，是因为从半年前那次大地震后，他们为了防范余震，一直夜宿园圃中。[33]

明代首次震级与元大德七年（1303）赵城地震相近的地震发生在嘉靖三十四年十二月二日（1556 年 1 月 23 日），两者都在同一地区，不过后者是在渭河而非汾河流域。这次里氏 8 级的地震所造成的破坏延及黄河河谷至汾河河谷，受灾范围长达 250 公里。其间，城垣、官衙、民庐倾颓摧圮者不在少数。位于极震区的渭河流域，仓储尽圮，人民死者十居其半，山川移易，平地涌泉。地震发生的一个月之内，陕西、山西两省余震不断，西北至甘肃、东至山东、南至长江，都有震感。官方统计的死亡人数达 83 万人。实际死亡人数可能超过 100 万人。[34]

明代最后一次大地震发生在万历三十二年十一月九日（1604 年 12 月 29 日），这次不是在黄河流域的地震高发区，而是在东南沿海。尽管南中国位于菲律宾与太平洋板块对接处以西较远的地方，仍足以受到该处地壳活动的影响。根据福建士人谢肇淛（1567—1624）的记述，“闽、广地常动……说者谓滨海水多则地浮也。”谢肇淛本人对此不以为然，他指出山西干燥无水而时常地震，“动则裂开数十丈，不幸遇之者，尽室陷入其中，及其合也，浑无缝隙，掘之至深而不可得。”[35]

万历三十二年地震的极震区距福建沿海仅 30 公里。这次地震彻底破坏了西南海上贸易的两大中心——泉州和漳州。在月港（即漳州的海港），庐舍倾圮殆尽，所幸统计的死亡人数并不多，因为月港并不在地震活动带上。[36] 此后，直至清顺治十一年（1654）的天水大地震前，并没有强度与之相当的地震。尽管如此，明朝疆域内的地壳活动不断，仍然在明末 40 年中引起了 32 次大地震。最剧烈的地壳活动发生在最后四年中，这是在提醒每个人——如果他们需要被提醒——一切都已腐朽没落。

和地震一样，火山喷发也是由于板块构造引起的。但是与地震不同的是，火山喷发只发生在板块边缘。中国不在板块与板块的交界处，不过这并不意味着元明两代就不受火山活动的影响。正如在大陆上能感受到菲律宾地震带上的地震，这个区域内的火山所喷发出的火山灰也会被吹到中国。在首次喷发后的数月内，火山云会阻挡部分射向地表的光和热，引起气候剧变，从而影响农作物的收成并引发饥荒。

如果元明时期日本、琉球（现属冲绳）、菲律宾群岛的火山有活动的话，恐怕人们很难相信，没有任何喷发物质给它们以西的地区造成影响。事实上也确实有蛛丝马迹可寻：1331 年日本安作真火山喷发，1330—1332 年中国进入寒期；1464 年菲律宾巴丹群岛伊拉雅火山喷发，1464—1465 年中国进入寒期；1597—1598 年日本岩木、安作真火山喷发，1598—1601 年中国大旱、饥荒；1628 年菲律宾吕宋岛伊里佳火山喷发，随后就是 1629—1643 年的寒期。[37] 是不是上述这些火山喷发挡住了本该普照明朝田禾、催其成熟的阳光呢？

疾 疫

元明时期的人民饱受疾疫之苦，但最为严重的疫情集中在四个时期：元代最后 15 年（1344—1345、1356—1360、1362）、永乐五年至九年（1407—1411 年，其中 1411 年的疾疫是整个 15 世纪中最严重的一次）、万历十五年至十六年（1587—1588，疫情蔓延甚广）、明代最后 6 年（1639—1641、1643—1644）。明正德元年到嘉靖二十五年（1506—1546）的 40 年间的疫情数量也超过了整个元明时期的平均数。明代的最后三波疾疫与明代最后百年内由干旱引起的、最严重的几次饥荒同时爆发，分别是嘉靖二十三年到二十五年（1544—1546）、万历十五到十六年（1587—1588）和崇祯十二年到十四年（1639—1641）。

要对这些群体性疾病进行科学的取证实属不易。我们得到的关于症状的描述，大部分出自非专业人士之手，即便是那些出自医者之手的记录，其中涉及的医学知识也与我们如今所掌握的大相径庭。痢疾、伤寒、天花、鼠疫，是最接近他们描述的病症种类。历史学家倾向于认为，元末和明末发生的大规模疾病是淋巴腺鼠疫，其致病源是藏在黑鼠身上的跳蚤所携带的一种病菌。史学家倾向于相信这种诊断，很大程度上与欧洲在 14 世纪鼠疫大爆发时的戏剧性经历有关，而不仅仅是因为这种传染病骇人的规模。毕竟是蒙古人最先把这种疾病传染给欧洲人——即在黑海北岸抵御蒙古人入侵的意大利人——后者在 1347 年把这种病带回了君士坦丁堡和意大利。最初的鼠疫病源携带者是钦察汗国（the Kipchak Khanate）的武士。钦察汗国，亦称金帐汗国（the Golden Horde），是忽必烈建立大元后分离出来的一支蒙古部族在成吉思汗时代蒙古版图西缘建立的独立王国。

1911 年，满洲爆发肺鼠疫，新加坡籍传染病学家伍连德领导治疫工作，因而被称为“中国的鼠疫斗士”。他是第一个提出元末疾疫为鼠疫的医学专家，尽管他的论据十分有限。世界史家威廉·麦克尼尔（William McNeill）对这场鼠疫可能迅速在欧亚大陆蔓延开来的假说大感兴趣，他在1976年写下的关于传染病全球史的名著《瘟疫与人》(*Plagues and Peoples*）正是基于这一假说。在现代史上，蒙古大草原有一个巨大的鼠疫病源库，蒙古沙鼠是亚洲鼠蚤的宿主，这一点益发增加了上述假说的分量。

人口史家奥尔·本尼迪克托（Ole Benedictow）开始质疑上述假说。他认为，“黑死病给研究它的学者留下的印象实在太深刻”，以至于“他们对奇特和异域事物的感觉”盖过了他们的批判力。他主张，要解决源头的问题，不应追求最夸张的假设，而应从“近似起源的原则”入手，即“距离越短，传播的阻力就越小”。[38] 本尼迪克托令人信服地证明了，1344年，鼠疫如果从元帝国出发，于1346年到达黑海边，那么途中的障碍是根本无法克服的。长达两年时间，病菌是无法完成这样长距离的旅行的。钦察汗国的蒙古人使如此迅速的转移变得更加不可能，因为在1343年，即元代爆发疾疫的前一年，他们已经切断了中欧陆上贸易。

时间和空间都是阻碍。在14世纪，鼠疫如果由坐船旅行的老鼠或人携带的话，一天能前进40公里。由于淋巴腺鼠疫的潜伏期只有3—5天，一天之内就会传染，而80%的被传染者在3—5天内就会死亡，所以传染范围达两公里都是很困难的事，更别说靠这样的方式让病菌穿越整个丝绸之路了。乌兹别克斯坦等金帐汗国领土内的地区成为病源地的可能性倒是更大。最后，还有气候方面的证据。跳蚤的自然死亡率很高，因此只有通过不断繁殖才能维持群体的数量。寒冷的天气不利于它们的生殖。[39]1344—1353年属于元朝最冷的年份，对于鼠蚤的远距离迁移来说恐怕是最为不利的。

关于元末流行鼠疫的说法，也被用于解释明末的疾疫。人口史家曹树基提出，明万历十五年（1587）和崇祯十二年（1639）都曾爆发过鼠疫。他将前者与隆庆五年（1571）重开与蒙古人的边境贸易联系起来。同时，他也将鼠疫的爆发归因于中国农民迁居蒙古草原从而侵犯了（有可能携带鼠疫的）蒙古沙鼠的栖息地。曹树基认为，携带病菌的鼠蚤从老鼠身上跳到人身上的时间大约是在万历八年（1580），这一年在山西省爆发了疾疫。此后，明朝政府立即停止了马市交易，但一切已经太晚了。万历十年四月（1582 年 5 月），疫情已波及北京。在潜伏数年后，于万历十五年五月（1587 年 6 月）再次爆发，一年后三度爆发。[40]

17 世纪与 18 世纪之交，旅居北京的一位福建士人曾将疾疫的爆发归咎于北京恶劣的生活条件。他抱怨道："京师住宅既逼窄无余地，市上又多粪秽，五方之人繁嚣杂处，又多蝇蚋，每至炎暑几不聊生。"然而，消暑的阵雨却并非总是解决的办法。"稍霖雨即有浸灌之患，故疟痢、瘟疫相仍不绝。"[41] 无论致病原因是否同一种细菌，此番景象竟与 1349 年大瘟疫时英王爱德华三世向伦敦市长描绘的情景惊人地相似："人们必经的大街小巷到处是臭不可闻的粪便，城市里被污染的空气，对穿行其间的人们来说真是一大危害。"1361 年，这位国王在给伦敦市长的另一封信中抱怨道："街上留着腐臭的血迹，城里空气污染严重，因此，在令人避之不及的、极度肮脏的恶臭飘荡之处，疾病和其他许多坏事就会盘桓不去——正如我说到的这座城市里的情形——或者说开始滋生；人们惶惶不可终日，恐怕巨大的危险早晚要落到自己的头上。"[42]

万历皇帝无法像英国国王那样走上自己首都的街头，但在万历十五年五月六日（1587 年 6 月 11 日）北京爆发疾疫后，大学士申时行向他奏报了城内的情形："天时亢阳，雨泽鲜少，沴气所感，疫病盛行。"他提醒皇帝，洪武、嘉靖时都设有免费施药、施诊的惠民药局，并奏请依此祖制行事。他建议万历皇帝"敕礼部札行太医院，多发药材，精选医官，分札于京城内外，给药病人，以广好生之德”。[43] 皇帝采纳了申时行的建议，尽管他很快就发现，限制发放救济金的陈例有不妥之处，但明代的皇帝一般不会直接违抗祖制。万历的办法是援引其祖父在位时（嘉靖年间）“每家量给与银钱一次”的事例。类似的干预手段对死亡率的影响十分有限。根据人口史家曹
068
树基略微偏高的估计，中国北方死亡率在 40%—50%。也就是说，万历八年（1580），山西、北直隶和河南三个北方省份的总人口为 2560 万人，到了万历十六年（1588），应该减少到 1280 万人。

同年，江南地区也爆发了疫病，可能是经由大运河从北方传来的，因为有关发病的记录都出现在大运河沿线。然而，我们也可以认为，这场疫病是因为万历十五年到十六年（1587—1588）饥荒后，人们体质虚弱，伤寒和痢疾等通过水传播的疾病乘虚而入所造成的。[44]

孩子特别容易被传染（图 5）。万历十六年（1588），江南大疫，我们在一位陈姓寡妇的一首诗中找到了一点有关当时情况的珍贵记录：

> 年来水旱作灾屯，疾疫家家尽掩门。
> 儿女莫嫌全食粥，眼前不死亦天恩。[45]

如陈氏这首《遣荒诗》所述，当时的人很清楚地意识到接触传染的危险性，因此通过自我隔离的方法来保护自己。不过令我们好奇的是诗中关于孤儿的部分，因为她暗示了，父母因病致死，而他们的子女却存活下来。这在一场疾疫中是很不寻常的，因为老幼通常是传染病首当其冲的受害者。如果疾病而非营养不良是主要死因，那么说明某些儿童自身产生了针对其父母病菌的抗体。

饥 荒

元明时期饥荒并非年年有之，但也经常发生，元代尤其如此。在元代的第一次（1268—1272）和最后一次（1357—1359）饥荒之

图5　观音，是佛教的救苦救难神Avalokitesvara[1]的汉化形象，此刻她从瘟疫之魔的手中救下了一个孩子。这幅画作于17世纪40年代初疾疫泛滥之后（加拿大多伦多皇家安大略博物馆藏）

间，人们几乎每两年会经历一次大饥荒。14 世纪 20 年代尤为严重。这 10 年间，政治动荡不断，有五位皇帝先后登基，一个比一个年幼、弱小，这是造成国家救灾不力的原因之一。不过，如果换一个角度看
069 问题，我们也可以问，是不是接二连三的饥荒带给人们这种不安定感。14 世纪 40 年代，的确是宫廷倾轧不断，但最主要的问题还是来自灾害的困扰。

元代最严重的那次饥荒，令数百年后的人们仍然心有余悸。明嘉靖十八年（1539），海盐县遭遇大饥荒（第二章所述 1293 年龙王携子现身陈山从而纾解旱情，即发生于该地）。海盐的年长者有感于
070 当时的惨状，不禁说起元大德九年（1305）该县最严重的那次饥荒。据一位老人回忆："盐邑极荒，人相食。到今 200 余年来，未尝遇此等岁也。"[46]200 年还不足以让人们忘却。

明初 50 年曾出现过一段粮食歉收的短暂时期，不过第一次真正严重的饥荒发生在宣德九年到十年间（1434—1435）。从 15 世纪 30 年代到 16 世纪 30 年代的 100 年间，明朝每隔数年就会遭遇粮食供应不足的危机。15 世纪 50 年代是糟糕的 10 年，因为接二连三地发生了饥荒等各种自然灾害。此外，还有数次旷日持久的大饥荒（1465—1473、1477—1487、1501—1519，除 1515 年略有好转外）。这几次饥荒给灾民和中央官僚都带来了极大的苦恼。1492 年，兵部尚书在上奏时称"恐饥民乘此为变"。因此，地方镇巡官员应加以赈给，而军队也要时时操练，"以戒不虞"。皇帝采纳了他的建议。[47] 直到正德十四年（1519）后，灾情才渐渐平息。

嘉靖二十三年（1544），即厄尔尼诺现象发生的那一年，大旱。次年，大饥。浙江省内，"湖尽涸为赤地"。粮价腾贵，有乡人携粮一升夜归，即被劫杀于道中。大批乞丐饿死。地方政府开仓散谷赈饥，无奈缓不济急。有在赶往便民仓的途中饿死的，有在仓前等待过久饿死的。[48]

下一次大饥发生在万历十五年到十六年（1587—1588）。[49] 万历十五年七月九日（1587 年 8 月 12 日），户部右侍郎奏，黄河以北的饥民只能以野菜、草木为食；而陕西西南部的饥民，竟到了食石的地步。[50] 万历十六年春夏的持续干旱，使刚刚避过前一年饥荒的地区也陷入困境。四月六日（4 月 30 日），巡按广西御史奏报，西南地方也显露出饥馑之苦。他认为，应随事加恤，遏制事态恶化。三个星期后，从一位省级官员的再度奏报中可知，饥荒已造成了灾难性的影响："人民相食，枕籍死亡，满城满野，有郑侠不能绘者，露根之余，可谓寒心。"与此同时，一位在南京的京官上奏，江北人民"饥相食"，江浙"米价腾贵"。在他看来，赈济的责任理当落在官员的身上。他发问道："救之当议籴而委之无银无谷，则设官谓何？"[51] 071

明代的最后一次大饥荒始于崇祯五年（1632），到了崇祯十二年（1639），已造成大范围的影响，此后又持续了两年多。此次饥荒的规模之巨为元明两代所仅见。本书最后一章将对其进行专门论述。

九 渊

元明两代的灾害总是一波一波地来袭。多数灾害不会超过一季，但有时可持续两三年之久。一季的灾害，人们尚能熬得过去，持续数年的灾害，则完全是另外一回事了。为了给这些较长的灾害期一个统一的说法，我用了一个词"slough"（与"plow"[耕耘]押韵）。"Slough"指的是充满污泥的沟渠或洼地，它是让旅行者泥足深陷的地方。自从 1678 年，约翰·班扬（John Bunyan）在《天路历程》（*The Pilgrim's Progress*）中用了"绝望的深渊"（the Slough of Despond）的说法后，这个词就被用来形容陷入困境的状况。对于班扬来说，"深渊"是一个比喻；对我来说，它却是对那些最糟糕年代里的生存状态的真实写照。

在本章所用数据的基础上，我找出了元明时期的“九重深渊”，即九次持续较长的灾年，其中元代有三次，明代有六次，并以它们发生时的年号来命名（见附录）。

忽必烈汗刚刚避过了元朝的第一次重大灾害。“元贞之渊”（1295—1297）始于忽必烈继任者继位的第一年。铁穆耳（Timür）也许在治国方面没有祖父高明，但他最大的不幸还是在继位之初就遇上了气候转恶。1297 年，即铁穆耳继位的第三年，他在万般无奈之下，将年号从元贞改为大德，希望能止住帝国衰落的厄运。

“泰定之渊”（1324—1330）发生在元代第 6 个皇帝在位时期，此时是元朝建立的第 30 个年头。环境的恶化加剧了王朝政局的动荡，
072 反之亦使蒙古统治者无法有效地应对灾害。我把“泰定之渊”结束的时间定在天历三年（1330），[52]但是实际上灾害的很多影响仍未消除。这轮灾害只平息了两年，至顺四年（1333），新一轮的大饥荒又再度袭来。

“至正之渊”（1342—1345）在大范围的旱涝灾害中拉开了序幕，紧接着就是至正四年到五年（1344—1345）的洪水和疾疫。在这一背景下，未来明朝的创立者登上了历史舞台。《明史·太祖本纪》中承认了“至正之渊”在朱元璋早年崛起时所扮演的角色，它的开头写道：“至正四年，旱蝗，大饥疫。”[53]朱元璋当时 16 岁，[54]他所处的环境把他送上了反叛的道路。元朝的统治在此 20 年后才告终结，王朝挑战者们的内部斗争延缓了她的崩溃。洪武元年（1368），朱元璋称帝，这已不是战胜蒙古人的结果了。

直到宣德八年（1433）以前，明朝只是间或遇到灾年。此后两年内，气候变冷，饥荒、疾疫、蝗灾接踵而来。正统二年（1437），气候再度变冷，直至正统十三年（1448）为止，一直洪水不断，从正统三年到十年（1438—1445），并爆发数次大饥荒。到景泰元年（1450），这些间或出现的灾害终于演变为一场长达五年之久的严重

环境危机，并在景泰六年（1455）到达顶点，成为百年来最糟糕的灾年之一。[55]“景泰之渊”（1450—1455）持续的时间恰好等于景泰皇帝在位的时间。他的同父异母的兄长被蒙古人俘虏，才由他继位。景泰八年（1457），其兄释归，重登帝位。是时，“景泰之渊”正要结束。景泰皇帝所处的环境实在是悲惨之极。

我们在“龙见”一章中已了解到，正德（1506—1521）也是多事的年份。“正德之渊”（1516—1519）使明武宗无能、荒唐的千古骂名难以平反。

下一轮集中的灾害发生在25年之后。“嘉靖之渊”（1544—1546）与当时的政治危机并无明显的关联。它只是一场在全国范围内长达3年之久的饥疫。

万历是明代皇帝中在位时间最长的一位，他统治明朝达48年之久。然而，在他绵长的政治生命中，却遭遇了两重“深渊”。我们已经提到过第一次“万历之渊”（1586—1588）中发生的严重饥疫。第二次“万历之渊”（1615—1617）相对缓和一些，至少没有发生疾疫， 073
但灾情仍然很重。

明朝的最后一次衰落期是波澜壮阔的“崇祯之渊”（1637—1643），也是本书最后一章的主题。我把从崇祯十年（1637）开始，历时七年的大旱定为其开端。当然我也曾经把起始的时间前推到崇祯帝即位的第二年（1629），因为这一年，气温开始下降，使他疲于应付的灾害开始接二连三地出现，最终拖垮了整个帝国。“崇祯之渊”在明朝覆亡前的几个月才开始平息，可惜已经太迟了。

避凶

人们相信，世界的良好秩序仰赖于天、地、人三者力量的平衡。上至皇帝下至黎庶都知道，灾异的意涵远胜于灾异本身。它预示了天、地、人之间关系的失谐。对于这种失谐有两种解释。一种解释认为，人在与天地的关系中扮演着积极的角色；另一种则认为，人的角色是被动的。

主动论认为，天地间的灾异是由人的不当行为导致的，只要改正错误，自然失调就会停止。这种“道德气象学”（moral meteorology）把皇帝摆在一个十分微妙的位置上，因为，作为天子，他是与天关系最密切的人，被赋予最大的权力，因此也能对天产生最大的影响，无论这种影响是好是坏。[56] 这种逻辑意味着，每当灾异出现时，就可以臧否皇帝的统治。因此，“深渊”对于皇帝来说是个沉重的负担。一个诤臣要警告皇帝，只要列举有关灾异的奏报即可，譬如正德时期，就有人上书皇帝，言辞颇为激烈。他上言道，帝国上下正饱受灾害困扰，“黄风黑雾，春旱冬雷，地震泉竭，扬沙雨土”，这意味着“天变于上，地变于下，人物变于中”。对此皇帝应该有所作为。[57]

弘治皇帝则十分幸运，在位期间并没有遭遇“深渊”。然而，弘
074 治朝的灾害也并不少，尤其糟糕的是经常有莫名的龙见事件。干旱是最主要的问题。成化十八年（1482），即弘治皇帝登基的六年前，明朝的大部分地区都发生了干旱。此后 20 年间几乎年年有之。此时也是一个寒期。弘治五年（1492），一开始便遭遇了严峻的环境问题。除了全国大范围内的干旱外，华北的大小流域还爆发了严重洪灾。是年的头几个月，北方各省有关洪水、横寒将影响秋收的奏报如雪片般飞来。弘治皇帝意识到，他将不得不豁免弘治四年（1491）欠缴的税收。向各省各县催缴欠税的做法，只能使当年的税收愈发艰难。他前后三次赦免税粮，共计 350 万升。

对于皇帝来说，比起灾害造成的有形的财政损失来说，无形的道德损失更棘手。正月，钦天监奏报天象有异，始觉灾害已造成道德上的损失：有青白色流星经中天南行，后三小星随之；月冲犯其他星座；木星犯灵台星；西北地震有声。这些都是天示恶兆。

弘治皇帝本可以向天祈求宽恕，但他没有这样做，而是向他的官员咨询。作为天子，他应该如何使天地满意？正月三十日（3月7日），一位派去察看洪涝灾情的御史上奏四点建议，重新分配来自南方的贡米。第二天，又有一位御史请求削减本年节庆的不菲经费。一位礼科给事中建议皇帝提醒庶官各修其政，内外刑官约法省刑。用这些官员们的话来说，这些措施应该能感召上天，“变灾为祥，转祸为福”。通过皇帝自己的检身修德，天、地、人三极间的权势关系会潜移默化。但这并不是一件容易的事。当晚，月亮再次冲犯其他星座的运行轨道。第二晚，流星再度出现。可知力挽狂澜并非朝夕之间的事情。[58]

像皇帝那样的天人交感，是大多数人不敢妄想的事。他们更愿意接受一种被动的解释，即天、地、人三极的失谐是周期性的。天与地时不时会脱离他们的轴心。人能做的只是挨过这段动荡的时期。对于普通人来说，真的只有一种手段能应对周期性出现的乱世，那就是占卜。

晚明迅速发展的刻书业也响应了这种对占验手段的需求，出现了一批标明吉凶的日历和助人预知未来的卜书。湖广《慈利县志》（1574）中就收入这样一份地方日历的残本。慈利县的“杂占”，始于阴历正月的头八天，这八天分别主管鸡、犬、猪、羊、牛、马、人、谷的运势。如果第一天是晴天，则鸡会生长发育良好；如果是阴天，则会有病灾。同样的法则适用于二犬、三猪，以此类推。显然，最关键的两天是第七、八日，因为这两天的天气决定了来年人与庄稼的好坏。

慈利县的占候之术中还标出了一年之中的特殊日子，往往还附有地方谚语。比如，三月三日听蛙声，午前鸣，高田熟；午后鸣，低田熟。一年中的最后两个特殊日子是十二月的小寒、大寒，也是阴阳合历中二十四个节气中的最后两个。大寒最常出现在阴历十二月，一般是公历 1 月 11、12 日或 21 日。小寒常在阴历十一月，一般是公历的 12 月 26、27 日或 1 月 5、6 日。无论是在十二月进入大寒还是小寒，当日如果多风雪，就会伤及六畜。方志编纂者在最后评论道，占候之术都是经验之谈。虽然这些信息并非明代政府每年向臣民颁布的授时“正法”，但是他强调，“然其谈水旱灾祥时，或奇中”，这一点十分重要，因为可“以为农事资焉”。[59]

万历年间盛行的百科全书式日用类书，也为预测灾难提供了一些方法。明代大出版家余象斗在万历二十七年（1599）出版的《万用正宗》一书中，向读者介绍了一种计算自然灾害发生时间的方法。这种方法要与日历配合使用。中国人纪日是以两个汉字表示，第一个字取自“十天干”，第二个字取自“十二地支”。两者结合便形成了六十日一轮回的纪历符号。[60] 这种占卜吉凶的方法需要弄清楚立春日的天干。立春，也属于中国阴阳合历的二十四节气，一般是公历的 1 月 26、27 日或 2 月 5、6 日。如果立春日的天干是丙或丁，当年就会遭逢大旱；如果是壬或癸，则会水盈于川；如果是戊或己，就会令田园受损；庚或辛预示着太平和富庶；甲或乙，则是丰年的保证。[61]

如果我们以这些预测来看《万用正宗》出版后的头 20 年（1600—1619），便会发现它们并不可信。[62] 以立春日判断荒熟的口诀来看，万历二十八年（1600）应该是大旱之年，然而，是年福建雨势磅礴，甚至冲垮了城墙和桥梁。对于万历三十一年（1603），余象斗倒是猜得不错。根据他的方法可知当年应有洪水，结果福建南部沿海果然发生海啸，淹死了一万多人。[63] 除此以外的预测全都落空了。

我做这项检验，并不是为了嘲笑明人的迷信心理，我的目的只是要说明他们要遭遇多少自然世界的不可预见性。元明时代的人们常常生活在无常气候和饥馑的威胁之下，他们会寻求一切手段，帮助自己做最坏的打算，也给予自己——哪怕是在明知无力回天的时候——犹有可为的希望。

丰 年

除了那几段气候极端恶劣、寒冷的时期外，元明 400 年也并没有到荒乱不断的程度。恶劣的气候带来了洪水和饥荒，难免使人心生朝不保夕的惶恐。但实际上也有风调雨顺的年景。人口增长了（尤其是在整个明代），在最后四分之一世纪的边境战事使国库消耗殆尽之前，国家的状况远在惨淡经营之上。私人财富不断积累，往往到了惊人的程度，哪怕是小小的繁荣也会使大多数人的生活有所改善。荒年有时，丰年亦有时。 077

要找出那些丰年，我们只需把前述的灾异志反过来解读即可。这种对比是有益的。元初确实处于全球气候变冷的阶段之中，然而我们可以看到忽必烈统治时期（直至 1294 年去世前）的大多数年份都是丰年，直到“元贞之渊”（1295—1297），但它也是“九渊”中灾情最轻的一个。元朝前半期的自然环境应该说是不错的，这给了蒙古人比较繁荣的半个世纪。后世论者的看法也是如此。一个世纪后，叶子奇在自己的笔记《草木子》中说：“元朝自世祖混一之后，天下治平者六七十年。……生者有养，死者有葬。”那个时代“诚所谓盛也夫”！[64] 叶子奇之后又两个世纪，焦竑在《玉堂丛语》中记录了对元初几乎如出一辙的评价：“胡元受命九世，世祖最贤，其一代之治，有足称者。”[65] 这一切随着“泰定之渊”（1324—1330）的到来而发生了转变。14 世纪 30 年代，以及“至正之渊”（1342—1345）后的 50 年代，基本上还算是年丰物阜，尽管饥荒和洪水也不时令人头疼。庄稼丰收的自然条件每况愈下，元初的繁荣局面也渐渐消逝，民怨日深，最终揭竿而起，元朝覆亡。

皇天祚明，明初丰年持续的时间比元朝上半期要长得多。永乐九年和宣德九年（1411、1434）才分别出现大疫和大饥，而且灾后恢复的速度都算迅速。王朝建立后的第九个十年的“景泰之渊”（1450—1455）才使明王朝第一次遭到了灾害的沉重打击。可以毫不夸张地说，中国历史上还没有哪个王朝像明朝一样在国初享有如此太平的年景。

“景泰之渊”后的10年，自然条件迟迟未有改观。到了15世纪70年代，渐有起色，此后的年成都还不错。直到90年代，弘治朝开始遭遇龙见等灾异的困扰。不过，环境真正恶化要到“正德之渊”（1516—1519）。这段时期的经济开始疲软，但还未到脱轨的地步。此后直至16世纪80年代，明代进入了暖期，虽然间或出现波动——最严重的一次是“嘉靖之渊”（1544—1546）。如果我们不计入那段天灾，嘉靖、隆庆两朝（1522—1572）可谓是太平盛世了。正如我们将要看到的，明代经济在这两段时期内蓬勃发展，全球各地的经济体都被纳入到它的运行轨道中。

首次“万历之渊”（1586—1588）造成的破坏使丰年成为过去。这场危机几乎席卷了帝国上下的每个角落。灾后虽然渐次恢复，但自然条件仍然时好时坏。到了16世纪90年代末，形势再度急转直下，此后稍事恢复，又陷入了第二次“万历之渊”（1615—1617）。17世纪20年代，风调雨顺的日子又回来了，可是，如我们将要看到的，党争和边患耗尽了原本休养生息可能带来的积极影响。到了20年代末，天祚转薄，“崇祯之渊”（1637—1643）的出现宣告了它的完全消失。

“九渊”是元明时期生死存亡的危急关头，不过在长达四个世纪的历史文本中，它们更像是一些标点符号，丰年以远胜于灾荒的数量成为故事的主干。除了元明史上的第二个百年没有出现持续的灾情外，其他时候丰年与灾荒的出现比例大约是7∶1。在一个世纪的时间里，13 年是荒年，其余则是丰年。因此，在元明时期，人的一生总免不了遭遇许多阴影，但每一次又能守得云开见月明——不过，明末是个例外，那是一段暗无天日的岁月。

第4章

可汗与皇帝

079 元明两代是皇权政治发生重大变化的时期。数个世纪以来，皇帝一向被视为上天的儿子。根据汉人宗族的规矩，他是唯一有权祀天并转达人间需求与愿望的人。他作为上天的代理人统治人间，但毕竟天道远，人道迩，他不能指望获得多少天助，反而有赖于一套精密的人事架构来辅佐自己：人才铨选，有的要看学问（科举选拔文官）、有的要看武功（武将与士兵）、有的则要去势（获准侍奉内廷的宦官，因其绝人道而无秽乱宫闱、影响皇族血统之虑）。每个团体所代表的利益各不相同，而且各团体内部还会出现势同水火的派系纷争。这些派系的力量十分强大，没有多少皇帝的权力能够完全凌驾其上。此外，皇帝还受限于数个世纪以来传承的礼制，比如谁可以继统（前代皇帝的嫡长子），如何当皇帝等。即便是最强势的皇帝也是在我们可能会视之为立宪的制度安排中行事，这套规矩很难被改变或逾越。

蒙古的汗与中国的皇帝不是一回事。他在自己的政体中居于一个非常不同的地位，他与被统治者的关系也与后者有着很大的差异。他亲自指挥士兵，并通过各种手段召集自己在军事上的支持者和盟友。
080 但是，他却没有可以仰赖的官僚班底，也没有可以守内的宦官。他的血统和排行固然重要，但重要程度不如对于皇帝那般。身为长子可能成为继承汗位的决定性条件，但其他因素也不可或缺。汗（忽必烈是可汗，即万汗之汗）必须打败自己的对手，并由宗亲盟会（即忽里台，the *khuriltai*）以选举的形式认可其领导权。[1] 通常情况下，当一个汗死后，他的儿子，往往还有他兄弟的儿子，会为了继承权而争斗。兄弟间围绕汗位的竞争被称为“塔尼斯特里”（tanistry），蒙古人认可这种继承方式，就像汉族认可嫡长子继承制一样。它经常会演变为手足相残，故而有人称其为“血腥的塔尼斯特里”（bloody tanistry）。[2]

嫡长子继承制是为了维持稳定，这是帝制中最核心的理念，也是安土重迁的农业社会所偏好的条件。塔尼斯特里的目标并非复制已有政体，而是谋求振兴。对于游牧民族而言，振兴是在生态脆弱的草原上生存的关键。谁可以继承汗位，通常是可以预见的，但很少出现论资排辈的情况。皇位继承制是为了在每一个世代中复制相同的权力安排，而塔尼斯特里的诉求是权力的重组，但这样做的代价也许是政治上的分崩离析。

忽必烈的祖父铁木真，即赫赫有名的成吉思汗，深知塔尼斯特里的威力足以分裂自己一手建立的帝国。为此，蒙古太祖二十二年（1227），他在弥留之际，将自己的儿子们召集起来，对他们讲了一个寓言。他说，有两条蛇，一条是千头一尾，另一条是一头千尾。一辆马车驶来，前者被碾为齑粉，因为所有的头都想奔着不同的方向逃窜，而后者则轻而易举地躲过了飞驰的车轮。[3] 他的儿子们听从了父亲的教诲，一致同意由长子窝阔台（Ögödei）继承大汗之位，[4] 从而没有发生继承之争。这次汗位更替只是一个例外。蒙古宪宗元年（1251），窝阔台的继承人并非自己的儿子，而是他的侄子——在继位战中胜出的蒙哥（Möngke）。[5] 蒙哥之后继位的也不是他的儿子，而是他的弟弟忽必烈。忽必烈凭借政治、武力和运气，挫败了自己的两位兄弟，最终在中统元年（1260）被选举为整个蒙古的大汗。[6]

一个汉族皇帝不需要打败自己的兄弟才能即位，因此也不会做这
081 样的准备。这种测试根本不可能发生，而且从他的角度来说，只有蛮夷才会用这种方式决定王位继承。这是明明白白地置他们于华夏文明未及的蛮陌之地。崇礼乐，而非尚征伐，是必须恪守的准则，至少在理论上是如此。现实中，这条准则并未一直被遵循，元以后更是如此。这是因为明朝皇帝已做不了唐宋时期那样纯粹的汉族皇帝了，他们也是蒙古军事部落领袖传统（the Mongol khanal tradition）继承者。后来的政治思想家，如明代遗民学者黄宗羲（1610—1695）等，喜欢把元朝看作公元前221年秦统一中国以来最为重大的历史决裂。黄宗羲宣传，经过秦、元两次大变故后，“古圣王之所恻隐爱人而经营者荡然无具”。[7]这算不上是对汉族帝王之治的客观描述，但这并非黄宗羲立说的目的。他真正想讽刺的是令他排斥的来自亚洲内陆的霸主——满族人，因此，他只能咒骂前一波来自亚洲内陆的征服者。

抛开黄宗羲的政治观点不谈，他把蒙古人入侵视为中国历史上的一次大决裂倒是不错，与现代学者所见略同。[8]但所谓决裂并不是说元代建立便是与中国过去的历史一刀两断，闭门造车式地经营自己的王朝，又在元明易鼎后灰飞烟灭。蒙古人改变了帝国历史的走向，恰恰是因为打败他们的那些人使他们的某些规范永垂不朽。一度被视为与汉族传统背道而驰的某些行为（如塔尼斯特里），也变成了汉族心照不宣的规范。英才天纵的蒙古汗变成了中国史册中的一个帝王，这使后来的中国皇帝学会了主张自己如蒙古汗般天纵不羁，行事不必受到帝制（emperorship）本身中宪政色彩的约束。明朝的某些皇帝——尤其是第一任（洪武）和第三任（永乐）——确实如此。其他的则处境尴尬，他们虽贵为最高统治者，却并未享有为所欲为的无限权力，反而在名为庙堂的政治泥沼中苦苦挣扎。

元代国家

塔尼斯特里令元代皇位继承之争趋于白热化。1260 年，忽必烈汗赢得了“蒙古大汗”的称号；1271 年，他宣布建立一个中原王朝规格的国家——元，并按“汉法”用“至元”年号；[9] 至元三十一年（1294），他逝世后也被赋予了一个中原帝王的庙号——世祖。他的长寿意味着皇位的继承跳过了一个世代。承袭皇位的是他的孙子铁穆耳 082（1265—1307）。铁穆耳并非长孙，却在忽邻勒台选举中打败了自己的兄长甘麻剌（Kammala，1263—1302）和答剌麻八剌（Darmabala，1264—1292）。铁穆耳死后，皇位旁落至答剌麻八剌一系，由其子海山（Khaishan，1281—1311）即位。海山死后，其弟爱育黎拔力八达（Ayurbarwada，1285—1320）嗣位，其后又传位其子硕德八剌（Shidebala，1303—1323）。至治三年（1323），硕德八剌被刺，帝系上推一代，回到铁穆耳的长兄、硕德八剌的叔祖甘麻剌一系。于是，甘麻剌之子也孙铁木儿（Yesün Temür，1293—1328）当了五年的皇帝。致和元年（1328）秋，也孙铁木儿年幼的儿子阿速吉八（Aragibag）被扶上王座，但他只当了两个月的皇帝，皇位就被答剌麻八剌的后裔抢了去。此后五年中，皇位争夺战在答剌麻八剌的两代后裔中展开。至顺四年（1333），妥懽帖睦尔（Toghön Temür）终于成了元朝最后一个，也是在位时间最久的皇帝（见附录）。从大德十一年（1307），即铁穆耳在位的最后一年，到至顺四年（1333）妥懽帖睦尔即位，短短 27 年间，共有 10 位汗坐过元朝的王座——要是算上图贴睦尔（Tugh Temür）的两次即位，就是 11 位了。

在皇位继承之争的旋涡下屹立着元政权的华厦，它是由忽必烈及其以汉人为主的近臣们根据中原王朝制度建立起来的。早在元朝建立以前，忽必烈的伯父窝阔台就已开始逐步摆脱由父亲成吉思汗开创的依靠贸易和纳贡获取岁入的国家经营模式。窝阔台看到直接统治和直接征税可以获得更多的利益，忽必烈则更为坚决地沿着这一方向前进。忽必烈逐鹿中原并非心血来潮之举，而是政权成形初级阶段之后的自然发展。巨大的行政成本以及一班只有用赏赐才能换取其支持的永不餍足的蒙古贵族，也迫使其建立一个类似中原王朝的政权。他需要征服宋朝，才能使自己的政权存续下去。

忽必烈的第一步行动就是将蒙古国都城从旧址哈拉和林（Karakorum）南迁。蒙古宪宗六年（1256），他派自己的幕僚僧子聪筹建新都，这座新都城后来在汉语中被称为“上都”，在英语中的罗马拼音是“Xanadu”。九年后，他将自己的对手各个击破，随即派给子聪第二件差事，在辽、金两朝南都旧址以南 300 公里处的北京，
083 修建自己的新都城。[10] 自此，除明初 50 年外，北京成了明朝和清朝的首都。忽必烈请来回族建筑师亦黑迭儿丁（Yeheitie'er）为他设计这座新都城，其规模之宏伟是前所未有的，并结合了蒙古的军事部署要素与中国传统的建筑形式。其结果是蒙汉杂糅的，与宋代建筑风格迥异，却在后世被逐渐认作典型的“中国式”。迁都之举使忽必烈坚定了既做汗又做皇帝的决心。每年夏天，他回到“夏都”上都，避暑、狩猎。狩猎不仅能获取食物，训练军队，也是一展忽必烈驰骋草原的骑射技术的良机。至元十七年（1280）刘贯道所作《元世祖出猎图》正好捕捉到了忽必烈狩猎时的场景（图 6）。

迁都北京，意味着忽必烈创建的这个国家，必须像都城的建筑那样，将蒙古元素织入中国图案中。中书省负责全国的行政管理，衙署就设在皇城南门外。中书令在政务上给予皇帝建议，起草法令文书，并监督依照传统设立的吏、户、礼、兵、刑、工六部。吏部负责官员的铨选、考课和处分议叙。户部职掌田地清丈、户籍登记和赋税征收。礼部职掌朝廷各项繁重的典礼，监察（恢复后的）科举考试，并处理藩属及外国往来事务。兵部是一个文职而非军事部门，它负责军籍管理、俸给发放、军队训练，以及乘载、邮传之制。刑部主管刑罚

图6　刘贯道《元世祖出猎图》(1280)。该画绘制时，忽必烈正值64岁，他本人的身形至少像画中一样魁梧（台北“故宫博物院”藏）

政令、审核刑名。工部管理从城垣、渠堰到陵寝的各种官用设施的营缮和全国土木、水利工程的兴修。此外，中央政府还包括职掌兵权的枢密院。忽必烈自信能够对首都发生的大小事情做到心知肚明，但是要保证各省官员不损及蒙古人的利益，就只能在各行省任命蒙古监临——达鲁花赤（*darughachi*）。

忽必烈唯恐蒙古人掌握的权力落入汉人手中，这也是他在官员铨选时偏好举荐的原因之一，因为这样使臣子有知遇之感，而不像中原
085 王朝惯行的科举制度那样毫无把握，只以优劣论人才。尽管如此，他仍然努力展现出谦和、仁爱的一面，以安抚被征服的臣民。据一份官方报告的孤证显示，他在中统四年到至元六年间（1263—1269），仅下令处死过 91 人。即便是根据当今的标准，这也称得上是轻刑宽禁之举。[11] 这是令人难忘的做法。明初士人叶子奇在《草木子》中盛赞忽必烈当政时是“轻刑薄赋，兵革罕用”。[12]

在中原王朝制度中，人们本以为忽必烈会取消而他并未取消的一项是御史台（the Censorate）。御史的职责是监督官员和皇帝的言行。他们的目的是保证制度本身不被破坏或折损。有时这是一项危险的工作，有时又令人感到心有余而力不足。元朝皇帝拒绝给予御史台任何实质性的权力。御史台之设，仅仅是为了保证官员执行皇帝的要求。元朝的第五任皇帝硕德八剌是个例外。至治二年十二月（1323年 2 月），他为了启用更多的汉族官僚来制衡自己的蒙古劲敌，颁布了一系列新制度，敦促御史彻底查处官员贪渎案件。七个月后，他被刺身亡，而幕后主使正是对其拉拢汉人深恶痛绝的蒙古御史大夫。[13]

中亚史家狄宇宙（Nicola di Cosmo）认为：“忽必烈成功地吞并中原后建起的帝国华厦的地基是有裂缝的。他将种族区隔制度化的做法造成了民族关系上的不和谐。此外，中央政府被过于臃肿的机构设置而拖垮，其中大多数是为皇帝及其随从设立的服务机构。”（我们将会看到，马可·波罗等许多外来者都供职于元代朝廷。）狄宇宙

还注意到，“蒙古人对治理的态度仍然是反复无常、漫不经心的，中亚政治传统中的某些特征，如继承的原则、种族或宗族的特权，中央政府部门与商人组织间的合作关系等，仍然处处有迹可循。”[14] 要使大元王朝这座政治大厦长期屹立不倒，其一要依靠汉族官员的坚定支持——但蒙古人从来未能全心全意地信任他们；其二是保证权力建 086
立和交接的规则的稳定性——但这一点也从来未能做到。于是，元朝终究要覆亡，不过那是它屹立了整整一个世纪后的事了。

明代独裁

朱元璋是因为推翻了蒙古人的统治，才当上了洪武皇帝，不过，在 1368 年以前，他的主要精力被用来对付自己在长江中下游的竞争者上面。他称自己的王朝为“明”（光明之意），从宇宙论的角度说，这是一个“火向”的字，正好可以接续“水向”的“元”（乾元之意；物质与人世一样，被认为是周而复始的，即金、木、土、水、火五行）。这个字也表明，他吸收了明教意识形态中关于光明与黑暗两股势力的斗争的宇宙论观点。他在早期揭竿而起的时候与该教派有着密切的关系。

朱元璋声称，他的使命是将蒙古势力赶出中华，并恢复宋制。这个传言让他的儒家幕僚十分受用，也可能迎合了民间的民族沙文主义（ethnic chauvinism），然而，他的新政权却更多地复制了他本人熟悉的元朝惯例。[15] 结果便产生了一种杂糅了蒙古汗和宋朝皇帝两方面传统的新统治模式。半个世纪以前，20 世纪杰出的明史专家牟复礼（Frederick Mote）称这种新模式为“专制统治”（despotism）。牟复礼相信，宋代是中国专制统治的滥觞期，但他也指出，他所谓的蒙古的“野蛮化”（brutalization）将帝制中“大部分对皇权的限制都摧毁了”，因此，为明代的专制统治开辟了道路。“元朝野蛮化的世界的重要性在于，她是明朝第一代统治者和臣民成长的世界，正是以这种方式，她参与了明王朝的基调和特征的形塑。”[16]

牟复礼提出中国专制统治形成于宋元时期的假说，是为了挑战盛行于20世纪50—60年代、由魏特夫（Karl Wittfogel）提出的冷战思维模式的汉学观点。魏特夫认为，从久远的过去直到现在，亚洲一直笼罩在一种亘古不变的专制统治之中。这是欧洲知识分子在17世纪发明的、用来描述西亚与南亚政权的概念。18世纪以后，这一概念才被逐步用以描述中国，最终还给中国扣上了专制统治最高阶段的大帽
087 子。[17] 这一命名是欧洲为了论证其帝国主义合法性而建构的帝国霸权意识形态的要素之一，结果却一直影响着我们对中国的看法和预期。

牟复礼之后一代的明史专家范德（Edward Farmer）将讨论明代政府的语汇由“专制统治”变为“独裁统治”（autocracy），即“帝制中权力的进一步集中”。[18] 这一定义把独裁作为各种制度设计中内含的一种政治组织系统提炼了出来。问题的核心不再是忽必烈汗的蒙古习惯，抑或朱元璋的暴戾性格，中国社会的权威本质（the authoritarian nature），而是他们为了维持自己权力所引入的制度。这个词的好处是能让人立即抓住权力由朝堂上的程序和民众的期待对皇帝的限制转移到皇帝本人手中的变化。但是历史上几乎没有一个皇帝是真正独自统治国家的（“独裁”一词起源于希腊文的“独自统治”）。正如牟复礼所见，即便是明朝最有决断的皇帝，其权力也受到了“现实的限制”。[19]

有一种制度我们可能会把它当作是对独裁的限制，那就是法律。明朝创立者在国家成立之初就颁布了一部律法。其法条旨在约束官员和百姓的行为，对皇帝却不加限制。朱元璋并不认为他本人应受到自己所立律法的束缚。但是他失望地发现，《大明律》尚不足以达到锄奸惩恶，明刑弼教的目的，于是又亲手创制了“法上之法”。14世纪80年代中期，他将这些“法上之法”编成一部《大诰》（*Grand*

Pronouncements），成了第二律法。朱元璋命令官员们谨遵其精神，但他又谨慎地强调，唯他一人可以《大诰》拟罪，而法司拟罪则要比照《大诰》减一等。[20]

朱元璋并非没有意识到，人民觉得新法有处置太过的地方，但
他相信，用重典是开国之初惩处时弊的必要手段。朱元璋逝世前一
年，有刑部官员请求将大明律的刑罚提高到《大诰》的水平，但朱元
璋驳回了。[21] 这本是一个可以让可汗的拟罪特权超越约束皇权的法律
制度的时刻，但他就这样放过了。即便如此，作为儒家善政核心原则
的君臣、君民间的互惠关系，却是朱元璋所强调的规范与制度所缺乏
的。他的治国理念刨去了儒家道德传统，留下的只是维持政府健全的 088
惩罚手段。次年，朱元璋去世，这个堪称中国史上最特殊时代之一、
几乎实现了专制乃至独裁的时期也随之告终（图 7）。尽管他留下遗
训："我已成之法，一字不可改易"，但他的子孙并未持守他所致力
推行的专制体制。[22] 尽管朱元璋所建立的法制应该是金科玉律，他 089
们却不得不篡改他的垂法之意。毕竟，当实际偏离了应然的轨迹，比
如，皇帝昏庸无道，在战争中被俘，或无承嗣时，任何政治体制都要
进行改弦易辙。此类危机只有通过某种程度的篡改（fudging）和类
推（analogical reasoning）才能度过。然而，也正是因为规则的弹
性，每一次危机都会变成继承的危机，而每一次危机的解决都要以体
制本身应对未来威胁能力的下降为代价。我们与其通过跟踪常规情况
下的政治运作来理解明代统治，不如以明王朝的五次重大危机为背景
进行考察。明代的第一次重大危机便发生在王朝创立仅 12 年的时候。

胡惟庸案

第一次足以撼动新王朝根基的重大制度危机发生在明洪武十三

图7　朱元璋（1368—1398年在位）像。这幅作于16世纪的逼真白描肖像究竟是夸大了还是抓住了明太祖的不凡个性？（台北“故宫博物院”藏）

年（1380）。朱元璋以宰相胡惟庸逆谋起事、私通外国（显然有倭人，可能还有安南甚至蒙古人）入罪。谋反罪名的真伪我们不得而知，因为所有与胡惟庸有关的记录或经过删改或被销毁了，但这仍是可能发生的事。胡惟庸事发的导火索是他未将占城（越南）来贡之事入奏，而接受贡使瞻觐属于皇权而非相权的范围。由细微过失与猜疑织罗起来的罪状，也可能是空穴来风，理有固然；而它也确实挑动了登基不久的帝王的疑心。《明史》的描述自然缺乏细节，也许这是因为所有细节在当时已被尘封而清代史学家已无从查找了。[23]

然而，在罪名之下潜藏的是相权在现实体制中的状况。宰相作为文官之首，有铨选之权，因而可以将要缺派给自己的亲信，实际上可在未经皇帝本人挑选的情况下，组织起一整个政府体系。既然这是胡惟庸的职责，我们假设对他的指控并非构陷，那么他唯一的僭越之处也只是接见贡使而已。朱元璋无法容忍的是被宰相架空统治权的可能性，于是，他铲除了胡惟庸及当时与他有关的所有人。据朱元璋自己 090
估计，获罪者有 1.5 万人。此后，肃清逆党的余波持续了 14 年，其间，又有大小官员近 4 万人被诛杀。14 世纪 80 年代的这次大规模肃清，是当时人类历史上最恐怖血腥的屠杀，它给士人造成的心理重创，远胜于蒙元统治时期的种种。

罢黜宰相，削弱了体制本身的力量。如此一来，政府运作的好坏，端视人君的智慧和能力。由宰相领导的中书省被撤销并永不恢复，也就再没有协调六部尚书处理庶政的统筹机构了。大都督府和都察院也被削分为较小的单位，而不再具有总体导向的职能。结果正如贺凯（Charles Hucker）概括的那样："自洪武十三年（1380）后，在明朝政府的结构中，没有任何一个官员能够在军政、庶政或监察方面大权独揽。皇帝一人权掌天下。"[24]

这是我们对胡案最粗疏恐怕也是最现实的解读了。胡案显然使明朝政府在数年之内陷于瘫痪，而官员人人自危的情形则持续了 20 年之久，然而我们也许能从另一个角度来认识它。与其说这是一个杯弓蛇影的皇帝对觊觎皇权者的反戈一击，倒不如把这一肃清之举视为与元代臭名昭著的“亲亲”（favoritism）铨选制度彻底划清界限？由于史料的缺失，我们也许无法进一步证实这一推论。但是，如果我们认为明朝确实在很大程度上延续了元制的话，那么，我们或许需要思考，如此规模的政治肃清是不是一种对元朝遗制的调整，而不仅仅是因为一个皇帝想要成为比可汗更像可汗的人。

事实证明，任凭朱元璋如何强势，将中央权力集于皇帝一身是他难以驾驭的。很快地，他便不得不重新引入统筹机构，尽管他采取的方式比较特别。洪武十五年（1382），即胡案发生后的第二年，他迈出了重要的一步，即从翰林院（起草上谕的机构）中选拔部分品级较
091 低的官员，委任为辅政“大学士”，不过他们仅以个人的身份而非集体的名义为皇帝出谋划策。这些如今被我们称为“内阁大学士”的人，逐步形成了某种类似西方内阁的机构。内阁并没有被明确写入政府的组织结构，以代替原中书省的职能，但到了 15 世纪 20 年代，它实际上已成为明王朝的最高行政机构。因此，尽管内阁首辅的身份是皇帝的近臣、幕僚，但他掌管了国家的行政事务，可以说是实际上的宰相，只是在权力大小和自主性方面不如胡惟庸而已。

靖难之役

洪武三十一年（1398），励精图治的洪武皇帝薨逝。这并未使明王朝立刻陷入她的第一次继承危机，但危机也已是一触即发。朱元璋曾认定自己的长子为皇太子和继统人选。但太子在洪武二十五年（1392）便病逝，因此，根据嫡长子继承制，朱元璋又立其子嗣中最长者朱允炆为皇太孙。[25] 洪武三十一年，朱允炆继位，史称建文帝。这引起了作为其叔辈的诸藩王的不满，他们中的不少人曾希望能兄终

弟及。他们无疑担心朱允炆的近臣会将他引向儒家的治国之道，而偏离了宗室尚武的传统。

诸藩王中最有力的竞争者是朱元璋的四子朱棣（1360—1424）。洪武元年（1368），朱元璋迁都南京，即新王朝的经济中心，但他同时需要巩固北方的防御力量。他认为，自己的四子足以抵御蒙古人的侵犯，便将元大都，即今天的北京，赐作他的封地。建文帝登基未满一年，朱棣已集结北方军力，向自己的侄子发起了一场长达三年的内战。效忠建文帝的地方官员纷纷举兵勤王，双方在山东境内陷入鏖战，但终未拦住朱棣的雄师。[26]朱棣的军队逼近南京，都城不攻自破。宫中起火，传言建文帝葬身大火之中。然而，在此后的数十年间，关于他逃脱的谣言久久不息。

朱棣以“靖难”为名起兵，打的是南北牌。他声称，南方已堕入内朝奸恶之手，他要从当道奸臣手中拯救大明王朝。他称，建文帝不幸（而又所幸）身陨，并非弑君。宫中起火后的第四天，朱棣即位，为永乐帝——不是作为他侄子而是他父亲的继任者。他下令将建文的年号从纪年中去除，他即位的1402年，不以建文四年而以洪武三十五年为纪，尽管他的父亲在洪武三十一年便去世了。这种纪年方式意味着，从来没有发生过什么政变，而是自然而然地子承父业。直到明万历二十三年（1595），建文帝在位的四年才被重新归入官方纪年中。 092

朱棣误以为可使建文帝最倚重的廷臣方孝孺（1357—1402）归顺自己，但方孝孺是一个坚定的保守主义者，他坚信只有恢复三代之法而非迎合当世的做法才能救时弊。他自然不会同意替换自己所辅佐的承继大统的皇帝，更不用说支持叔继侄位的做法了。根据永乐帝之父所定之法，可以继承建文帝的只有他的儿子。永乐帝却要试一试方孝孺，于是命他起草自己登基的诏书。方孝孺拒绝了。他投笔于地，慨然道：“死即死耳，诏不可草。”永乐帝遂成全他，命人将其凌迟处死。[27] 此后，永乐帝曾堂而皇之地宣称："朕所用治天下者《五经》耳。"然而他在位之时，却看不到儒家伦理所倡导的君臣间的相互尊重。[28] 当皇帝拥有绝对的权力时，臣道方面的谏君之节尽失，只剩下顺从君命而已。方孝孺只是众多誓死效忠王朝而不向一时握有强权者低头的廷臣中的一个。

方孝孺不是永乐帝所谓"靖难"之举的唯一受害者。政变后，有近万人惨遭屠戮，毫不亚于其父的那场肃清。明王朝迎来了第二个庙号为"祖"的皇帝。中国政治转向君主独裁，虽肇始于蒙元，但却是洪武与永乐二帝真正把儒家核心思想中强调义务和互重的君臣之道剔
093 除出去，使明王朝失去了恢复帝制旧法的思想源泉。

永乐对明王朝的最后一项改造是将中央政府迁回元大都，即北京。永乐十四年（1416），开始建都。永乐十八年九月二十二日（1420年10月28日），正式下令改京师为北京，南京则降级为留都。

有鉴于僭位称帝的痕迹过于明显，永乐不得不动用一切手段来为自己粉饰。他做的第一件事是将首都由南京迁往北京，即他自己势力范围内的政治中心。此举也明确地将明朝纳入了尚武的金元传统而非尚文的宋代传统中，而永乐也以忽必烈汗为自己效法的对象。第二件事是效法忽必烈汗，向整个海洋世界宣布自己即位的消息。他向东南亚的朝贡国派出一批批使团，皆以自己信任的宦官为总兵官，统领使团。其中最著名的是六次出使的宦官郑和（1371—1433）。郑和第一次下西洋是在永乐三年至永乐五年（1405—1407），最远达到印度西南海岸。后五次是在紧接着的永乐五年至永乐七年（1407—1409）、永乐七年至永乐九年（1409—1411）、永乐十一年至永乐十三年（1413—1415）、永乐十五年至永乐十七年（1417—1419）和永乐十九年至永乐二十年（1421—1422），船队规模浩大，造成明代财政上的巨额支出。与此同时，北京建都的工程，也给财政造成了巨大负担。永乐帝本来打算派遣第七支使团，但永乐十九年的一场

大火烧毁了新建的三座宫殿（传统上人们认为是天象示警），他只能将计划搁置，至其死后才付诸施行。在户部官员的建议下，后来的皇帝都赞同国家应停止斥巨资建造“星槎”和“宝舟”（即郑和舟师的各种名称），并将国家的资源用于更恰当的地方，而非派遣庞大的使团出洋，宣扬国威、搜罗奇珍。[29]

近来有一种奇怪的主张越来越盛行，即将郑和视为中国的克里斯托弗·哥伦布（Christopher Columbus）：郑和是一位英勇无畏的探险家，若不是因为国内官僚的吝啬，他本可以远在哥伦布之前就发现美洲。这种主张不免引得不少业余历史学者浮想联翩，但它的出发点恰恰建立在对郑和与哥伦布航海目的的根本误解上。哥伦布并不是一个探险家，他航海的目的是为投机性的商业投资找到与中国进行直接贸易的渠道。马可·波罗的游记启发了他的这一想法，而最终为他赢得了资助者。他之所以西行是因为他认为这是通往中国的航线。他的主要资助人是西班牙国王和女王。他们在 1492 年驱逐西班牙犹太 094
人的过程中攫取了不少的财富，并从中抽取部分作为哥伦布航海的经费。他们想从中获得的主要是经济利益，而非出于外交、政治或思想文化交流的考虑。哥伦布跨越重洋为的是进行贸易，而非殖民，尽管他确实留下了几批人员，为支持未来的航行建立立足点。

当我们从这个角度来看待哥伦布时（而不是把他视为“发现”美洲、改变世界的探险英雄），郑和作为哥伦布的反面而非前身的形象，便逐渐从误识的迷雾中显现出来。郑和航海的目的是外交，他的任务是向中国所有的朝贡国宣告永乐是现任的皇帝，他们应以纳贡的方式表示他们对这一事实的接受。他带领了一支庞大的军队，为的是确保那些番邦国主不会拒绝他的命令，但他的目的并不是征服他们。加强中国在亚洲海域内的商业联系符合中国的礼仪，而派遣船队出洋有助于中国商人扩大他们的商贸圈，但下西洋的目标并不是进行投资。他们也没想要像哥伦布曾许诺斐迪南和伊莎贝拉却没有做到的那样满载黄金而归。最后一点，郑和的船队到达了在他之前的中国官员未曾造访过的地方，尤其是非洲东海岸；但是他们在印度洋上的航线都是已知的，穆斯林商船早就在使用这些路线了。中国的航海家也许原本并不熟悉其中的一些地方，但这绝不能说是他们“发现”了它们。他们只是将这些名字添加到理应认可明朝宗主权的藩国花名册上而已。郑和不是一个为了在海上发现新世界的职业探险家，而是一个皇室仆人，只为了达成一个僭位称帝者的迫切心愿——获得外交承认。这是一场政治作秀，但我们并不能因此而轻忽其重要性。[30]

有一个流传甚广的传言认为，永乐帝相信建文帝可能并未丧生火海并已逃亡海外，因此郑和下西洋的任务是察访他的踪迹。尽管永乐帝确实一直在留意关于自己侄子的报告，并且那些年此类报道也不乏其数，如此，似乎这一传闻并非虚言，但它实际上成立的可能性并不大。最后一则关于建文帝出现的传闻出自明正统十二年（1447），一位年逾 90 岁的僧人从云南去广西，他告诉某位路人自己便是废帝。这番吹嘘之词一传入当地官员的耳朵，即刻便将该僧捉拿，遣送进京。这个可怜的人在刑讯之下供认，自己只是一介平民，洪武十七年
095 （1384）便入了僧籍，并非建文帝。[31] 沈德符将这段佚事记录在自己的笔记《万历野获编》中，并评论道官员在会审之前便应由该僧的年龄而推算出事有蹊跷。朱允炆生于洪武十年（1377），到正统十二年应为 70 岁，而该僧比真的建文帝大了足足 20 岁。因此沈德符一针见血地指出：“假托立见，不待鞫已明矣。”[32] 事发后四个月，该僧卒于狱中。另有 12 名与此相关的僧人被革出教门，发配北疆戍边。北疆，正是下一场危机的发轫地。

土木之变

永乐将自己的皇位传给了长子（洪熙皇帝），但时隔不久长子

又传给了他的长子（宣德皇帝），后者又传给了自己的长子（正统皇帝）。这第三位继位者——永乐的长曾孙朱祁镇，于宣德十年（1435）即位时年仅8岁，这就使皇帝制度的一个特有弱点浮出了水面：一旦皇帝早逝，按照继承顺序的规则，就必须让孩童登基。这位冲龄践祚天子沿用了父皇当政时期的三位内阁大学士，他们都姓杨，为这位娃娃天子初政时期提供了稳固的保障。到正统皇帝年满15岁时，三杨失势，朝廷大权落到了司礼监手中，这是内廷特制宦官系统的最高管理机构。宦官更乐意纵容皇帝心血来潮的想法，其中最具毁灭性的莫过于在蒙古来犯时御驾亲征的念头。这一次突发奇想使整个明王朝陷入了一场始料未及的制度危机——当皇帝被外国拘为人质时该怎么办？

整件事情的起因是也先（Esen）统一了蒙古诸部，兵分三路，大举南侵。朱祁镇命皇弟郕王朱祁钰留守，随即率军亲征，这场战役的结果被后世学者称之为"明代最大的军事败绩"。[33] 在短短几周的时间内，情势便急遽恶化。当也先在长城上的一个堡城——土木（Tumu）抓获仓皇撤退的王师，清算的时刻终于来临了。汉人的军队拒绝和谈，惨遭屠戮，所有高级将官皆战死。正统十四年八月十七日（1449年9月3日），正统皇帝被俘。 096

此时，远在北京的朝廷有两个制度上的选择：接受皇帝被质的事实，并展开和谈，遣使往迎；或者废除他的皇帝之位，另立新帝。在考虑后一种措施时，又出现了两种选择：其一是拥立被俘皇帝的1岁长子为帝；其二是任由皇权旁落留守京师的皇弟一脉。拥立幼帝，则帝制将危如累卵——这并非亟欲走出危机的明王朝所希望看到的。两相权衡之下，在正统皇帝被俘20天后，朱祁钰继位，是为景泰帝，而正统帝的幼子则被封为太子。1449年仍被冠以正统十四年的年号，但紧接着的1450年将成为景泰元年。

这一做法或可被解释为一场政变，正统帝本人显然是如此认为的。即便是北京街头的顽童也察觉了这种微妙的氛围，因为不久他们便开始传唱这样一首童谣：

雨滴，雨滴，
城隍，土地。
雨若再来，
谢了土地。[34]

这些听起来只是浅白的童稚之语。毕竟，明朝在这最近的 12 年中饱受干旱之苦，每个人都在期盼甘霖洒落。然而，字里行间其实充满了双关语。首行的“雨”读作“予”，而第三行的“雨”读作“御”（三字音同）；将“滴”换作“弟”，再将最左边的“城隍”改成景泰帝的旧时封号“郕王”，则整首歌谣便成了对王位改易的辛辣讽刺：

予弟，予弟，
郕王，土地。
御若再来，
卸了土地。

景泰继位，使囚禁正统丧失了价值。一年后，也先便放归了这个再无一用的战利品，换取了中国人重开边境贸易的软弱承诺。景泰帝要朱祁镇明确宣布放弃皇位后才准许他回京，后者只能照办。为了确
097 保传位于自己的直系，景泰三年（1452），他废黜了自己的侄子，改立自己的儿子为皇位继承人。仅一年不到，在“景泰之渊”中，年幼的皇太子夭折，他的死被视为上天示警。痛失爱子后的景泰帝迫于压力，不得不再度恢复侄子的太子地位。

他的统治并不顺利。这并不难理解，因为整个景泰年间都沉浸在“景泰之渊”中。气候异常寒冷，头三年是大旱，最后两年则洪涝成灾。景泰五年（1454），一位官员曾公开表示灾异迭见皆因景泰帝不遵继统正道之故。他向皇帝陈言道：“诏沂王复正储位，则和气充韧，欢声洋溢，天心自回，灾异自弭。”皇帝接到上疏后大怒，将他逮系

诏狱，欲置其死罪。次日，京城忽遭大风沙雨。有感于天象示警，皇帝才稍缓刑狱。[35]

景泰七年末至八年初（1456—1457）的冬天，景泰帝一病不起，无法出席新年首日的朝贺。一些文武官员伺机联合起来，将朱祁镇解除软禁，扶上宝座，令当日早朝的众人大吃一惊。朱祁镇并未恢复自己的正统年号，因为这将意味着把景泰从正史中抹去，与其曾祖抹去建文无异。他给自己起了一个新的年号——天顺，取“顺应天意”之意。二月十日（3月14日），他的皇弟——废帝景泰逝世，至于究竟是病逝还是他杀，便不得而知了。

历史学家对正统帝复辟为天顺帝有多种评价，有的称其为“明朝历史上最成功的政变”，有的称之为“对礼制的大破坏”，也有的称其为“一次政治投机，为不择手段地牟取功名利禄大开方便之门”。[36]然而，如果我们把它看成是一次蒙古传统中“塔尼斯特里”的运作，则无论它如何违背了汉族礼制，一个野心勃勃的王在自己的皇兄或皇弟势力衰微时取而代之，就不是不可想象的了。为了消灭一切指向其有违礼制的证据，朱祁镇在之后的四年中将辅佐自己复辟的谋臣逐一清除。实际上，在天顺朝的八年间，汉人的帝制传统无一得到遵奉。098

大礼议

接下来的一场制度性危机亦关乎继承问题，在一些人看来，它是对正统礼制的又一次重大破坏。天顺朝之后，相继继位的皇长子分别是成化、弘治和正德皇帝。正德十六年（1521），正德帝薨，未留下子嗣。有关继统人选的问题，首先与正德帝在位时不称职的问题纠缠在一起。正德帝13岁即位，14岁大婚，对自己的皇后和王朝都不甚上心，在他初政的五年间，朝政实际掌握在大太监刘瑾手中。刘瑾在财政上的横征暴敛引起了文官的激愤，前者则以政治恐怖的手段对后者进行压制。[37] 正德五年（1510），双方的矛盾终于彻底爆发，正德帝的曾叔祖安化王起兵造反。叛乱被镇压了，但叛乱所引发的政治波动却未平息，渐有谣言直指刘瑾正密谋弑君。这便足以使皇帝对之痛下杀手，下令将刘瑾凌迟三日，后者第二日便气绝身亡。此后 10 年的政局仍无起色，至正德十四年（1519），叛乱又起，此次举事的是正德叔祖宁王。最终平定这场叛乱的是思想家兼士大夫王阳明（字守仁，1472—1529），于是乎命运多舛的正德帝才保住了自己的江山。

两年后，正德帝病倒，据说病因是前年秋天泛舟垂钓时醉酒落水（难道有龙作祟？）。正德帝后宫嫔妃众多，却无一人诞下皇嗣，也许这三千佳丽只是皇帝用来勒索外家的堂皇借口。[38] 在没有皇嗣和遗诏的情况下，正德帝的近臣开始支持其叔侄兄弟中的不同人选。当时朝中权势最大的官员杨廷和（1459—1529）力主正德帝 13 岁的堂弟朱厚熜继位。由于堂兄弟继位不合祖制，礼部建议将其过继给正德帝之父孝宗。如此一来，朱厚熜就成了正德帝的皇弟，合乎兄终弟及的礼制。[39] 朱厚熜的生父是孝宗之弟，按照汉族的收养习惯，兄弟之子
099 可以过继给叔伯并成为其合法继承人。

朱厚熜顺利即位，但不久，他又再次搅动本已平静的局面。令朝臣们始料未及的是，朱厚熜要确立自己一支的法统。他非但不想被过继给自己的皇伯父，甚至想追封自己的生父为皇帝（同时尊奉自己的生母为皇太后）。如此一来，他便可以顺理成章地从自己的生父手中接过皇位了。但这就首先需要解决制度上的一个难题。如果新皇帝不愿入奉宗祧，则皇统就会转移到旁支。不过，这可能再度成为朱氏宗族其他成员挑战祖制的机会；而在安化王和宁王之乱后，没有人希望乱象再现。朝廷上的实权派试图迫使少年天子放弃这一想法，但嘉靖执意如此。这位少年天子应对自己的生父行怎样的礼仪——是尊为皇考，还是皇叔考？这个充满争议的问题终于酿成了一场危机。意见相左的两派朝臣们僵持了近 10 年之久，史称“大礼议”。

事情肇始于嘉靖皇帝即位第三年的七月五日（1524 年 8 月 14 日）。几百位官员在紫禁城外跪请皇帝改变旨意。他们无法容许皇帝把嗣统问题当成自己的家事，它是大明国祚的根基所在。最终，134 位与事者被系下狱，为首的 8 人被终生流放，对其余官员的处罚则较轻，其中包括廷杖。因廷杖致死者有 16 名。不过，官员们的抗议并未停止，第二次请愿又导致 3 人被处流刑，1 人被杖毙。至此，事情仍未得到解决。次年春，侯廷训比他的同僚们更近一步，将自己的力辩之词刊印出来。他因此被下狱拷讯，后经其 12 岁的儿子请求才得释放，最终被贬官外放，后又遭言官疑狱弹射，被诬革职。[40]

皇帝的对手并不总是占据上风。他也有自己的支持者，其中亦非尽是逢迎邀宠的谄徇之臣。对嘉靖帝最有力的支持正是来自明中叶大思想家王阳明的弟子。王阳明因在正德十四年平定宁王之乱而声名大振。但因功高遭嫉，被政敌竭力排斥在朝廷核心权力圈之外，致使他在正德朝郁郁不得志。嘉靖帝即位后，才封他为南京兵部尚书，但 100
他上任的第一年就因丧父而不得不回家守制。在嘉靖三年的请愿活动中，王阳明未参与其事，并始终保持缄默。嘉靖六年五月（1527 年 6 月），他以南京兵部尚书原职，领兵平定广西与安南交界处的民变。王阳明出师大捷，未动一兵一卒就使叛军归降。但他却在役后染病，病逝归途，终未能对嘉靖朝政产生直接影响。也许是得益于王阳明的最后一次战绩，次年，他的弟子一系便在朝堂上获得了领导地位。

在嘉靖朝的“大礼议”中，王阳明避免直接表态，但他对皇帝的所作所为未尝不怀有几分同情，故视之为纯孝至情的流露，而在他看来，孝是道德行为的真正基础。[41] 反对嘉靖帝的人奉宋代理学家为圭臬，处处以典为范，而支持嘉靖帝的人则认为正确的道德行为依靠的是伦理上的直觉。嘉靖帝欲尊生父为皇考在礼制上站不住脚，但正因如此，此举成了这个国家最高权威的首次公开声明——个人能够在典章制度的范围之外获得一定程度上的道德自主性。王阳明关于良知为心之本体的哲学不再是袖手论道，而获得了政治立足点。但使嘉靖帝在“大礼议”中获胜的并非王阳明的理论立场，而是其支持者在朝堂上掌握的主导权。即便如此，阳明心学的兴起，与围绕继统问题的法理政治（the constitutional politics）仍有着紧密的内在联系。结果，正如盖杰民（James Geiss）指出的那样：“王学在整个帝国上下迅速流传开来，直至17世纪，它一直是人们极感兴趣且聚讼纷纭的主题。”[42]

争国本

王朝承继的正统与否，取决于是否选择了正确的法定继承人。如果选择错误，则会引发制度性危机。这恰恰发生在嘉靖帝之孙——万历皇帝（1573—1620年在位）的统治时期。万历帝是隆庆帝成年皇子中最长的一位，但为庶出。隆庆帝在位仅六年（1567—
101 1672）便薨逝，万历帝冲龄践祚。这位新的统治者在成年后，便要开始考虑自己的法定继承人选了。使万历帝与廷臣产生分歧的问题在于，他不想立皇长子为储君。万历帝心爱的儿子是宠妃郑氏所诞的皇三子朱常洵。皇帝的这一偏向带来了无穷无尽的麻烦。

纷争在万历十四年（1586）拉开了序幕。是年，郑氏晋为皇贵妃。皇帝还想将她的儿子立为太子。如“大礼议”时一般，朝臣们分成了两派。因为储君是君统亦即国祚绵延的保证，所以储君被称为“国本”，而万历朝的这场纷争在历史上被称为“争国本”。与围绕嘉靖帝尊何人为皇考的争斗不同，万历帝的支持者并无道德制高点可占。问题只关乎究竟是顺应还是抵制在位者的个人偏好，是维持正确的礼秩还是允许传位法的更动。真正的障碍不是任何一位藩王，而是万历帝急于讨好自己宠妃之心。

廷臣们对郑氏专宠早已心知肚明，无论是郑氏本人还是廷臣，都在利用她与万历帝的关系。万历十六年（1588），吕坤（1536—1618），一位参与多项社会改革、官声显赫的官员，刊刻了一本讲述历史上妇女孝贤贞烈事迹的小册子，取名《闺范》。该书引起了郑贵妃的注意，她命人为该书配图并加入12人事迹，而增补的最后一人正是郑氏本人。新版《闺范图说》的序言由郑氏兄[43]、侄作序，其中盛赞她赞助印书的懿行。这一出宠妃谋权的好戏，引发了对郑贵妃的猛烈抨击，不过在名义上，矛头却指向了吕坤。

又过了三年，万历帝终于向自己的臣子妥协，同意立皇长子为太子。然而，郑贵妃并未放弃为自己的儿子争储。两年后，一本书开始在北京街头流传，其中直斥郑氏勾结九位重臣欲举事以更易“国本”。[44]即便如此，万历帝仍然竭力维护郑贵妃。万历二十二年四月 102
（1594年5月），河南饥荒，万历帝有意为郑贵妃造势，命京中五品以上官员捐俸薪，与贵妃捐助赈银一并发出。[45]然而，至此，无论谁再做什么，合乎礼制的储君人选都无法被撼动分毫。整件事最具讽刺意味的是，万历四十八年（1620），距新君泰昌帝登基前仅九天，这位皇长子却一病不起，不到一个月便殒命，原因可能是用药错误而中毒身亡。饶是如此，皇位也轮不到朱常洵来坐，而是毫无意外地传给了泰昌帝意外平庸的长子，是为天启皇帝。在明代官僚体系日趋缜密的情况下，“塔尼斯特里”式的继位战并未发生。

万历帝虽欲立爱不立长，但并未发生如前朝继位斗争那般的暴力事件，不过，一个严重后果是它激怒了皇帝，使之在某种程度上永久性地疏离朝堂。[46]每天清晨，京城的文武百官照例都要上早朝，但他们见到的常常是空空如也的皇帝宝座。政事本不该在内廷处理，亦不可听任宦官滥权、首辅把持，甚至随意修改章程（这是会令明太祖不解甚至勃然大怒的事）。作为真龙天子（dragon master）的万历帝更像是后宫之主（harem master）。明代财政制度史家黄仁宇笔下的万历是一个端居深宫、处境孤立、无所作为又处处受到文官挟制的皇帝，他所刻画的这一形象如今已经深入人心。黄仁宇在评价万历朝君臣对抗僵局时说：“强加于君主的无法忍受的状况……是由情势而不是由阴谋偶然形成的。尽管是专制君主，万历皇帝却没有立法的权力。尽管是最后的裁决者，他却不得不在合法的迷雾中行事。”[47] 而从万历的角度来说，他的不作为也是造成这种困局的因素之一——这不仅束缚了臣僚的手脚，也限制了自己的能力。

通常在制度不善的情况下，人们会另谋成事的出路，那就是形成派系门户——与皇帝疏离的万历朝文官们正是这样做的。肇始于 17 世纪初叶的明代朋党之争，常常被称为“东林党争”。所谓“东林”指的是万历三十二年（1604）一群江南士人在无锡成立的一个私人书院，那里也是他们讲论时政的论坛。“东林党”吸引了众多志同道合的青年士子，不久便成为与朝中“阉党”相抗衡，甚至节制皇帝本
103 人的一股主要势力。如果万历帝有自己先祖的政治手腕和道德威信，他也许能使君臣间的嫌隙冰释，在政治上有一番作为。但是一个一辈子没有踏出过紫禁城的人如何能够学到这些手腕？而他的威信来源，除了自己的出身还有什么？

孤忠怨抑

把皇帝描绘成自己专制统治的可悲牺牲品是可笑的。如果说有什么悲剧人物的话，便是像方孝孺那样不惜忍受摧折乃至放弃自己的生命，也不愿在道德问题上让步的人。我们也许应该把明代宫廷政治想象成一种价值交换，而非悲剧性的缺陷。几乎每个人都知道专制政权下君臣协议中忠诚条款的含义：要担责任的只有人臣而已。统治者行为的得失无关紧要，因为他是整个体制的核心，国家的根本，以及王朝存续的唯一可靠保障。忠诚会使君臣同时陷入一种两难的境地：为君者想要摆脱对自己权力的实际束缚，但不知从何着手；为臣者相信

制度性原则高于事君义务，但难求忠义两全。

陆容曾在自己的笔记《菽园杂记》中记录了自己在永乐中期（15世纪中叶）与一位名叫慧暕的老僧的对谈，[48]僧慧暕十分明白入仕给士大夫带来的两难困境。永乐初年，慧暕奉诏到南京参与编修《永乐大典》，这是一部卷帙浩繁的百科全书。永乐三年（1405）到永乐六年（1408）的修典工程耗费了明朝顶尖学者的巨大精力。此后，慧暕归老陆容的家乡，陆容与他相识时，他已年逾八十。

这位老僧曾对坐客说道："洪武间，秀才做官吃多少辛苦，受多少惊怕，与朝廷出多少心力？到头来，小有过犯，轻则充军，重则刑戮。善终者十二三耳。"这就是效忠洪武皇帝者的命运。慧暕由此得 104
出的教训是我们乃至陆容都没有想到的。

他承认，"其时士大夫无负国家，国家负天下士大夫多矣。"不会有任何关于皇帝苛待臣子的记载，关键在于臣子甘愿领受皇帝的政令。他们的臣服非但不是一个悲剧，还是他们忠贞不贰的证明。慧暕宣称，如今年轻人则达不到这种专制政权下的理想要求。尽管"近来圣恩宽大，法网疏阔"，秀才做官，不再是为朝廷出力，而是为了自己受用。[49]

慧暕的世界观里没有"专制"二字。这并不意味着，这个理念就不存在。奉行这一理念的个人，无论是以超然的态度居庙堂之高，还是处江湖之远，都是默默履践着的。我们可以从这个时代的许多浮文巧言中品咂出这种潜移默化。比如，汪道昆，出身徽商之家而著述等身，他曾奉命为万历十年（1582）《广东乡试录》作序。作这样一篇序言，需竭尽人臣的忠顺之义，而初读此文，的确令人感到满纸皆是一个"忠"字。汪道昆回溯明朝历史，对其中几位皇帝的功绩大加褒扬。洪武"中天而兴"——这自然是毫无疑问。嘉靖"重明丽正，首出郢都[50]，文命先敷，光被海宇"——对于一个使朝廷陷入经年制度纷争的君主来说，似有夸大其词之嫌。汪道昆也确实承认，"二三大夫握珠怀宝……其言骨鲠，其行瑰琦”，但他并没有进一步明言皇帝与众多骨鲠之臣间的恶劣关系。

对于在位的万历帝，汪道昆如是写道：“皇上在宥万方，文德四洽。多士搏扶摇而上，殆将乘海运而天飞，有如垂天之云，何论朱105 鸟！”这当然也是广东士子心向往之的结果。汪道昆称万历十年的广东乡试恰逢“天泽下济而光明……乃今乡国以三物而宾多士，寔应昌期”，而这一敦牂之岁的机枢所在就是万历皇帝。汪道昆吟哦道：“夫律天时，协地纪，本之以帝德，类应之以人文，多士其皆得之，殆千古一觏也。”[51]

很难想象还有比这更唯唯诺诺地描绘嘉靖、万历两朝的文字了。但人人都知道事实究竟如何，如果我们被这样堂皇的文字所迷惑就大错特错了。此中其实大有深意。实际上，这场好戏的主角——乘海运而天飞的朱鸟——并不是皇帝，而是士大夫。士大夫克服了重重困难，苦读数十载而为朝廷效命，并不仅仅是为了奉君事，也是为了经纬天地、治国平天下的矢志。皇帝的工作只是端居体制的底座，彰显帝德，而让真正有才具的人去黼黻治功。人们不能指望遵循礼制挑选出的统治者来治理天下。在无比华丽的谀辞之下，这大概才是汪道昆及其同辈中最具才干者的真实想法。

万历皇帝对地方上士子的野心有所防备。[52]但他恐怕没有料到的是，自己妄图拥有凌驾于祖制之上的专制，反而可能削弱自己的权威。后来在立储的问题上，他立爱不立长的做法才使他意识到了这种反作用力。他所遭遇的困境是个人的偏好始终越不过王朝的礼制；亦如人臣的困境在于，忠顺不失始终是其事君的本分，尽管他们所受的儒家教育要求其一言一行皆以斯文为本。

第5章

经济与生态

马可·波罗在忽必烈汗国所见到的富庶景象令他瞠目。他说，那里人户“繁多”，乡村“景色宜人”，城市“广大庄严”，土地“精耕细作”，“百物输入之众，有如川流不息”。当他的驳船在大运河上航行时，只见“沿河城市、村庄甚众，到处皆有民居，要说人家尽枕河大概也不为过。沿途物资——米、面、肉、鱼、水果、时蔬、葡萄美酒之属，供给一应充足，且价格极廉。”城市居民“恃工商为活，商货繁盛，人民赖之收入甚丰，舟船往来不绝”。[1] 其生产力之强大已超出了欧洲人的想象。 106

两个世纪后，明弘治元年（1488），朝鲜官员崔溥在海上遭遇风浪，漂流到浙江沿海上岸。他走陆路返回朝鲜时也假道大运河，像马可·波罗一样，他亦为眼前的景象所震惊。他自运河行船，穿越江南地区时这样写道：“海陆珍宝，若纱罗绫缎、金银珠玉，百工技艺、富商大贾，皆萃于此。”苏州城内“市坊星布……人物奢侈，楼台联络”，而运河沿岸的码头，则“楚商闽舶辐辏云集”。[2] 如此胜景奇迹，不似在人间，令他恍若置身于唐代诗歌中的宫殿华厦。

一方面，人们质疑马可·波罗对元朝的描述过分夸大；另一方

107 面，崔溥倒被视为仔细而严肃地记录了明代生活的实相。然而，他们两人对各自读者述说的故事却基本相同：这个国家极度富饶，治理井然，物力丰沛。这期间或有自然灾害肆虐，但丝毫未使经济实力下降到勉强糊口的地步。几个世纪以来，生产力的富余，使这里的政权和社会的物质水平远远高于朝鲜、威尼斯，乃至世界上的任何地方。然而在明朝末年，当欧洲突然迈入早期近代的转型阶段，一切将随之发生改变，不过这一转型带来的后果要在很久以后才会全部显现出来。

农耕帝国的混合经济

元和明都是农耕帝国，其大部分臣民都是农民，北方种植小米、高粱和小麦，南方种植稻米和冬小麦。马可·波罗认为“精耕细作”的田地值得记述，在他的印象中“没有一处是未被开垦的荒地”。然而，崔溥注意到的却是码头上“接屋成廊，连衽成帷”，“蛮樯海舶，栉立街衢”。[3] 马可·波罗也注意到了这个方面，码头上“市店相接，商舶辏集”，常常令他目不暇接。从耕地、制造到商贸的一系列经济活动，是整个帝国的重要支柱。它们相互依存，使商贸得以扩张，农业得以繁荣，城市得以发展。商业化不是一条单行道，但它的发展常常足以使人们产生这样的错觉，而明末的人们便是如此。

国家从农产品中获得大笔赋税。元大德三年（1299）的岁入粮数是 1200 万石（合 11.5 亿升）。[4] 假设一个成年男子年消耗粮食 6 石（合 570 升），而元大德四年（1330）统计的人口数量为 6000 万，则需要年产 3600 万石（合 34 亿升）粮食才能养活全部人口。[5] 并非每个登记在册者的年消耗粮食数都达到了成年男子的水平，但实际人口数量可能是统计人口的 1.5 倍。如此两者相抵，则可得税率为 3.4%，符合中国政府通常征收粮食税的税率。[6]

洪武二十六年（1393）的岁入却大相径庭。明政府官方所记税粮

数为米 24729450 石（合 26.5 亿升），麦 4712900 石（约合 4.47 亿 108
升）。[7] 两样合计，当年岁入粮数为 31 亿升，超出元大德三年之数 2.5 倍。如果明代年消耗粮食数与元代相同，则明代的粮食税率为 9.1%，比元代有显著提高。[8] 造成这种提高的原因何在？这一区别也许说明，明政权比元政权的征税效率更高，而且事实上很可能就是如此。它也可能说明，实际人口比统计人口多，因此缴纳的税粮也多。它还可能暗示了，政府征税地区的粮食生产力更高，这也是有可能的。

明朝初年，政府为了刺激粮食产量的提高，将部分人口迁移到因战事而废耕的地区。朱元璋的理想是让每个农户拥有 100 亩（约合 6.5 公顷）土地，即足够支持北方一个大家庭的日常食用，或在农业经济更密集的南方，令一个普通家庭过上富足的生活。[9] 到 16 世纪，要实现这一理想，在北方只要每户 50 亩土地即可。[10]17 世纪 20 年代，有一位郁郁不得志的北方诸生从其父手中继承了如是数目的土地，但这一已经缩减的数目并不足以维持其生计。他感叹道："焉有世上男子可禄以五十亩者耶？"遂变卖田产后从军。[11] 在南方，许多人家只能依靠二三十亩土地勉强过活。

在度过了明初恢复期以后，经济产出主要依靠农民最大限度地投入粮食种植，财政收入则几乎完全依靠国家的粮税。然而，一旦经济上了轨道，国家便开始从实物税转向货币税（这一转变是通过被称为"一条鞭法"的改革举措，后详）。如此，则中央收到的粮食总量便逐步下降。迁都北京是触发这一转变的因素之一。将首都迁至北方农耕区的后果是其粮食供给相对人口数量的不足，为此，一方面政府要实行更积极的囤粮举措，故而着手重修大运河；另一方面，政府也意识到，要养活首都和北方边防线上的全部人口已超出了自身的征派能力，如果实行货币税并用税钱激励私人商业就能更有效地满足这一需要。这一安排也使粮食本身留在了产出各省，继而可以在有余粮的和缺粮的地区之间进行再分 109
配。结果，广西、云南、贵州等距离北京最远的省份可存留全部税粮用于满足本地的需求，而不再需要耗费大量人力物力将其运往首都后再行分配。广东、福建等较为偏远的省份也可以留下约三分之二的税粮。四川、湖广等产粮大省的布政使司有权存留约 60% 的税粮。[12]

因此，明朝从肇建之初就创造了一种与私有经济相配合的统制经济。这不是一种单纯的被动安排，因为明朝政府为促进超出自身财政与垄断经营范围的生产与贸易提供了有利条件。这个帝制晚期的中国与同时期欧洲国家的不同之处在于，它深信国家对民众福利负有责任。明正德十三年（1518），洪水过后京师大饥，皇帝敕令“各巡抚其督有司，加意抚恤，毋致失所”。[13] 这不仅仅是一种表现仁政的姿态，而是一种道德命令和赈济灾民的努力。历史上的许多皇帝都忽视了民众对政权的这种期望，许多官员也仅把出仕当作谋私的利器，而他们身败名裂的下场无不证明了“善政之要，唯在养民”的规律。[14]

元明两代——尤其是明代——的大部分经济增长，在组织和资本方面得益于私有经济，但整个经济运行仰赖的基础结构却是由政府创造和资助的。政府为商品流通提供了一套交通体系。它最终采取税收折合银两后收取的制度，为价值的计算和交换确立了标准。食盐和贵金属的国家专营和赋税等财政政策，不仅为私人经济设定方向，也塑造了百姓的生计规划。仓廪实，则政府在荒年就能干预粮食市场，化解饥馑的威胁。官营织造坊主要集中在商业中心江南，满足了皇室的需求。[15] 政府
110 也会委托特种工坊如江西景德镇官窑和运河北段临清的砖厂，生产用于营造朝堂的物件。最后，政府为调节冲突和控制经济纠纷提供了行政与司法的制度保障。看似寄生性的政府，实则对经济建设颇有助益。

交 通

大宗货品的运输走水路比陆路要便宜，因此天然河道和人工运河对运输粮食等大宗商品十分重要。中国的自然河流发源于西部山脉，流向

东部平原，对于政府来说促进商品流通的最大挑战是安排南北向的水路运输。始建于 7 世纪的大运河将会成为元明两朝南北交通规划的核心。

忽必烈在今天的北京定都后，通过海运来应对物资北运的问题。但是山东半岛沿海的暗礁给过往船只带来损失，航速缓慢的驳船在海盗袭击面前亦不堪一击，从而促使朝廷开始斟酌辎重运输的其他方案。其一是开凿一条贯穿山东半岛的运河，元朝政府在 13 世纪 80 年代尝试了这一方案，但最终放弃了；其二是恢复大运河，并将其宋代以来的北段终点与黄河河道相接，延伸到北京。修造的代价是巨大的，维护费用也很昂贵。结果，元代未能一直维持运河的畅通。每当遇到河道淤塞、洪泛决溢或战时封锁，元代官员便会重新诉诸海运。

延长运河北段的难点在于如何调节黄运交汇处的水量。黄河频繁决溢改道，每每给运河造成重创。改变河道是一项耗费巨大人力物力的解决方案。至正十一年（1351）大规模征派徭役治河的举动，一直被史家引为元末民变的导火索。韩山童是一个名为“红巾军”的秘密会社的领袖，正是在这年冬天，被征派开凿黄河故道的 15 万民夫中集结起了一支强大的起义队伍。韩山童事败后被处决，但他的儿子韩林儿，即后来的小明王，顺利逃脱并成为叛军领袖，朱元璋当时 111
也是他麾下一员。至正二十六年（1366），韩林儿之死为朱元璋在叛军中的崛起辟出了一条路。朱元璋为自己亲手建立的王朝取名为“大明”，便道出了自己红巾军的出身。

朱元璋定都南京后，大运河便丧失了它的首要地位。到了洪武二十四年（1391），运河已淤塞不通。[16] 永乐帝决意迁都北京，迫使政府再次斥巨资开凿大运河。[17] 明代对施工难度较大的运河山东段进行了至关重要的河道改造，事实证明，它比元代更能持久地发挥自己投资的价值。自永乐十三年（1415）运河重开后，除有数次黄河改道影响其通航外，直至明代结束，始终通行不废。大运河为整个明王朝及其经济的统一提供了重要的基础设施保障，但也是一个巨大的负担。运河的治理，使本已繁难的河政变得更加难以负荷。每一次的河道决溢和淤塞，都使防患变得愈发艰难。[18]

运河的规模决定了维持其通航需要的大量人力物力。15 世纪中期，需要动用 121500 兵力将 11775 船官粮通过运河送到北京，装满那里的官仓。实际征缴的粮食往往少于官方指定的数量，不过押运漕粮北上的士兵总会夹带私粮，再卖给私人商贩。皇家的供给也会定期送达皇宫。据说贡船的数量达 161 艘之多，其中 15 艘是运送南方鲜鱼贡果的冰船。护送贡船的还有隶属兵部的 600 艘“马快船”。[19]不过，官船的数量有限，在繁忙熙攘的运河上还有数以万计的私船。明代中期的一位士人曾为我们描绘了这样一幅画面：“东南漕运岁百余万艘，使船往来无虚日，民船贾舶，多不可籍数，率此焉道。”[20]运河的恢复给商业运输提供了有力的支持，从而初步将整个国家连接
112 成为一个统一的经济体。[21]

尽管如此，商人出门在外可能遭遇各种艰险，因此他们要通过查看出行吉凶预卜来趋利避害。“杨公忌日”指明了“出行、装载、交易，俱不可用”的日子。这份日程表保留在崇祯八年（1635）编写的一部名为《商贾一览醒迷》的商业日用类书中。[22]“忌日”从正月的头一次算起，每隔 28 天出现一次，即正月十三、二月十一，以此类推。另一种流传颇广的类似历日表是“逐月出行吉日”，它是基于天干地支的 60 日周期（一甲子）编写的。但不如“杨公忌日”中的日子那样有规律。比如农历六月可能有 10 天是宜出行的，这取决于这个月份落在这一甲子中的位置，而三月可能只有 2 天宜出行。每个月有 5 天是“憎天翻地覆时”，诸事不宜。正月为巳、亥，即 1635 年的公历 2 月 22、28 日和 3 月 6、12、18 日，忌出行、装载、交易。每 60 日为一个周期，还有自己的吉凶日，不管是农历的哪个月份。每一甲子的首个巳日不宜出行；首个亥日，只要在丑、辰、戌时（1—3 点、7—9 点或 19—21 点间）出行，就可能是大吉，但忌午、

未时（11—15点）出行。

商人们依据这些精确的计算来行事，将具有不确定性的经济活动中的风险降到最低。日常商业生活中充斥着类似趋利避害的做法。比如，苏州商人忌言“翻”或“阻”二字。因为汉语口语中同音异义字很多，所以措辞上的讲究就变得很有意思了。比如，“筷子”原称“箸”，与“阻”同音。因为商人担心自己的货物受阻，所以苏州人用与“快”同音的“筷”来替代，故而有了今天我们习称的“筷子”。[23]

城 市

经济的增长刺激了作为市场、制造业基地和精英寓居之地的城市的发展。北京具有政治中心的身份优势，但它也是北方经济的商业枢 113
纽，人口数量超过50万，与旧都南京规模相当。有学者估计1400年的人口数量已达70万。[24]不过长江三角洲的下游地区才是当时最繁华城市的所在。苏州堪称整个帝国的商业和文化中枢，人口接近百万。而上海港在14世纪也崛起为大宗棉花贸易的中心，它是一个拥有百万人口的县，其中城市与市郊人口至少占到了四分之一。[25]杭州，尽管不复南宋时首善之都的风光，仍然是一个繁华富庶的城市，有钱人谁不想在那里置产？

在这些大城市，商业与行政管理已密不可分。然而，在小一些的城市，商业超过行政管理，成为城市发展的主要动力，尽管通常情况下行政职责从城市诞生之初就已存在。坐落于大运河山东省至北直隶段的临清便是一个例子。临清本是一个靠河的普通县城，元代被选作大运河新的北段终点后，地位才发生了变化。至元二十六年（1289），运河北延伸段开凿完毕，临清便成了连接南方经济中心与北方政治中心的重要一环。后来运河被废，临清一度衰落，直至永乐十三年（1415）运河重开后，才又再度兴盛。洪武二年（1369），徙县治于运河和卫河（通东北方向的天津）交会处的临清闸附近，便已预示了它日后的兴盛。临清是漕粮北运线路上的五大置仓储粮地之一。不久，临清仓便成为诸仓之冠，尤其是景泰元年（1450）以后，国家招募商人输粮，作为交换由官府发给购盐的盐引（即所谓“开中法”），临清成为商人输纳中盐的集散地。由于临清处南北转输的“咽喉之地”，弘治二年（1489）被升格为州。[26]

16 世纪，临清城逐步发展，一半是政府引导的结果，一半则得力于民间工商业的兴盛。四通八达的交通促进了城市的繁荣。成化年
114 间（1465—1487），临清本地的工匠不再需要到北京当班服役，因此临清的劳动力资源不再被迫流向京师。尽管京城营缮的物资需求仍然存在，但临清的工匠可以在城郊的窑厂生产贡砖、贡瓦，不再需要跑到北京去了。在这些条件下，临清成为区域货物转输和物资供应的枢纽，地方产业遂发达起来。州城西北设有 28 所漕船厂，忙于船舶的制造与修理；而到了 16 世纪末，城内的缎店、布店多达 105 家。[27]临清等城市的商业规模，意味着手工业不再局限于家庭作坊的范围，而已发展成为类似工厂制造业的形态（图 8）。

尽管私人商业得到了长足发展，但临清的私营手工业依靠的是政府在基础设施建设方面的投资。这一政府投入的过程也形塑了运河沿岸其他城市的发展。[28]也有一些明代城市的发展因素则恰好相反：私人商业引导而政府跟进。长江是一条天然河道，不像大运河那样需要政府投资兴修，因此其河港发展也有所不同。我们以沙市（全称沙头市）为例，它隶属湖广西部的江陵县，[29]是伸向长江的一块天然沙洲。江陵县治距长江近 10 公里之远，这意味着它在商业上的重要地位将被沙市取代。沙市主要的大宗货物是来自四川的粮食。尽管四川商人和船民在沙市商业中扮演着举足轻重的角色，但这里往来的商贾五湖四海都有。到明末为止，沙市有大小会馆、行帮 99 个。[30]政府自然无法轻忽沙市的重要性，虽然未将之升格为县——因为如此，

图8　酿酒工人正在研磨酿酒用的粮食，磨好的粮食放入右边悬挂的瓦缸中发酵。酿酒作坊的规模不小。图中所画的11名工匠可能只是这家作坊所雇的一部分人手。该画现藏于哈佛艺术博物馆，由于明代描绘工艺制作的画作存世稀少，而高端艺术品藏家又对其不够重视，因此这幅画就显得弥足珍贵了

他们就会损失江陵的大半税收——却在当地专设巡检司，维持治安。政府也以其他的方式介入地方事务，即管理赋税和供给的中央机构直接在当地设立办事机构。比如，负责宫殿营缮木料的工部，就设立了“竹木局”，专门监管和征收沙市起卸的竹木之税。[31]

作为一个商业城市，沙市比行政城市更易受到贸易兴衰的影响。王启茂在自己的诗作中记录了贸易对沙市的攸关性。他在“崇祯之渊”时回到这座自己阔别已久的城市，不禁回想起自己少时所见的繁
115 华胜景：

记得当年踏碧沙，沙津无物不繁华。
舟船夜贯千门酒，楼阁春藏十里花。
116 世乱蜀江稀贾客，民穷今俗减琵琶。
重来胜地增惆怅，坐对空林数暮鸦。[32]

沙市的（暂时的）兴与衰证明，在少有国家作为的情况下，商业经济本身就有能力左右城市的形成和发展。而各种类型的城市也不得不在没有国家指导的情况下管理自身事务。当国家感到自己的利益或税收受到威胁时，会毫不犹豫地主张自己在公共事务上的专断权。也就是说，当事态发展脱离正常轨道时，官员必须想方设法与城市精英合作来解决。当涉及成百上千而非仅仅数百人的需求时，乡村生活的传统模式显然就不再适用了。

举例来说，让我们设想一下城市消防的问题。至正元年四月十九日（1341 年 5 月 12 日），杭州大火，74 人丧生，建筑方面的损失更为严重，烧毁房屋共计 15755 间。不料，次年四月一日（1342 年 5 月 13 日），火灾再次发生。陶宗仪在自己的笔记中（1366 年刊行）称：“自昔所未有也。数百年浩繁之地，日就凋弊，实基于此。”[33] 杭州是一个地方行政中枢，但国家的运行机制却不足以使其免于火患。

我们沿海岸线南下，福建省延平州州治也是一个地方行政中心，然而政府的作用较弱，地方大小事务离不开商业精英的协力。尽管这

座城市的建筑不像杭州城那般密集，据地方志的说法：“历来火灾，延烧甚广。”而且由于“延城崎岖狭隘，居民稠密”，因此易遭火患。万历三年（1575），郡守下令修筑火墙。这就意味着要征用价值不菲的城中地基，但是他没有强行侵占，而是找了五个富户，与他们商议买地砌墙。最终修了七座火墙，其中之一立于衙门前。然而，由于火墙修葺尚未完全周严，三年后又一场大火，烧毁城中心民庐百余家，并数座公署。下一任郡守下令增筑火墙，即便他捐出了自己的薪俸，仍未足数。于是，他不得不再次与原来捐出地基的屋主商议，腾出些 117
土地，又修成了两座火墙。为了防止日后因地基变更而出现侵没火墙的现象，郡守准许坊民向其申述。事实证明这个方案颇有成效，城中火灾确实减少了。[34]

延平州府修建火墙，政令虽出自郡守，但城市精英在筹资方面起到了决定性的作用，且很有可能是最初的方案设计者。方志中赞誉两任郡守为坊民的福祉任劳任怨，但如果没有坊民的襄办——无疑他们是延平商业精英的领袖——凭郡守一己之力恐怕无法办成此事。由于技术上的原因，明代政府无力顾及城市管理的问题，只有依靠城市精英。然而，我们也不能就此断言明代城市精英和早期近代欧洲城市精英掌握着同等的控制权。城市史研究者费丝言（Si-yen Fei）写道：“从以农村为主的帝国转变为以城市为主的帝国不仅仅是商业力量在与政府控制角力过程中取得最终胜利的结果。”这一转变的发生是由于“制度改革和文化协商的同时作用，它们沟通并弥合了明初农耕社会理念和晚明城市化之间的断裂”。[35] 城市居民意识到自己的城市不再是昔日的乡村，那么只有调整旧有的行政规则，才能让城市运转起来。

商业税收

像多数缺乏税收的军事征服者一样，元政权对农村的控制力不强。

元代农村课税实行的是“买扑”制，设定税额并由个人包下某一地区的征税权，在交纳规定数额给政府后，剩余征税收入均归包税人所有，这项收入有时相当可观。元代的徭役也十分严酷，对农民强制勒派，哪怕是农忙季节也不例外。苏州女诗人郑允端（1327—1356）在《望夫石》
118 这首经典闺怨题材诗歌的前半部分中，道出了这种徭役之苦：

良人有行役，远在天一方。
自期三年归，一去凡几霜。
登山临绝巘，引领望归航。
归航望不及，踯躅空彷徨。[36]

明代反对不加区别的徭役制和土地税承包的做法，认为这样做既不道德又无效率。前者罔顾农业耕种的节律，毫无节制地将农业劳动力与土地分离；后者纵容“买扑”者一味搜刮民脂民膏，为的不是国家的基本财政支出，而是侵人肥己。这些做法侵害了社会基础，扰乱了地方基本生产秩序，且使公共财富流入了私人的口袋。如果说这些做法有什么可取之处的话——显然元政权是这样认为的——那便是降低了征税的行政成本。但要降低征税成本并非没有别的办法。明代采取的做法是将徭役和税赋的征收权交给地方耆老，这与明初里甲制度的逻辑如出一辙。本乡本土的人自然最清楚谁家可出徭役、赋税多寡。

所谓以杜绝地主剥削的乡村自治为核心的里甲制度——至少朱元璋本人深以为然——忽略了有国家资本投入的经济天然地倾向于去创造和集中财富。15 世纪，这一紧张关系造成了财政分裂（fiscal schizophrenia）。对于已经加入商业网络从而为市场需求进行生产的乡村社会而言，税务自治且自给自足的社群模式与其实际的脱节就更为严重了。[37]

明代税收体系落后于现实形势的变化。嘉靖四十五年（1566），当 59 岁的归有光（1507—1571）就任长兴知县（在嘉靖四十四年之前，他竟然连续八次会试落榜）时便发现：“田制虽有定额，其俗以洪武祖名为户，征收之际，互相推调。又有田连阡陌，而户止数亩者。”因此，所有人都声称自己田产甚微，尚未达到纳税的最低标准，“又有深山大户，终岁不听拘摄者”，无论怎样也不会交税。[38]归有光发现该县的户口记录糟糕透顶。按照上面的记载，弘治元年到嘉靖元年（1488—1522）间，这个高度商业化的县竟流失了20%的人口，且此后再未添加一个人丁。不仅如此，县志的户口数据显示，女性只占到全部人口的20%。[39]显然这个体系与现实是完全脱节的。“真实的”经济——商业投资和金融集中为核心的货币经济——已经完全脱离了1368年确立的农业经济模式，并产生了不在赋税范围内的财富。 119

解决之道是顺应变化，将粮食和劳动力这两项农业经济的主要来源转化为可以支配的等价货币。赋役折征银两，再用税银偿付行政开支。地方官员明白，雇佣的劳力比强征的劳力更有工作效率。宁可一年花二两多（约四盎司）银子雇一个水闸管理员，也比从一个长长的在编名单上不停挑人、换人好，况且，选中者可能根本不懂如何开关闸门，或在中选后逃避徭役。[40]16世纪，赋役折银办法逐渐推广，各种名目的赋税、力役均折征银两。

在工业化以前，中国经济史上最重大的转型就是16世纪以里甲制为基础的适应农业社会的税收模式向适应以货币化交换为核心的经济方式的转变。这一税收制度的转型即所谓的“一条鞭法”：将各种田赋、徭役、杂征税目总为一条，合并征收银两。“鞭”即“鞭子”，又与“转变”“变革”之“变”谐音，一语双关。该法初名“条编”，老百姓将“一编”用更为形象的“一鞭”代替，这一称法遂固定下来。这项改革发轫于15世纪，到16世纪70年代，在首辅张居正的主持下正式在全国推行开来——万历清丈（1580）也是在他的主持下进行的。张居正在时人眼中是一个在增加中央权力尤其是中央财政方面的铁腕首辅。万历朝的各种笔记小说中或多或少对他的作为有所记载和评价。比如，沈德符的笔记中就记道：“江陵当国时，持法不

120 少假。如盗钱粮400两以上，俱非时诛死。”[41]今天，张居正被视为一个有远见的官员，他促成了税收体系由适应原有的农业经济向适应商业经济的转变，为现代经济的出现奠定了基础。[42]

一个主要的变化是货币化。明初统治者对富民的想象，是在封闭的农村共同体内，做到家家有田可耕，有粮可吃，有衣可穿。尽管元明两代的现实经济从未如此运作，但不可否认的是，在这一图景所描绘的理想经济生活中货币几乎起不到任何作用。现实中存在的货币只是一个个中有小孔的小小铜圆（“钱”或铜板），这种货币形式可上溯至战国时代。满足生存的基本需求不用花费很多钱，因此，也就没有对更高币值货币的需要。

然而这只是理论，它很快便被实际推翻了。随着剩余农产品的积累，越来越多的货物被转换成现金，规模较大的交易不得不动用数以千记的用绳串起的铜钱（“贯”）。这些钱串子很沉，而铜钱本身的脆弱性在于它极易被熔成铜料或掺假伪造。随着时间的推移，这种脆弱性造成的货币短缺，使一年一度的赋税征收成为棘手问题。在元朝建立头20年，蒙古人就因为钱荒而仿效宋、金两朝发行纸币，即“交钞”。[43]由于元政权有足够的粮食储备来支持纸币的发行，纸币的价值一直保持到至正十年（1350）。但此后，由于政府急需获得税收来支持自己的军费开支，便允许印发超过粮食储备价值的纸币，到了至正十六年（1356），纸币终因极度贬值而被迫停止流通。[44]

明效元制，发行“大明宝钞”，但却不能兑换，也没有足以支持币值的储备，因此很快就贬值了。对于进行数额大于日常买卖的交易来说，另一种形式的货币是必需的，因此白银恰好填补了这一空白。白银的单位是两，1两相当于37克。白银并未被铸成钱形，而是马蹄形，并在过秤后打上印文。[45]支付时，称足所需银两，便可当场银货两讫。在这种双币种制度下，随着白银供应的相对充足且在纯度上
121 逐步赢得消费者信赖（铜钱常常有掺杂作假），再加上政府对货币市

场的干预，[46] 铜钱对银两的交换价值发生波动。劣币的问题意味着，在同一市场内可能同时有数种不同的铜钱按照不同的交换价值进行流通。最值钱的铜钱是洪武年间铸造的。[47]“洪武通宝”在整个东亚范围内流通，在日本价值尤高。清顺治四年（1647），一支在舟山活动的反满明军收到来自日本支援者的一船铜钱，居然都是洪武钱。通常，日本人以他国的铜钱为料熔铸成有自己国号的铜钱，但对洪武钱却因其价值而不敢销毁，藏之库中。[48]

随着经济的发展，交易的价值也随着增长，对白银的需求也随之增加。明正统元年（1436），政府推行部分税收折银的做法，进一步推动了对白银需求的增长。另一方面，政府唯恐白银会集中到私人手中而损害国家经济，不愿批准银矿开采，造成了白银供给的进一步紧张。直到 16 世纪的最后几十年，自日本和秘鲁进口大量白银，才使“银荒”有所纾解。如果没有这批外来白银的流入，明代经济加入全球贸易的剧变（后详）恐怕永远也不会发生。

商品经济下的食物供给

农业经济的主要产品是粮食。如朱元璋在推行里甲制时那样憧憬乡村自给自足的人们，也一定梦想着每一个从大到小的地方经济单位都具备足够的资源和条件，去耕种和收获满足其自身日常需求的粮食。这就是在农业经济中粮食是主要产品而非唯一产品的原因。对于种田的农民来说，有时候粮食不再仅是食物，而是可以与他人交换从而进入商业流通的商品。

这一点在元明两代的经济发展中逐渐变为显流，尤其是当城里的行商坐贾和乡村种植经济作物、生产手工制品的人数开始显著提升并持续增加的时候，这些人的口粮都是买来的，而非种出来的。这是明代政
治经济中的一个新变化，特别是当朱元璋时代自给自足的幽魂魅影仍盘 122

桓在人们脑际之时。这也是粮政方面的一个新变化，由于仓储制度衰弛，一旦遭遇物价腾贵的情况，可能无法平粜仓米，进而导致危机。这是农业经济商品化的代价，它足以使工匠和经济观念保守者忧心忡忡。

对于明代官员来说，如果需求积累和地区差价足够大的话，商品粮在粮食供求关系紧张地区的调出和调入都会受阻。人们认为，将粮食调配到缺粮地区赈饥是经济调控的题中之意。反之，如果粮商将粮食从缺粮地区转运到价高的地区销售，则商业行为可能会受到谴责。人们认为这是价值法则的作用使然，这体现在人类追逐私利的倾向中。但是当价值法则的作用造成地区性短缺时，官员们并不认为这在道德上是可取的。

然而，应对短缺情况的正确做法并非总是一目了然。当时民间论及饥馑荒年常道“救荒无奇策”。然而，引用这句话的官员往往是为了反驳这一说法，强调有效率的官员总是能找到解决粮荒的办法，从而避免大规模的饥荒。一位致仕的地方官员曾在其笔记《见闻杂记》中记道：“救荒不患无奇策，患无真心。真心即奇策也。”[49] 这一看法似与晚明思想中的主观主义（subjectivism）相契合，也与比之更早的一种信念产生了共鸣，即行事唯诚，其事必果，所谓“精诚所至，金石为开”，地方食物供应中暂时出现的小问题又何足为惧。

“奇策”中最基本的是充实官仓储备，丰年积粟，荒年平粜（图9中展现了这一理念）。明太祖为实现这一政策，敕令各县建四所预备仓。大部分的地方官都能执行，但他们的继任者在储粮时往往出现不及数的情况，甚至任其荒废，与中央的申令背道而驰。[50] 仓储制度的弛废不仅是因为地方官员的漠视、无能或腐败，尽管三者中的任意一条
123 已足以使预备仓名存实亡。更重要的原因是政治经济制度本身的特性。

明初设立预备仓的设想是收贮地方上的余粮，丰年官司籴余谷为备，凶荒时民可取用而无饥饿之患。但是，因为商贩从各地农户手中收购粮食，而从商贩手中买粮的人也日渐增多，商业性因素和地方性

图9　地方官在荒年开仓赈济。该插图来自一部据14世纪戏曲《琵琶记》改编的晚明小说

歉收一样可能导致地方性食物危机。

124 在商品经济中，预备的形式未必是积粟，也可以是积钱，用于补贴贫户在荒年购粮的差价。这样做的话，可以吸引其他地方的商品粮，进而平抑物价。这项“奇策”的唯一问题是，有时饥荒的规模会超出粮商的调控范围。元大德十一年（1307），山东全境爆发的那场大饥荒便是如此。朝廷的赈灾措施是发钞，但不久便发觉饥民根本无粮可买，且这一情况在短期内无法解决。所幸，当时的一位官员据理力争，将发钞改为发米。[51]

赈米折钱后，官员也更容易中饱私囊。大德十一年浙江沿海时疫赈济中就出现了这一问题。大德十二年（1308），随着疫情的加重，大面积的歉收引起了大饥荒。宣慰同知脱欢察议行赈荒之令，朝廷敛富人钱给之。脱欢察有意干没自肥，遂将赈钱分成数份，藏于各州长处，候其调用。他想稍假时日，再返回索钱，只要编造一份细琐的赈款募集与发放的案卷，便可瞒天过海了。

可惜他错将六分之一的赈钱交给了宁海县主簿胡长孺。胡长孺的父亲是南宋名臣，胡长孺在忽必烈治下被迫出仕，但因秉性耿直，冒犯权贵，而被一路贬至官阶末尾。他怀疑脱欢察有意私吞赈款，便果断地将赈钱全数散给当地受灾的贫户，并一一记录在案。一个月后，当脱欢察返回索钱时，胡长孺便将案卷抱出。

“钱在是矣。”他镇定自若地说。脱欢察大怒道：“汝胆如山耶？何所受命而敢无忌若此？”胡毫无惧色地回答：“民一日不食当有死
125 者，诚不及以闻，然官书具在，可征也。”脱欢察虽怒而不敢问。[52]

除了防不胜防的贪墨之外，15 世纪大部分的经世文章中都认为，仓储制度不是救荒的得当之道。[53] 明成化二十三年（1487），丘濬（1420—1495）向刚刚即位的弘治皇帝上书“变法”，其中的一项关键内容就是，在粮食分配方面，商品经济比国家调控更有效。[54] 无独有偶，林希元（约 1480—1560）在重新设计 16 世纪的荒政时，也

反对依靠国家赈济的想法。相反，他认为应该利用私有部门的商业活力，动员商人在价低地区收购粮食，转卖到发生饥荒的地区。粮商应获准在售价之上增收两文钱，一半用于运输费，一半为其利润。国家可以为他们提供初始资本，粮食出售后，本金便收回了，政府实际投入几乎为零。[55]政府可以在必要时投放赈款支持地方的需求，但总体上应依靠市场来应对此类生存危机。

然而，“九渊”时期的灾情超出了政府与市场的反应能力。看起来在很多情况下真是没有什么“奇策”能够使人民免于忍饥挨饿。“嘉靖之渊”时，一位河南士人曾哀叹：“大抵古之民命悬于君，后之民命悬于天。”[56]当皇帝作为上天的化身为灾民下达救荒敕令的时候，世间的一切似乎仍能恢复如常。而当上天变身为市场时，人民很难想象还有什么能够将他们与死亡阻隔。

在明朝的最后百年中，官员们仍孜孜不倦地在国家与经济之间的灰色地带上试验新的政策，不仅从中挑选执行效果最佳的政策，也在实践中不断尝试各种政策组合。对于有远见卓识的官员来说，荒政不仅仅是针对某一特定危机的介入手段；而是改善民生的宏大政治规划的一部分，他们称其为“经世”。“经世”一词取自“经世济 126
民”。那些致力于这一道德使命——晚近被译为“statecraft”（治国术）——的人认为，自己对国家的义务就是动员国家给予他们的一切资源，以保障人民在凶年免于死亡，在丰年安居乐业。正是他们对公共事务投注的热情，使儒家实学派在明代中期成为显流。这一使命的力量是如此强大，以至于在19世纪翻译“economy”这一欧洲概念时，从“经世济民”中创出了一个新汉语词汇“经济”。

财富的困惑

经世派强调在生存受到严重威胁时有必要对经济进行干预。重要的是，他们的关切受到重视不是在经济衰退期而恰恰是经济增长之时。这一发展也许说明，人们已经意识到商业化既可以提高收入也可以褫夺人们的基本生存条件。然而它也指出了人们期望的转变。农村经济的自给自足已不再是追求的目标，现在许多人开始向往一种更加商业化的财富。一般而言，国家是赞同这一目标的，尽管随着经济的增长，一些官员开始担心财富会带来的他们所不希望看到的效果——社会流动、传统习俗的式微，以及既有道德秩序的败坏。

一位名为顾清的官员就感受到，自己正处在这一潮流变化的风口浪尖。顾清是松江人士。松江府位于高度商业化的长江三角洲东缘，下辖上海周边的棉纺织业。明正德年间，顾清丁父忧，回籍守制 27 个月。期间，他参与编纂第一部《松江府志》。这部地方志于正德七年（1512）出版。顾清对松江当地风俗的不满溢于言表，他所撰部分的开篇便落在一个“变”字上。他写道：“松之风俗见于志者几变矣。”而这不是他喜欢的风气。他将当地风俗的败坏，归咎于巨家势阀在婚丧宾祭、冠履服饰方面的挥霍消费，带动了庶民百姓靡然向
127 奢，从而使守礼、节俭、关心风化等儒家核心价值荡然无存。他特别将权贵与士大夫作对比，由此可知他所针砭的对象乃是松江的商贾之家。他们的财富给长江三角洲的日常生活带来了彻底的变化，顾清不厌其烦地一一罗列，竟达 23 项之多。[57]

我们无须在此完全复述这 23 种变化，仅举几例便能体会到顾清的忧虑。譬如，婚嫁时的聘礼与妆奁之盛大大逾越古礼。丧祭的陈设和过程也变得繁复冗赘。丧礼的赠赙之仪失去了守望相助的社会交往本意，只剩醵金为敛的财货授受。宾宴从备列简单的蔬果变为“器用靖窑、肴菜百种、遍陈水陆”。明初所制男子方巾尚且增添出各种装饰，更不用说妇女发髻上珠络翠饰的繁复花样了；精巧的绣鞋代替了平实的布履；舆盖与从前不复相同；航船的样式也发生了变化；书翰用素纸者日少，而用金笺者日多；甚至于布匹染色也发生了变化：初

有桃红而今为荔枝红，初有翠蓝而今为天蓝，初有酱色而今为沉香色，如此种种，不一而足。在顾清罗列的这一长串变化的最后，也是令其最为震惊的，要属富户令僮监穿红紫罗绮一项。对此，他不禁感叹道：“凡一命之家，与豪侈少年，竞为姣饰，不第亡等，家法可知矣。”

顾清在描述民风向奢的23种变化时，总是采用相同的句法结构：“初”人们如此行事，“今”或“近”人们开始那般行事。而在他看来，“今”与“近”都不是事物的应然状态。值得赞赏的是，顾清在措辞上并没有将自己对这种奢侈消费的不赞同变成道德上的辱骂，而在此后的近百年间，道德性的指摘之词不绝于耳。在正德七年时，奢侈消费尚未到泛滥不可收拾的地步。顾清只是反对把钱财浪费在“娇饰”上的不智做法。大富之家不在乎鲜花着锦、烈火烹油，这些却能让与之攀比的小门小户倾家荡产。这种炫富游戏的后果不是升斗小民所能负荷的。

尽管顾清没有言明，这种消费行为背后的动力却是再简单不过 128
的，即奢侈品供需的增长。曾经人们只能买到桃红、翠蓝、酱色的布料。而到了正德七年，染坊可以提供荔枝红、天蓝、沉香色等价格可能更为昂贵的品种。同时，消费者的购买力也相应提高了。曾经，即“初”时，大部分人在挑选褐色布料时只会想到酱色。而“今”，对于色彩有所追求的消费者，能够买到更为雅致的沉香色，看到漂染的过程，并享受其中的乐趣。如果说令顾清不以为然的那些变化已渗透到社会上下的消费习惯中，也许只是因为人们如今有财力加入时尚潮流了。顾清将这些变化解释为世风日颓；另一方面，我们也可以把这视为16世纪初明代经济出现新繁荣的明证。

因为这种新的繁荣局面的出现，一些历史学家认为明代中国社会的财富积累意味着较高个人生活水平的实现。天启五年（1625），在广东沿海遭遇海难被俘的西班牙耶稣会士阿德里亚诺·拉斯·科尔特斯（Adriano de las Cortes，1578—1629）却并不这样认为。拉斯·科尔特斯对于明代社会生产力大为赞叹，但他认为这种生产力并不等于社会普遍富裕。他注意到："中国的商品流通量并不足以证明中国人的富有。总体而言，恰恰相反，这是一个极端贫穷的民族。"[58] 拉斯·科尔特斯见到的是偏远的广东沿海，而不是江南的大城市。而他的判断所参照的是自己所熟悉的欧洲贫富地区的情况。他根据自己在这两个世界的生活经历认为，明代乡村的生活水平并不比欧洲乡村的高，甚至可能更低。无论孰高孰低，当时中、欧社会底层的差异恐怕并不明显，人民都只是勉强温饱而已。

树与虎

尽管拉斯·科尔特斯对当时经济状况的判断颇为保守，然而明代财富的增长已经超过了此前中国历史上的任何时代。以我们所处的现代社会的超常标准衡量，明代的增长可能是小巫见大巫，但它确实推
129 高了食物消费的数量，以满足更多人口的需求。正因如此，经济增长给自然资源带来压力。为了增加耕地面积，农民围湖造田、与河争地。内地的农民，在陡峭的山坡上开出梯田。这些改造增加了粮食产量，从而为其他经济部门的增长提供了必要的支撑，但其代价也是巨大的。围湖造田和侵占江河滩地，使江河湖泊的水平面上升，增加了洪泛的危险。开垦梯田，占据减少了动植物的自然栖息地，使山体上的水土日渐贫瘠直至流失。在丘陵山地通过砍伐森林和开凿水渠构建的中国式农耕体系，造成生物多样性的大规模破坏，因此褫夺了山地居民赖以繁衍生息的重要资源。[59]

在人类生活的绝大多数时代和地方，尤其是在城市和近代，人们认识中的自然世界比我们头脑中的要辽阔、富饶。崇祯十一年（1638）冬，富贵闲人张岱与友人在南京城外的山上打猎，"得鹿一、麂三、兔四、雉三、猫狸七"，他丝毫没有意识到自己杀生取乐的行

为可能对当地自然生态造成的影响。[60]

不过，动物数量的减少，比再生过程更为缓慢的树木的减少更不容易察觉。[61]在元明以前的近千年中，中国的森林植被并不丰富。而在此之前的五百年，孟子就解释过“牛山濯濯”的道理，他把人性因失养而沦丧，比作牛山上茂密的树木不断被砍伐而终至贫瘠[62]。每一个元明时代的读书人都知道这段话，也就是说，每个读书人都应该意识到滥砍乱伐的后果。但这并不意味着每个读书人都会由此联想到与自己休戚相关的那片山林。

对木材的需求不仅造成了中国东部人口稠密地区山林的过度砍伐，也导致远离人口集中地区的树木的大量消耗。华北平原的山林一度被砍伐殆尽，许多人将其归咎于元明两代帝王的大兴土木。成化二十三年（1487），丘濬在进呈的《大学衍义补》中谏言，一方面减少京师营缮用木，另一方面使采木之区更平均地分布各地。他还提倡在边塞之地有计划地沿山种树。[63]正如林业史家孟泽思（Nicholas
Menzies）所注意到的，类似的谏言使山林木植得到部分恢复，然而 130
“事实证明禁止采伐并不能有效地保护森林植被”，因为有时候地方政府有其他的考虑，中央政府也会在有急需时权宜行事。[64]

一个选择是到更偏远的地区寻找木材。明代政府正是如此，一直采伐到偏于西南一隅的云南山林中。嘉靖十六年（1537），云南道御史在条陈中提到“各处材木颜料采取既多，渐至匮竭”，并建议朝廷“撙节爱养”。尽管比起树木来，他更担心的是采伐成为扰民之举，但他的担心引出了我们所关心的滥砍滥伐的证据。[65]

谈迁是明代一位博学之士，他的《枣林杂俎》可能是17世纪最厚的一部笔记。其中就有一条颇有意思的笔记，专门记载了木材的流失。谈迁在“古木”条中，整理了各省各县存世的每株古树的记录。他起首便以冷静的笔调写道：“通都交区，巨材连抱，匠石积睨其下，十不寿一。溪谷昧深，垅坻昃陑，木虽专其年，民无得而称焉，亦未始幸也。”他紧接着抱怨说，现存可资参考的古树记载挂一漏万，在那些近年砍伐过盛的地区尤为如此。“秦、蜀、闽、粤、滇、黔中，地多深阻，历代采木，辄致异材”，而没有留下可供征引的文献记录。[66] 谈迁哀叹的不仅是征文考献的不足，也是木植的凋零。

到明末为止，南直隶的森林破坏是最为严重的。整个长江三角洲以北直至淮河流域，没有一株古树奇木见载于谈迁的笔记。此外，森林特别稀少的省份还有广东。明代以降，广东人口日渐稠密，其生态压力也随之不断增加。古木遗存较多的省份仅有西北的山西、陕西和西南的云南。陕西省北部的神木山有古树千株，之所以留存下来，是因为当地
131 “樵采不敢入，人以为神”。如果没有这样的禁忌传闻，恐怕这些古树早已被砍尽。唯有云南尚有足够粗壮的木材，可作寺庙宫殿的梁柱。历史学家伊懋可（Mark Elvin）曾下过这样一个结论：“中国遭遇普遍的森林危机不过才 300 年，尽管在长江下游等若干地区，问题的根源还可追溯到更久以前。”[67] 由谈迁的笔记观之，他的说法则过于乐观了。虽然木材紧缺未到窒碍经济发展的程度，但我们从“古木”条中已可窥见危机的端倪。到明代末年，人口密集的地区已经没有大面积的森林资源了，而西部边陲的森林消失速度太快，难以逐年记录。

砍伐森林所造成的后果不仅是树木的流失，它也加剧了动物栖居地的消逝。明代笔记中最常出现的濒危森林动物就是老虎。老虎位于食物链的最顶端，它被马立博（Robert Marks）称为华南的“明星物种”（star species）。现在，中国南方边境的山林中也许还生活着为数不多的老虎；而在元明两代，从华南到西伯利亚都可发现它们的身影，尽管随着人口增长和偏远地区农垦的相应推进，它们的数量在不断减少。随着开垦的加剧，人与虎的活动区域开始出现重叠。老虎的生存一般需要 100 平方公里左右的原始自然区域。随着这些处女地的减少，虎见成了明代士人必写的话题——虎虽不如龙那样稀罕，但每次出现都值得记录。[68]

有关老虎数量减少的记载最早出现在北方。《明史》有记载，明成化二十年（1484）进士乔宇在陕西境内华山之巅遇虎的故事。老虎在这么北的地方出现实在出人意料，而这段遭遇的结果更加令人称奇："仆夫皆惊仆，宇端坐不动，虎徐帖尾去。"[69] 官修史书并不是为了说教，但编纂者记录这段故事旨在提醒读者，乔宇为人清正不阿，以至于自然界可怖的力量都不能伤害他分毫——老虎最终屈服了。此后，这种修辞手法蔚然成风：老虎成为卑微的自然的化身，向人类的意志力俯首称臣。

然而并非所有遇虎的故事都有这样和平的结尾。明代，位于长江南岸的徽州府仍有不少深山老林，那里的老虎臭名昭著，不时出没伤 132
人。地方志在提到老虎时往往用"毒""害""患"等字眼。永乐八年（1410），一位知县下令挖造 314 个捕虎陷阱，一月之内捕杀老虎 46 只。人们为虎患的灭绝额手称庆，将之视为在驯服自然之路上迈出的坚实一步。但徽州的老虎并未就此绝迹。17 世纪，虎患卷土重来，当时的县官又一次发起了驱除老虎的民众运动。[70]

礼部尚书霍韬（1487—1540）素以严禁民间淫祠闻名。他自江西回广东乡里途中，动用儒家的神性资源来对付虎患。他在穿过广东省境内时，暂歇在清远县。当地百姓告诉他河谷中虎患频仍，不堪其扰，请求霍韬设法治理。霍韬没有下令驱除老虎，而是诉诸仪式为解决之法。他移文山神，勒令他约束老虎的行止。结果，据记载，老虎果然绝迹。[71] 霍韬的成功不过是时机凑巧，他召唤山神祛除虎患正是影响人虎关系的生态环境体系发生转变之时。

佛教应对虎患的方法与之类似。北宋乾德五年（967），志逢禅师[72] 在杭州郊外云栖山建寺，那里正是老虎的自然栖息地。据说志逢禅师以肉饲虎，老虎为他驯服，自觉排列成队，因此得名"伏虎禅师"。明弘治七年（1494），云栖寺为洪水冲毁。至明隆庆五年（1571），莲池袾宏（1535—1615）复兴该寺时，虎患仍未根绝。[73] 袾宏和尚用佛教的逻辑来对付虎患。凶残的生物由生前施暴或死于非命者转生而成，所谓“心狠者化为虎狼”，这就是因果宿业，老虎就是被令人不安的生灵或曰“恶鬼”附生的动物。因此，通过镇魂的办法可以消除虎患。

祩宏所做的法事并未消除它们的宿业，因此，在万历二十四年（1596）十月，祩宏主持了一场持续五个日夜的焰口法会。他在一篇祝告文中这样解释道：“宏思人虎本同一性，伤害由乎宿冤，捕之
133 则彼此相夷，遣之则自他何别？必须修斋作福，庶可默化潜消。”因此，他用了和霍韬相似的方式召唤各方神灵襄助：“祈祷自古伏虎圣贤，牒至诸方山神土地。”他也认识到需要平衡人与虎的关系，又念道：“伏愿前生负虎之命者，悉皆解释怨瞋，不相酬报；今日为虎所噬者，俱得早生善趣，不堕伤亡。”他解释说，虎伤人是因为无法自控，而人则不然，“人无害虎之心，发慈悲而永除杀业”。他在最后祈祷道：“虎绝伤人之意，尽此报而速脱苦轮。”[74]

隆庆五年（1571），当祩宏复兴云栖禅寺时，该地区正逢大旱。到云栖山垦殖的农民请求他祈雨。甘霖随着他的颂祷而降，于是众人渐附，建成丛林。这其中蕴含着消灭虎患的最佳途径：将虎群的自然栖息地变成农田。由此，老虎逐渐失去了抵制人类入侵的能力。到了明末，老虎仅在华南诸省活动；到 18 世纪初，已几近绝迹。[75]2009 年，盗猎者杀死了可能是中国境内仅存的最后一只野生老虎。

人口、商业化和明代经济扩张大大加快了人们向自然索要资源的速度，把山野变成良田，将大型哺乳类动物赶尽杀绝。[76]随着经济的增长，动物的自然栖息地消失了，森林退化，人与自然的关系变得越来越不堪一击。崇祯十五年（1642），长江三角洲硕果仅存的一批古树又遭损失。南京城郊朱元璋陵中的一棵 300 年树龄的古树被砍倒，树根被刨来烧炭。两年后明朝覆亡，许多人相信王朝的终结是对这一渎神举动的天谴。[77]也许他们是对的。

第6章

家 族

万历四十年八月二十七日（1612年9月21日），李光华于沙市 134
辞世。沙市是长江沿岸的一个市镇，位于四川盆地与东海之间。李光华并未预料到自己的死亡。李光华在年少时展现出读书的潜力，23岁考取县学的生员，这是他在科举道路上迈出的第一步。但此后他与科举中第的梦想渐行渐远，每次考试都名落孙山。当李光华一心苦读之时，他的弟弟光春却去长江上游做起了生意。哥哥考场失意，弟弟却商场得意。光阴流逝，李光华的家累日重，需要养活四个儿子和数目不详的女儿。终于，他决定弃学从商，投奔在沙市的弟弟。正是在那里，47岁的李光华走到了自己人生的终点。

李光华的死讯传来，其次子李烨立即启程，扶柩回乡。万历四十一年正月十六日（1613年3月6日），李烨终于将父亲的尸首带回家中，家人已在家族的坟山上为他准备了墓穴。他们已找过风水先生，后者的专长是勘测游走于土中的“生气”，为他们挑选了一处令墓主子孙兴旺富贵的坟地。于是，按照“生员”的丧葬礼仪，家里人准备在次日将他落葬。落葬后一日，家人为他举行了一个树立墓碑的仪式，据墓石铭文所记，是他的三个孝子泣血而立的。 135

李光华一生的故事，原本会和所有普通人的故事一样，在万历四十一年（1613）的这个春天画上句号：曾经锐意仕途，转而弃学从商，生意做得有声有色，直到生命戛然而止。他的牌位将被供奉在祠堂里，与自己的祖先在一起。他的几代后裔将记得他的生平，几个世代的族人也会记得他的名字，接着他会被人们遗忘，只留下一个名字静静地躺在族谱中。不过在现实中，李光华的墓碑续写了他的故事。他恐怕不会料到，自己的墓碑有朝一日竟作为商品在市场上流通。它最早出现在韩国首尔的一个古玩批发市场，辗转流传到加拿大多伦多的一爿家具商店，作为庭院饰品出售。2002年，我及时发现了这块墓碑，如今它被安放在我位于温哥华的办公室里。

这块石碑的刻工并不精美。石碑是由一整块板岩切割而成，上面的铭文刻得很浅，笔法也稚拙得很。经过风霜雨雪的侵蚀，部分文字已漫灭不可辨识，所幸余下可辨读的部分基本能够还原李光华的生平。引人注目的是石碑最上方的两个字——左“日”右“月”，合起来就是“明朝”的“明”。墓碑上的“日”与“月”标示了墓主在宇宙中的位置，并庇佑他在黄泉下的生活，一如他生前受到浩荡皇恩的庇佑一般。（皇帝朝服的左肩绣一轮红日，右肩是一轮银月，图2）。[1]皇帝受到十方神灵的保佑和天下人的瞩目。而李光华只有这一方墓碑，因此后者对于他是弥足珍贵的。墓碑并不能告诉我们李光华其人的真实面貌，但向我们展现了决定他一生的重要因素——他的亲族——他曾生活在他们中间，死后仍回到他们中间。

亲族网络

元明两代的人们生活在一个自己无法控制的行政网络中，同时，他们也生活在一个自己织就的网络中，那就是亲族网络。你的身份和地位并非取决于你的国家，而是取决于与你有关系的人。你的父亲是你获得的第一份重要财产。你的食物由他生产或购买，你能继承的财产多寡也端看他的积蓄或损失。同样重要的是，他也是你的兄弟和堂兄弟连接上的第一环，正是这一连接将每个人整合到各自的亲族网络中，人类学家称之为宗族（lineages）。父系宗族是你通过你的父亲所加入的团体，这个团体赋予你姓氏。这些男人和他们的家庭，与你共享同一个祖先，以及同宗同祖所赋予的仪式认同。在这个网络中，男性能在安稳的日子里谋求土地和资本，在艰难的日子里寻求救济和保护，在最不济的时候还有叶落归根的义冢和公祠。 136

尽管宗族有明确的边界，但绝不是也不可能做到完全封闭。通过嫁娶，一个特定宗族与其他宗族间衍生出一系列关系，这些关系往往处于持续的变动和生长中。父系亲属关系赋予你出身身份，而姻亲关系——由通婚产生的亲属关系——将你与家门之外的世界连接起来。你的姻亲给你带来了配偶、邻里、朋友和生意伙伴。他们是联通一个个父系宗族“孤岛”（silos）之间的管道。姻亲是如此重要，以至于即便儿子在婚前夭折，父母也不会轻易放弃结亲的机会，而可能会找一户新丧女儿的家庭作为冥婚的对象，将这对年轻夫妇合葬，并在次日履行完整的婚礼。[2]

以上所述风俗习惯并非全部产生自元明两代，但其中不少的确如此。这一时期，家族的社会属性正在发生变化。唐代的世族已经是明日黄花，宋代的皇族也已经消失。我们几乎很难在明代找到一个名门望族，能够声称自己的祖上在元朝前便已声名显赫。元明两代仍有精英家族涌现，但它们衰落的速度较以往的世家大族要快得多。譬如，福建的一位县官的说法就能提供佐证，他提到，至明隆庆六年（1572）前后，该县较为富庶的南方诸郡还能找到一些“先朝故家”，不过数量不多，其他地方则已完全没有了。[3]

为了弥补所居社会空间的日益扁平化，家庭通过融入更大的亲族网络、共享更多的资源，来增强自己的实力。最成功的宗族拥有耕地、粮仓、义冢、宗祠和家族生意。有些宗族还开办了族学，甚至有137 不少的宗族资助族内最聪颖的男孩备考科举。宗族将族人及其财产详细记录在案。整个明代有越来越多的宗族将宗谱中的部分记录刊印出来，与潜在的商业伙伴或联姻对象共享。[4]

李光华的墓志铭反映出这一结构中的一些元素。如果说族谱收录的是长年累月的信息，那么墓志铭捕捉到的则是一个家庭在某一时刻的状态。如果我们仔细阅读就能发现李氏墓志铭中包含的丰富信息。墓志铭中提供了李光华父亲与祖父的名字，这明确了他所出身的父系宗族。有关他的母亲，我们只知道她姓张，因为大多数妇女的名字不会出现在她们夫家的记录中。李光华是长子，有两个弟弟。带他去沙市的李光春，是他的大弟。二弟李光焕，成过家，但早逝。墓志铭中还提到他的一位姊妹。因此，李光华生长在一个由一对夫妇、三个儿子、一个女儿组成的家庭中，其中两子一女活到了成年。

李光华本人为这个家庭的人丁兴旺做出了贡献。他的原配周氏早逝且未有所出，但继室邹氏育有四子。长子李耀早夭，其余三子李烨、李烴、李炫均长至成年。李光华逝世时，家中尚有未出阁的女儿，人数不详。据墓志铭所示，邹氏来自乙镇（Township II），这说明李光华并非乙镇人。精英家族往往会通过与外埠家族联姻来扩大自己的版图，而普通人只能在地方上寻找婚姻对象。

家族用名字来展示关系并区别辈分。李光华的四个儿子的单名中都有一个“火”字旁。这是一种常用的取名方式；另一种方式是同一辈孩子姓名的中间字相同，比如李光华的父亲给三个儿子分别取名光华、光春、光焕。这两种取名的方式也可以显示排行，比如有的名字可以连成一个序列。还有一种常见的做法是字辈排行，即在宗族中给每个辈分取一个字为标志，再按长幼之序给同辈的男孩一个数字。这篇墓志铭中罕见地写出了每个人在宗族中的位置。李光华和他的弟弟们属于正字辈：李光华行二、李光春行八、李光焕行九。李光华的儿子们属于瑞字辈：他的长子行三，说明在李耀出生前，正字辈里已经有人（可能是李光华的堂兄）育有两子了。墓志铭显示的关于宗族的 138
最后一个信息是有“先坟”的存在，这可能是李氏宗族的墓地，不过到此为止的字迹已模糊不清，难以重现其完整的意思。

李光华的墓志铭还反映了部分姻亲的信息。周这个姓出现得最频繁。李光华、李光春和他们的一个姊妹都与周姓者结婚。他们很可能来自同一个家族。婚姻关系的建立需十分审慎，因为这对家族的存亡兴衰至关重要。只有李光焕是个例外，他娶的是黎氏，黎氏在其死后改嫁谢家。到了第二代，李光华的儿子李烨娶的是陈氏。李烨膝下无子，在他死后，陈氏被嫁入周家。此外，墓志铭中还提到了李光华的一个周姓外甥，即其姊妹之子。李家与周家间的频繁联姻说明两者间不仅有着千丝万缕的联系，且都在地方社会中拥有稳固的地位。

女性的生活

如果说亲族为元明时代的人们提供了生活的网络，那么性别就是其中的组织原则。性别将男尊女卑的等级加诸社会关系之中。溺杀女婴是一个常见的例子：家庭为了控制人口数量，不得不把先于男孩出生的女孩杀死，为的是在不远的将来获得男性劳动力，并在更远的未来延续由男性传承的香火。不过，性别也可以带来互补。[5] 无论从哪个角度来说，女性与男性一样，是家庭繁衍中必不可缺的角色。家庭生活的组织正是出于这样的考虑，才出现了男耕女织的性别分工。不过实际上每个家庭的分工情况可能与这种基本模式有所不同。譬如，在北方，妇女要参与农业劳动，从事碾磨等谷物加工（图 10）。商品经济的发展也会动摇既定的性别分工。比如，当丝织品从满足家庭内需的物品变为上市出售的商品后，男性就参与进来，接手女性的工作并取得这份收入。直到清末丝织工业化以后，男性才将这一工作交还给女性。[6]

图10 《小碾图》一个老妪与一个少妇在用石碌碾谷子。图中指明了四种谷物的名称——粱、粟、稷、黍，并解释说："皆用此碾。"此图前景中精致的矮凳，也许是暗示她们从事的是家庭内劳动而非农作。我们可以从左边妇女脸上的皱纹和右边妇女的俏丽发型来判别她们的年龄差异，年轻的可能是新妇。来自宋应星：《天工开物》(1637)

我们主要通过婚姻记录来了解元明时期的妇女。婚姻对于女性 140
来说是一种不对等的负担。婚后，她们必须从一户家庭搬入另一户家庭，而男性则不必；她们只能有一个配偶而男性可以三妻四妾；她们丧偶后不能改嫁而男性可以续弦（如李光华在原配周氏死后再娶）。这些至少是社会对她们的期望。在守寡一事上，国家鼓励妇女在丈夫死后“保持贞节”，并将这样的女性树立为道德典范。29 岁前夫亡守制而 49 岁后仍不改节的女性，便可得到国家的贞节旌表。这项荣誉意义重大，是国家对女性的唯一表彰。由夫家申请受旌，是因为这项荣誉也是对整个宗族支持她保持贞节操守的回报——尽管，在多数情形下，这种支持是勉为其难的，而最后的褒奖是归于节妇本人的。[7]

寡妇再婚远比守节普遍。许多妇女多次结婚，我们有理由认为，在一个溺杀女婴的社会中，男性人数超过女性人数，而寡妇中仍处于生育年龄段的人数比例应该不低。传统的道德观是反对寡妇再婚的。明初思想家曹端（1376—1434）曾建议：“女子有胡作非为，犯淫秽者，与之刀绳，闭之牛驴房，听其自死。”[8] 现实中，寡妇不再改嫁是很少见的。夫家会对尚在生育年龄内的寡妇施压，要求她在五年之内改嫁，以免她的生计成为夫家的负担或由于不甘贫穷而做出失节的丑事。[9] 李光华的墓志铭印证了这种做法。当他的弟弟光焕早逝后，李氏被外嫁给一户谢姓人家。而当他的儿子李烨死后，陈氏也嫁入了一户周姓人家。

如果一个寡妇膝下有子，出于她自己的选择，则可能抗拒再婚的安排，因为夫家有理由延续其血脉。然而，这并不意味着夫家的亲戚会为她提供守节所需的资源。[10]15 世纪初的扬州，有一位名叫邱妙珍（音）的女子嫁入一户黄姓人家，她在 26 岁时丧夫，膝下有一子。
她选择不再嫁，而夫家并没有剥夺她处置先夫财产的权力。然而，她 141
的小叔觊觎她的财产，企图逼迫她改嫁以便将财产占为己有。邱妙珍取得了公婆的支持，迫使小叔在丈夫灵前起誓，不再做出背弃死者之事。根据她的传记，邱妙珍守节得到了三重回报：她活到 89 岁高龄；她的一个孙子在明成化二十年（1484）中进士并官至侍郎；她本人获封“淑人”，这是授予三品诰命的封号。[11] 邱妙珍是幸运的，然而很多不幸的女性在选择守节后，留给她们的可能只有死路一条。[12]

地方志中的节妇传往往记录了她们结婚的年龄、丈夫的地位和岁数、丧夫的年龄、子女人数、守寡年数等申请受旌所需的信息。[13] 这些信息显示，女性的适婚年龄在 15—19 岁间，不过多数人是在 17 岁结婚的。前面提到过让再嫁寡妇自裁的曹端，认为女性在 13—14 岁时便可出嫁了。[14] 也有女孩在 12 岁出嫁的例子。这恐怕是女子适婚年龄的下限了，因为元代律法定义与 12 岁以下女子发生性行为为强奸，哪怕是出于双方自愿。[15] 上述统计结果基本可以在明嘉靖九年（1530）编纂的一部福建地区的方志中得到印证，其中提到女子一般在 13—19 岁间婚配，因为 19 岁后结婚的难产概率较大。[16] 婚姻方面也有南北之别，南方和内陆的女性结婚一般比北方的女性早 1 年左右。

平均而言，一个明代女性能生育 4 个子女，不过其中最多有 2—3 个孩子能活到成年。[17] 女性面临着生育男性继承人的巨大压力，因此不得不一再经受有生命危险的生育过程。李日华的日记就反映了这一现实，在万历三十八年七月二日（1610 年 8 月 20 日）的日记中，他记录了自己儿媳陈氏因生产而死的经过。李日华记述到，她患上了“宫热”，这是一位医生的说法。在服用了 10 帖医生开出的药后，高热减退了。接着，陈氏早产，但生产过程顺利，她甚至起身照看产婆为女婴清洗。但随后她在用了几口粥汤后便突然昏厥。李日华急忙冲
142 进屋内，而陈氏已撒手人寰。陈氏 16 岁出嫁，18 岁逝世。[18]

生产引起了李日华的兴趣。一年以后，他在日记中记录了地方上两个五胞胎的案例。其中一例是母子俱亡，而另一例是母子俱生。李对一个女子何以能同时产下这么多孩子感到困惑不解。他说：“李子

不足为异，累数至五，几同犬豕，又俱见于一邑，不知何祥也。”[19]

女性想避免婚姻和生育的一条途径是出家为尼。考虑到女性承受的延续男性血脉的巨大社会压力，这显然不是一条容易的出路。况且，在道学家的眼中，女子出家难保不外假清修之名，行男女淫狎之事。曾清除了清远县虎患的礼部尚书霍韬，就强烈抨击这种做法。明嘉靖十六年（1537），霍韬上疏揭露南京尼庵暗藏淫污。他说：“尼僧内无夫家，上无父母，下无嗣育，不亦可悯乎？名为修行，实则败伦，自污己身，复污人妻女（指诱拐妇女礼佛），不亦可恶乎？……南都尼僧之弊如此……”嘉靖皇帝听取了霍韬的陈言，降旨将南京清查出的78所尼庵改作社坛或社学。50岁以上的尼姑还俗依亲，无亲可归者，送养济院收恤。50岁以下的尼姑限期三个月内择配良人，逾期者发为军妻。[20]

清初一位士人不无讥刺地记到，僧人也给予霍尚书有力的回击。据说，霍韬欲将一处寺基改建为自己的宅地，故将该寺圈入禁毁之列。该寺僧人离开时题壁留书：“学士家移和尚寺，会元妻卧老僧房。”霍韬愧窘万分而罢手。[21]尽管公开舆论中充斥的是道德攻击，事实上，大家都心知肚明，问题还在于财产。由于尼僧拥有寺产，在一个土地腾贵的社会，他们这个群体总要受到来自与之竞争土地者的 143
威胁。一般情况下，人们恐怕绝难将性与这个群体联系在一起，但有意指责他们的人例外。

除了出嫁和出家，女性还有别的出路，最易想到的是做妾或卖身。社会对这两种服务的需求很大，且随着商业化发展和能够支付这种服务的财富的积累而不断增长。纳妾是法律允许的多妻制的一种形式，在多数情况下，富人出于获得男性继承人的需要而纳妾。纳妾不仅所费不赀且容易造成家庭的不稳定，因为原配夫人可能由于无子而被休弃，她们害怕失去的不仅是夫妻情意，更是自身的地位及地位所赋予她们的财产权。[22]齐人之福是多数男性梦寐以求的理想，也是明末通俗小说中的常见主题，譬如大名鼎鼎的情色小说《金瓶梅》就详细描绘了一个北方富商骄奢淫逸的生活。[23]

与纳妾相比，更多的男人选择了宿柳眠花，尤其是最贫穷和最富有的阶层。最贫穷的男性拿不出足够的彩礼纳妾或添置外宅。而每个城镇必不可少的花街柳巷便是他们唯一的温柔乡。最富有的男性与前者不会有交集，因为他们出没于高级的秦楼楚馆，那里的妓女多才多艺，有的提供性服务而有的卖艺不卖身。对于妓女来说，妓院是一个污秽的世界，但有的时候，她们也会选择继续卖笑而非脱籍从良。[24]也有一些关于妓女以学识修养博得江南骚人词客青睐的风月佳话，不过毕竟只是凤毛麟角。如果说小说对高门妾侍极尽肉欲渲染，那么青楼歌伎与富贵公子的缠绵悱恻则给勾栏故事平添了一份绮丽浪漫。[25]美，却不尽真实。

男性的生活

明朝的世界对男性来说有着完全不同的面目。男尊女卑的礼俗秩序贯彻了男性的支配地位。不过礼仪上的优越地位也是男性权威的软
144 肋所在，因为这规定了家族必须遵循的特定组织形式。首先，家族离不开子嗣。没有子嗣则父母和父系祖先将无人祭祀，因为只有男性的继承人才能抚慰祖宗在天之灵。每个社会都有绕开自己规则的方法，中国人自然也有克服这一阻碍的手段。没有子嗣的一支，可以从同宗的旁支收养一个儿子，或要求女婿入赘，即所谓的招赘婚姻。如果一个男子没有后代且已遁入空门，可以在寺庙为自己身后和祖先做功德、求冥福。

男性在礼仪上的优越地位所造成的负担最大程度地落在了女性的身上。在面临灾难或经济拮据时，家庭不得不缩小其规模，但同时又要确保血脉的延续，这时就必须牺牲女性后代，或卖或杀。明代律

法惩罚溺杀女婴的做法，但惩罚的力度达不到禁绝的效果，而且大部分的地方官都对这种做法网开一面。我们可以从人口数据来推测溺杀女婴的普遍程度，而这些数据暗示了这种做法的确普遍存在。尽管人们可能会提出这些数据处理失当或缺乏可靠性，但各种研究一再表明溺杀女婴已导致了性别失衡，不同的只是对男女比例的推算，从 90∶100 到 50∶100，甚至更为悬殊。[26] 这种失衡可能是统计假象，但常规人口中大量女性的缺失确是事实。

杀婴在人口控制上的直接代价是女性的死亡，但对于男性也有滞后效应，即被迫单身，原因只是女性人数不够。这种状况也催生了某些灵活的应对之道。其一是人类学家所谓的兄弟共妻（fraternal polyandry），即兄弟数人合娶一个女人的做法。浙江沿海一个俗称“手巾岙”的地方就因这种风俗而闻名。该地的俗称得名于这种风俗。兄弟以悬挂手巾为通房的标记，兄先悬巾，则弟不敢入。据说贫家女欢迎这种做法，因为嫁给兄弟比嫁给独子获得的经济保障更多。有人说是日本先引入的这种风俗。这种揣测也许只是将不合常理的做法归之于蛮夷，但兄弟共妻也可能与当地人出海的高风险性有关，久而久之便被人引申到日本“岛夷”身上。弘治四年（1491），这项风俗被禁，违者以明律第 392 条奸兄弟之妻罪论处。[27]

手巾岙的共妻之风也许被禁了，但还有别的手段来满足单身汉的 145
性需求。其中一种较为少见的做法是男男通婚，见于广东和福建的部分地区。汉语里的“男”字是上“田”下“力”。将其中的“力”换成“女”，便成了对与同性通婚的男性的专称——“㚣”。这种风俗同样与航海有关，由于出海的男性长期与女性隔绝，只能转向身边的男性纾解性需求，不过，女性人数不足也是导致这种做法常态化的原因之一。[28]

大部分男性成婚时的年龄比他们的妻子至少大 5 岁。[29] 老妻少夫的现象主要出现在北方。明嘉靖九年（1530），一个福建士人写道，男孩成婚的理想年龄在 15 到 24 岁之间，显然比女孩要大得多。[30]

这种风俗也可能是女性人数不足造成的另一种后果。男多女少的竞争局面，加上要付给女方一笔不小的聘礼，迫使他们较晚成婚。对于其中的一些人来说，晚婚最终变成了终身不娶。我们将永远无法了解到有多少男性是一辈子单身，因为未婚者留下记录的可能性比有家室者要小得多，但是他们在男性中的占比可能高达 20%。

一个名叫傅本之人的户帖既展示了元明时期婚姻的许多特征，也存在若干例外之处。傅本是一个普通的农民，若不是谈迁将明洪武三十一年（1398）黄册中傅本的户帖抄入了他的笔记《枣林杂俎》，本不会为我们这些后人所知。[31] 傅本生活在河南中部、黄淮平原，他在此地落户入籍的时间就在户帖发放前不久。据户帖所示，傅家有瓦屋三间、山地二顷（200 亩）。洪武三十一年，傅家有三代人。第一代是傅本（51 岁）和他的妻子（41 岁）。第二代有他们的儿子丑儿（19 岁）、儿媳（名字不详，22 岁）和两个未出阁的女儿，分别是荆双（12 岁）、昭德（8 岁）。丑儿和妻子为这个家添了第三代，是一个还没有正式取名的男孩，户帖上登记的是他的小名“小棒槌”。小棒槌被冠以“次男”之名，说明他们此前还有一个夭折的男孩。从这份户帖来
146 看，傅本成婚较晚，很可能是因为他家境贫寒，也可能是因为明初时艰，甚或他在元明易代之际尚在军中效力。从第二代的情况来看，丑儿和他的妻子都是在十几岁时结的婚。傅本比他的妻子大 10 岁，而丑儿比他的妻子小 3 岁，并且在 19 岁时已经有过两个孩子。最后来看傅家的两个女儿。荆双只有 12 岁，离出嫁尚早，昭德比她还要小 4 岁。值得注意的是，傅家在仅有一子的情况下，仍然养了两个女儿。在这个家里，小棒槌是全家的寄托。他将为傅家带来第四代，从而使这三代人在身后都能得到祭祀。

伴随这些责任而来的维持家庭的义务，不仅是礼仪上的，更是经济上的。元明时期男性的一大负担是为养家糊口生产足够的食物和财富。傅本养活家人靠的是 200 亩（约 12.5 公顷）土地。这一规模不小

的土地登记的类别是山地，即财政统计中最贫瘠的耕地种类。所以说，傅本并不富有。然而，他和丑儿要养活全家七口人却是足够的。作为家中的男性，丑儿和小棒槌会各自担负起使家庭财富增长的义务。

诸色户计

蒙古人征服中国之后，本能的反应是将社会秩序固化为四个等级的种族结构。蒙古人是第一等；第二等是所谓的“色目人”，包括了所有既非蒙古人又非汉人的族群；第三等是华北的定居者，他们被打上了“汉人”的标签，这个称谓并不是对千年以前汉王朝的追忆，而是指向 4 世纪统治华北平原的十六国中的后汉；[32] 最低等的是南人，主要由南宋遗民构成，他们是蒙古人最不放心的一群人。

在这个结构中，蒙古人引入了一种职业定向的制度，使劳动分工固定化，以保证他们所需物品和服务的产出。在蒙古人征服中国时， 147
无论一个人以何为业，他将继续从事那种职业。比如，做弓箭的人，他和他的后代将世世代代做弓箭。他们的户籍将永远被定为弓手户，律法要求他们的子孙后代从事与父辈同样的工作，其中包括为蒙古人制作弓箭。这种户籍制度是经过精心设计的简化做法，将人口永远保持在某种状态。蒙古人并不是糟糕的社会学家，他们只是想保证在其治下的制造业能永远跟上他们的指令。归根结底，这是出于对财政而非社会的考虑：确保他们能征得所需的物品和劳动力。他们对每户人家如何才能组成一个“家庭”的问题并不感兴趣。

当时并没有留下关于蒙元政府确定的职业种类的完整清单。黄清连在 20 世纪 70 年代的一项研究曾试图从相关文献中清理出各种户籍名称，以勾画出元代户口的行政网络。他最终列出了 83 个种类。其中一些划分是种族性质的而非职业性的。首先，有 4 个大类：民户、军户、匠户、站户。许多类别还有子目，比如，军户分成了 12

个子类，包括炮手和弓手。再往下，这个清单上还出现了一些少见的特种人户，如种姜户。另有一些可以被称为宗教性职业的种类。令士人感到沮丧的是，儒人竟与道、僧、尼、弥勒教徒并列。[33]

朱元璋登基后也面临相似的迫切需求，但他的简化方法却有着不同的特征。作为统一中国的君主，他不再需要蒙古人的种族等级结构，绝大部分的明朝子民是“汉人”。因此，他的四分法乃诉诸经典的权威，他宣称：“朕闻三皇、五帝、夏、商、文、武之治天下，分以四业，曰士，曰农，曰工，曰商。凡四者备，天下国家用无缺焉。”[34]

这四者并不是四大职业类型，明初的官员心照不宣地没有进一步
148 对之详细说明。他们让蒙元时期细致的诸色户计自然地废弃不用，只留下灶户（煮盐）等针对专门化差事的特定户籍。然而，到了明代中期，人们认为，从投入产出比来看，雇工是比世袭的依籍应役更为有效的办法。尽管社会流动已经成为明代社会的特征，士、农、工、商的经典分工仍被认为是一种理想的状态，虽然它与现实的社会结构已相去甚远。任何一个哀叹世风日下的人只要引用士、农、工、商的四分法，就会觉得过去为人们提供了移风易俗的可能，尽管这并不现实。

明代仍保留了一种户籍，那就是军户。明朝需要兵，明朝的历代皇帝一直保持着不少于100万人的军队规模。[35]当兵并不是一个获利丰厚的职业，但它的确有其他职业所没有的保障。更重要的是，士兵的军俸不会因他的死亡而停发。根据明洪武年间的规定，早亡的士兵，其寡妻仍可领取月俸，只是数目有所减少，以作为对军属的抚恤。父亲在军职上的10年内有子，只要通过武艺比试的考核，儿子可承袭父职。即使儿子身患残疾不能继承，也可领取酌情减少的月俸。[36]这种军俸制度未能维持国家所需的兵力，因为武艺日益被人们轻视，而军户也转向收入更为丰厚的职业，甚至努力考取功名。明代政府决心制止军人的流失，即使某个军户子弟通过了科举考试，也不能因此而脱离军籍。除非官至兵部尚书，才能上表请求脱籍。[37]不

过，实际上，军户军籍制度并不能阻止想要逃脱服军役的人。

士、农、工、商的四大户种中，令明太祖朱元璋最感不安的是士。他自知需要借助士大夫的学识来管理7000万子民。同时，他担心士大夫总是将自己的利益凌驾于皇帝的要求之上，并且成为人民的负担。随着经济的增长，士、农、工、商的地位发生了转移，农成了社会的末流，甚至在某些阶段，连士也排到了商——这个时代的新主角——的后面。

士绅阶层 149

士——这些家庭培养自己的子孙走上仕途，其经济来源主要是田产——自15世纪起，逐步成为世代相继的地方精英，并主导了地方社会的礼俗、经济秩序。作为一个阶级，它们最重要的资源来自参与科举。理论上，任何男性都可以参加科举；但现实中，要想通过科举考试，必须熟读经史、驾驭考试文体并理解整个科考的经典系统所蕴藏的文化内涵，而这首先需要所费不赀的教育投入。科举制度是一把双刃剑，它既是获得士的身份的门径，又是对士的身份的最大威胁。士的家庭要维持士的地位，至少要保证每两代必有人科举及第。而事实证明，对许多家族而言，这是不可能达到的。

以科举为立身之本的地方精英在元代难以为继，原因很简单，因为朝廷几乎很少开科取士。蒙古人回避了科举考试这类具有自主性且难以预测的制度，只任命自己信得过的人当官。当朱元璋登基后，他并不太希望让士继续构成一个社会阶级，因此，他迟迟没有颁布恢复科举的旨意。然而，到了洪武末年，科举考试还是得到了恢复，如此一来，地方社会为一部分家族主导只是时间问题，因为它们已经主导了科举考试。

入仕的途径不唯此一条，但没有什么能与在全国性考试中胜出所获得的地位更高。然而，科举的竞争异常激烈，且随着士子人数的增加而趋于白热化。以明崇祯三年（1630）为例，南京（全国最大的考场）的乡试考棚有 7500 个考间。如果考棚全部坐满的话，就意味着每 15 人中仅有 1 人有资格参加次年在北京举行的会试。[38]

位于整个官僚体制的金字塔塔尖的是内阁，它由 4—5 人组成，负责向皇帝谏言并监管朝堂上的所有事务。商辂（1414—1486）便
150 是其中的一员。他的神道遗像上题有他获得的所有官衔：“赠太子太傅、前赐进士三元及第、吏部尚书兼谨身殿大学士、追赠谥文毅公”——这一长串头衔说明他是整个明王朝地位最高的文官（图 11）。在明成化十五年到嘉靖二十三年（1479—1544）间，除商辂外，仅有 12 人获得吏部尚书兼谨身殿大学士、赠太子太傅的头衔。[39] 这 12 人之中有两人死后未获“文”的谥号。臭名昭著的严嵩（1480—1567）便是其中之一，他在嘉靖时期权倾朝野，最终在 82 岁时被抄家。尽管官声显赫，商辂也只当了两年的大学士而已。他最显赫的头衔是在乡、会、殿三试中连中三元——整个明朝无出其右者。[40]

参加科举考试的人能够最终晋升到大学士者实在是凤毛麟角。官僚体系太庞大，而渴望进入其中的人又太多。据晚明的一部笔记所言，16 与 17 世纪之交的明代文官人数已达到了 204 万人，武官 1 万人，监生 358 万人。[41] 如果按每个县 150 名生员入县学的保守估计，乘以县的数量，则我们可得知，在科举体系底端力争向上的青年学子就达 15 万人之多。此外，还有数量更为庞大的士子在竞争进入县学、府学的名额，可见科举制度的竞争有多么激烈。

科举的效果不仅是选拔官员。年轻的学子因此与来自全国各地、具有相同社会背景和抱负但层次更高的士人结交。参加乡试并不是对所学的知识烂熟于胸、走入考场、写完答卷、然后回家这么简单。这是一种极度社交性的经历：连续数周的时间与其他考生同住一个屋檐下、饮酒酬酢，甚至结下深厚的交谊。一旦你中举，与你同榜的

图11　商辂像（1414—1486）。图中题字如下："赠太子太傅、前赐进士三元及第、吏部尚书兼谨身殿大学士、追赠谥文毅商公神道遗像"（哈佛大学赛克勒博物馆藏）

举人便成了你的“同年”，是可以终生相与往还，甚至求助的对象。
152 参加科举也是一种语言上的转型经验。考生在家塾中便要学习“官话”，这种发音体系被欧洲人称为 Mandarin，这个词是葡萄牙人从印地语“*mantrū*”（梵文 *mantrim*）转化而来的，原意为“顾问大臣”（counselor）。“官话”的发音与南京话比较像，既然明代曾以该地区为政权基础，这也是可以想见的，但官话的书写词汇系统是超越任何方言的。官话说得越流畅，在科举系统中能达到的位置就越高，不过，有些官员从未改掉自己的方言口音。嘉靖六年（1527），尚未成为礼部尚书的霍韬，向嘉靖皇帝辞免经筵日讲官一职，理由便是“南人语音多讹”。[42] 口音的问题并不足以使他的仕途受阻，却足以使霍韬这样一个不苟言笑的卫道士成为被嘲讽的对象。15 世纪 30 年代有两个大学士是福建人，不过此后，据《明史》记载，因为“语言难晓，垂二百年”再未让闽人入阁。[43]

由于科举成功的希望过于微渺，大部分受过教育的年轻人最终放弃了科举之路，转而探寻在地方上获得财富、地位的途径。一种途径是耕读，另一种途径是像李光华那样从商，第三条路是执业，其中最受人尊敬的便是行医，行医是元代儒士的主要出路之一。由于朝廷极少开科举，士人便将精力投入别的事业中。医生的社会地位也随之上升。[44] 明代文人汪道昆，出身于一个富有的徽商家庭，他盛赞商人的美德，也褒扬仁医的贡献。他夸耀说，当世最好的医生都来自徽州。汪道昆说：“吾郡贵医如贵儒，其良者率由儒徙业。”一位叫吴山甫的歙县儒医告诉汪道昆，儒家的问学之道可以直接转化到习医上来，他说：“儒生上治经术，下治百家，于是乎始有成业。医家……宜亦如之。”应该从学习医学经典开始，下及金元四大名医的医方。然而，
153 吴山甫觉得，求之上古岐黄到金元四家的医经、医方，只能解决四成的现实案例，另外六成的案例要靠医者从道中穷理。于是，他自问：“道在是矣，方何为者。”又自答道：“譬之经义，道在于经，方

其义也；……昆，既为《医方考》六卷，愿就有道而正焉。”[45]

无论最终以何为业，地方士绅的第一要务是维持自身在地方社会中的精英地位。这意味着要运用他们的财富和社会关系，加紧与地方官的联系，并通过慈善和供养来强化他们的公共形象。成功做到上述几点的家族，即便不送其子孙参加科举考试，也能够维持自身在地方上的显赫地位，不过这些家族的儿子或女婿迟早要以功名来维系家族地位。这些先决条件意味着士绅永远都不会成为贵族，因为后者是生而享有精英地位的人。在明代，唯一的贵族是能够证明自己是朱元璋后裔的朱姓子孙，他们生活在一个由特权和孤立组成的封闭世界中。尽管如此，士绅家族的盛衰不会是一代人的故事。他们拥有的声望、关系、财富能够让许多代子孙享用不尽，我们也许可以称之为一种自生精英（aristogeny）的体系，即精英在几个世代内不断自我复制，但依靠的不仅仅是血统。[46]15 世纪以降，地方士绅在全国各县的活跃表现是他们成功的证明（图 12）。一个家族在两三代之内没有人考取功名仍可以屹立不倒，只要与它保持社会和姻亲纽带的其他家族不断参与到区分精英与平民家族的社会活动中。不过，归根结底，功名才是精英身份的真正标志，因此每个家族都竭尽所能地培养自家的读书种子。

在传统的“四民”中，士以下分别是农、工、商。在官方的意识形态中，农的重要性仅次于士。这个逻辑很简单，农民的劳动保证了粮食的生产，而粮食又是国家存亡的根本。用农业政治经济学的语言来说，农业是立国之本，正如农业是经济的基础。其余各业，无论是工还是商，都是“末”。工商业可能会蓬勃发展，但必须有坚实的基础，至少在观念层面如此。元明两代，农的社会地位实际是最低下的。工的地位也不高，要到 16 世纪徭役制度被废除后才有所提高。 154
不过，我们在后面将会看到，万历朝以前，工与士之间也有亲密的往来。

图12　一位明代士绅的画像。他头戴典雅的唐代礼帽，表明他属于士的阶层，不过，他没有身穿表明其头衔或官阶的服饰，说明他并没有功名在身（哈佛大学赛克勒博物馆藏）

实际地位与社会观念差距最大的要属商的阶层。这个阶层包罗广泛，下及贩夫走卒，上达官商巨贾，后者尤以盐商为最。朱元璋重新强 155
调“四民”也许是因为，在蒙元治下商人所获得的巨额财富和权力是以其他各业的牺牲为代价的，而这已引起了普遍的激愤。地方资料中有关元代商人骄横跋扈而遭报应的记载屡见不鲜。的确，我所找到的有关元代龙见的最早一条非官方史料，说的就是至元二十九年（1292）某富商横渡太湖的故事。船行至湖心时受阻，船夫努力撑篙却无法动摇分毫。这名富商命一个仆人下水推船。可怜的仆人发现船身搁浅在一条龙的脊背上，而篙则卡在了龙鳞中。商人惊慌失措，跳下船去，却不会游泳。他命令一名仆人将自己送至岸上安全的地方。但是在回去的途中，他们都染上了疾病，而这名富商终于不治身亡。[47] 在老百姓的思维中，这就是一个富人应得的下场。

商人的财富可以成为他们仕途的铺路石，但这需要通过某个士绅家族来实现，联姻或赞助是常用的办法。15 世纪末，明代商业已开始兴盛，陆容在他的《菽园杂记》中记道：“今世富家有起自微贱者，往往依附名族。”他们往往不惜一切手段让自己的子孙跻身上流阶级。其中一种手段是“通谱”，即将自己的家族嫁接到某个同姓士绅家族的族谱上。当时，吴中此风最盛。陆容举了孔子五十四世孙孔克让的例子。孔克让的祖父在元代曾任税监，但孔家是书香世家，因此他后来改摄学事。教书的收入菲薄，因此孔家很快就变得拮据不堪。此时，有临县富商乘机请求通谱，孔克让起先严词拒绝，但后来实在因为家贫无以自存，他最终答应富家“以米一船易谱去”。陆容总结道：“以此观之，则圣贤之后，为小人妄冒以欺世者多矣。”[48]

关于地位的标准观念仍然流行，但渐渐地，这不变的外表下包裹的实质内容却只剩下了钱，而商业则是赚钱的空间。到了明末，士商 156
家族间的分隔已经不再泾渭分明。大富之家实现长盛不衰的策略是让子孙两条腿走路：一边积聚家族的财富，一边巩固家族的地位。

家庭、家礼、家产

要对元明社会进行生动的描绘，就要细细讲述家族如何在国家行政和亲族的两张网络中努力求得生存或力争上游。这些策略背后的驱动力是一个不可动摇的目标——将家族延续至下一代。作为妻子和母亲的女性，她们的一生被这一目标所形塑，而她们在家族中的地位则取决于她们生育子嗣的能力。而男性，无论是作为举子、农民还是商人，他们的人生也同样被如斯塑造。他们必须有足够的财富或地位，才能娶妻（妾）生子，他们也必须将这些财富和地位传给自己的子孙，如此代代相继。

为社会所承认的四种礼仪巩固了延续男性血脉的亲族理念。宋代理学的开创者朱熹（1130—1200）又将其进一步提炼，写成了一部《家礼》。不过，直到明代中叶，这部书才开始广泛流传。起初使用这部书的是一些士人，他们希望通过净化自己的日常习惯与庶民相区别；但久而久之，闻风影从，倒形成了礼下庶民的局面。到了18世纪初，根据一位耶稣会士的报告，《家礼》已成为仅次于《论语》的家庭藏书。[49]第一种礼仪是冠礼，它标志着男孩进入性成熟期，已具备生育的能力。尽管时人认为冠礼属于古礼，还是有一些士绅家族恢复了这一做法。第二种是婚礼，它赋予了男孩完成生育任务所需的另一半。第三种是丧礼，这是庆祝宗族在礼仪上团结一致的盛大场合。第四种是祭礼，一方面承认死者在祖先序列中的地位；另一方面以供品告慰亡灵，以免他在死后成为饿鬼。

这些礼仪展示并强化了父系的主宰地位。不过这些礼仪需要以家族内全部家庭的支持和家产为基础。本章的最后一个故事将说明家礼与家产的不可分离性，以及徘徊在精英阶层边缘的人是如何不遗余力

地守护两者的。明弘治十二年癸丑（1499年11月29日），一起民 157
间官司竟上达宸听。[50]这起官司不同寻常之处在于，大部分不涉及人命的官司至多送到府一级，由知府定案，而这起官司的复杂程度却超出了地方控制的范围。

王珍在江西省会南昌府城外山中拥有一块地。这是位于长江以南的一个山区，人多地少，当地百姓常常为了寻找工作或可耕作的土地而迁徙到外地。南昌府的一位志书编纂者道出了当地民贫的原因："山城僻壤。"[51]莫说是耕地，山上甚至连建坟墓的土地都很难找到。山上最炙手可热的零星土地，便是风水上认为的气聚不散之所。把祖先葬在风水宝地，则亡灵便会保佑子孙永享福泽。江西的宗族之间为了争夺风水最佳的墓地，不惜损人利己，欺诈蒙骗甚至大打出手，无所不用其极。因此，明清两代江西的墓地纠纷屡见不鲜。

该案的起因是一个叫张应奇的人盗葬王珍家的坟地。张应奇是南昌府学的生员，尽管已经跻身精英行列，但他显然并非出身于名门望族，明实录有关该案的记录中对他的背景揭示甚少。[52]坟地的主人王珍不是学生，也不属于士绅阶层。王珍以一介平民的身份，将一纸诉状递到了府衙。江西好讼成风，明洪武三十一年（1398）颁布的告民榜谕中就专门指出，江西"好词讼者多，虽细微事务，不能含忍，径直赴京告状"。[53]根据一个地方士人的笔记，明末时的南昌人"勤生啬施，薄义喜争；弹射腾口，嚣讼鼓舌"。[54]王珍自不例外。

南昌府通判受理了王珍的诉状并做出了有利于他的判决。但张应奇并不打算服从迁葬的责令，他通过自己的同学刘希孟，打通向上的
关节。刘希孟正好是江西按察司副使吴琼之子的塾师，他通过传送贿 158
赂，一面讨好吴家，一面又在吴琼和请托者之间充当了权力掮客的小角色。刘的人脉关系正中张的下怀，因为按察司副使的官衔显然比通判要高。贿金送到后，该传的话也传到了，判决也被推翻。

然而张应奇还想乘胜追击。由于他盗葬的物证仍在，随时可能受

到王珍的再诉，于是他索性反诉王珍。这次，他又找上了另一个庇护人——提学佥事苏葵（1487 年中进士）。苏葵素有不徇私的官声，但此处的记载显示他愿意帮助张应奇是因为受贿的关系，这一点令人费解，想必是后者假装为受害方而误导了他。另一方面，王珍眼看张应奇找到了靠山，也开始求助于国家权力在地方上的代表，而他找到的是另一种权力来源——宦官。镇守太监是皇帝派往各省镇监督军务的宦官，此案中的王珍是如何攀上镇守太监董让的，我们不得而知。[55] 也许钱能通神，只要你找对门路。王珍将案情禀告董让，董让便命人将张应奇、刘希孟系捕拷问，令其撤诉。

董让只想吓退两个学生，但刑讯者却从后者那里得到了更多的东西。两个倒霉的学生供出他们曾买通朝廷命官，支持其诉讼请求。由此，一桩地方性的土地纠纷演变为官员弊案。现在，案件必须被报送到北京，经都察院、刑部，直达御前。董让使事态扩大，现在皇帝亲自过问南昌的情形，并命刑部调查此事。于是，社会末梢一个小小的行贿之举，因为自上而下的国家权力的高压渗透而彻底改变了性质。

调查发现，太监董让在王珍求援以前就与苏葵有隙。因为二人的对立关系，才使行贿的事情一拍即合。苏葵此前因事件逆董让，所
159 以董让同意站在王珍一边。事情的发展证明，董让的敌人不止苏葵一个，董让的强横做法曾招致其他官员对他的弹劾，但弹劾未果。[56] 董让的地位较高，因此给苏葵安上了一个受贿的罪名下狱。上百名南昌府学的生员在激愤之下冲入监狱，将苏提学放出。苏葵被皇帝赦免，后来还升了职，而董让也毫发无损。[57]

弘治皇帝选择置身于两者的纷争之外，理由是案件双方并未有实质性损失。他申斥董让和苏葵违例干涉此案，苏葵、吴琼接受贿赂。然而，他的判罚没有落在自己的臣子身上，而主要由两个生员承担。张应奇和友人刘希孟被褫夺生员资格。表面看来这个处罚并不重，但

放在明代中叶科举竞争白热化的背景下看，又不可不谓严苛，因为它意味着他们被永远地隔绝在士绅阶层之外。

对于张家被葬的先人，弘治皇帝没有发表意见。这个案件发生在官僚体系的底层，皇帝不可能看清个中原委。正如是年元月，弘治皇帝昭告天下时所说的那样："朕深居九重，虽虑周天下，而耳目有不逮，恩泽有未宣。"[58] 这不仅是管不管得到的问题，还涉及皇帝究竟该管什么的问题。官僚腐败显然是他一定要管的，因为如果底下的官员无法客观地向皇帝汇报天下的动向，那么皇帝就无法做到治理有方。至于张家的先人应该葬在哪里，就不是他要关心的问题了，这最好还是留给府衙来处理。

至此，案件尘埃落定。我们不知道张应奇是否将自家的先人迁葬他处。皇帝对他的惩罚想必让他在地方上备受压力，如果他最终迁葬而王珍夺回自己的土地，也是意料中的事。令我们感兴趣的，也是触及明代社会运作规则核心的一点是，在张、王的利益纠纷中，最终获胜的是产权。张应奇关心的是，如果自己的祖先葬得好，就能给子孙 160
后代带来雨露恩泽。王珍毫无疑问地也有同样的需求，但他在此案中更直接的关切表现为维护个人对自己财产的控制权。

礼治对国家而言是重要的，但礼要靠个人、家族和整个社会共同遵守，做到各安其位、各行其是。然而，实际上，皇帝所能做的是挑出不合规矩的个例，并对其进行干预。如果此案发生在明太祖当政时期，恐怕涉案的每个人都要被严刑正法。张应奇是幸运的，弘治皇帝不是一个喜欢杀鸡儆猴的统治者。不过，无论在哪个皇帝治下，私人财产都是不可侵犯的，否则任何体制都无法正常运作。在关于坟地的纠纷中，合乎情理的做法是让礼仪服从于财产，而不是让财产为礼仪而改变。礼仪维系了家族，而财产使它们存在。因此，王珍必须赢，事实上，他也真的赢了。

第7章

信仰

161 元明时代的人相信，宇宙由三股力量或者说三个世界构成。上面是天，下面是地，人们在天地之间。天是万事万物的主宰，但离人世太远，只有皇帝，即天子，能够直接向这一令人敬畏的力量祷告。然而，天也是一个由各种神明主管的世界，道士、佛僧，乃至凡人都可以向他们祈祷。观音，护佑妇孺，是佛教供奉的菩萨之一（图5）。天之下是地，地上是人的居所，也是灶神、门神等下界小神以及混迹人间的各种鬼灵精怪的居所。对于祖先亡灵的日常祭祀不可偏废，否则它们一旦发现自己被忽视，子孙便会遭殃。不过，地并不只是人类于其上耕作或深挖的表面。地下深处还有地狱，那是一座炼狱，死去的人被送到那里，用27个月的时间洗尽自己生前的罪孽，阎王等掌管地狱的十王才会放他们转世投胎。

在天与地力量上下作用的空间内，生活着许许多多的人类。几个世纪以来，中国人发展出了三套不同的信仰、制度和礼拜方式来应对困境，或更准确地说，设法过一种好的生活。这三套信仰体系即儒、释、道三教。道教崇拜老子，用符箓、咒语、药石等自然主义技术，帮助人们适应周遭世界的物质条件。堪舆术——即通过观测大地形势、理气等相宅、相墓之术——也是道家的技术之一。佛教为人们脱离各种产生苦难的羁绊，提供了极其丰富的思想和制度宝库。它也是一种应对死亡的宗教，生者需辅助死者走过地狱的旅程，而佛教的僧侣和寺庙提供仪式服务帮助生者完成这一使命。 162

儒教，是由孔子的学说生发出来的一套松散的教义，它提供的是一条不同的道路。儒家认为向善之路，并不在求神拜佛，而是要通过道德训练和努力，建立与他人的人伦关系。宋代的儒家更进一步强调“道学”，我们今天称之为“新儒学”。宋代道学所产生的哲学影响是深远的，其中的一些方面要到明代才完全展开，但它并未对指导普通人日常生活的信仰产生实质性影响。对老百姓来说，三教已经满足了他们的全部需求。

蒙古人入侵中国后，发现自己所面对的是一个比过去远为复杂的宗教格局。蒙古人的宗教取向，一言以蔽之，就是萨满教。这使他们的兴趣转向了藏传佛教（喇嘛教）而非三教，但是他们对各种神明保持着足够的敬畏，所以对任何声称拥有秘传知识的神职人员都显示出足够的尊重。佛道两家都想获得蒙古人的庇护，因此互相争辩不休，其中最著名的便是“戊午之辩”（1258，蒙古宪宗八年、南宋宝祐六年），由于两教信徒在求福方面均展示了各自的能力，元政权拒绝对任何一方公开支持或打压。[1] 也许是汉人竭力向蒙古人解释了汉地传统的多元性，抑或是蒙古人为了向自己的新臣民展现自己对汉地传统的理解？无论答案如何，这促使元人在各种信仰体系中找到根本上的一致性。所谓三教，并不是三个独立的宗教类型，而是一个合一的体系。来自三种不同宗教传统的不同教派信徒，仍然为了获得国家的承认和偏爱而互相争斗；但是没有宗教派别成见的人，则以一种折中甚至无所不可的心态游走在各种传统之间。

三教合一的思想——即认为中国的三大信仰传统只是同物异
名——是塑造元明信仰的两大思想之一。[2] 另一大思想是明中期士大 163

夫王阳明（名守仁，1472—1529）开创的儒教思想。我们在本书第四章中提到过，王阳明曾领兵镇压了广西边境的民众叛乱，他在嘉靖朝大礼议中，拒绝与朝中反对继嗣不继统的士大夫站在一起。王阳明思想的新颖之处在于，他认为道德知识是天赋内生而非后天习得的。这一发现导致了一种激进的信念，即认为我们应该学习圣人留下的经典，但学习经典是为了向自我揭示直觉已感知的东西。后来更为激进的王学阐释者逐步建立起一种观点，认为要获得道德知识，与其读经不如静坐内省。以本心代替学习，对于认为学生只有在接受教育后才摆脱无知状态的传统教学方法来说，这是一种彻底的挑战。

合乎道德地思考和行动是我们与生俱来的能力，而三教实为一体——这两种思想可能与宋以后社会的分崩离析，以及人们对统一的深层向往有关。强调统一的重要性，是贯彻这一时期的信念。元初政权将统一作为自己的首要政治原则，明朝同样如此，甚至明朝人也把统一当作宗教和哲学思想的指导原则。统一将现实中被分离的接续起来，将被打碎的拼合为一，而且统一是最初的形态。我们将会看到，在明代，甚至有一些新儒家也从善如流地加入了习佛的行列，他们并未感到自己在一个领域内的伦理实践与另一个不同领域内的宗教实践有什么根本矛盾。当基督教乘着欧洲贸易之风东来时，中国人已经有了应对外来教义的模板，即各教在根本上是一体的观念。

在谈到元明两代的时候，用“信仰”而非“宗教”或“哲学”的概念也许不是学界常规的做法，然而，我之所以这样用，是为了把握时人理解其身处世界的方式。我这么做不是要说明，他们以为的真理只是他们的信仰而已。真理当然是他们信以为真的东西，但是，当他们发现真理与信仰之间存在矛盾时，他们是完全有能力将两者区分开来的。信仰对他们而言所具有的意义与我们的一样丰富：宗教虔敬、个人信任、为人们所接受的事实的可靠性。他们和我们一样依靠着
164 信仰，他们也同样明白，信仰会受到挑战或被改变。比如，谢肇淛在

《五杂俎》中就曾不屑于世间有关道教教主“老子八十一而产”的说法，称其“固不足信”。[3] 我们与谢肇淛在此事上的看法相同，但另一方面，他又对许多我们有所怀疑的东西深信不疑。问题的重点并不在于他们相信的东西在我们看来是否真实、确实，而在于一些人对当时流行的看法不疑有他，而另一些人却对之提出强烈质疑。正如我们将要看到的，当时人们莫衷一是的问题比比皆是：人死后会变成什么样子？什么决定了物质世界的性质？地是不是平的？什么才是合乎道德的生活？这些都是可能也确实使人产生分歧的问题。特别是在16—17世纪，不能停止追问这些问题的人们，不断观察世界、查考典籍、修正假设，不停思考怎样才能理解自己所体验到的一切。我们的任务不是把他们的信仰简化为我们的信仰，而是发现前者如何运作。

灵 魂

明洪武五年正月十三日（1372年2月25日），破晓时分，明太祖率领一群身穿朝服的文武官员浩浩荡荡地出了南京紫禁城，向南京城外五公里处的蒋山寺进发。蒋山寺是元代南京首屈一指的佛教道场。早在泰定二年（1325），元朝的第六个皇帝就曾亲自到访捐资，带动了民间捐资重修该寺的热潮。五年后，他的侄儿赐法服于该寺主持，以示皇家赞助的延续。朱元璋照样如此，他在登基前后，曾数度造访该寺。但这一次有所不同，乃为度脱那些助他登上权力高峰的战士们的亡魂。

主持仪式的是著名禅僧清濬（1328—1392，图13）。当洪武皇帝的队列来到寺前，清濬率领僧伽千人，持香花出迎。皇帝以万金厚赠清濬，随后步入大雄殿。皇帝北向而立——这是不同寻常的，皇帝在除祭天的场合外都是面南而立的——带领群臣拜佛。皇帝拜迎 166
时所奏的佛乐为《善世曲》，这是当天法会7支套曲的首奏曲目。众

图13　装扮成罗汉的僧人。他已通过静修而涅槃，不再轮回到人世。这尊木雕为元末作品，原为彩色（加拿大多伦多安大略皇家博物馆藏）

人再拜后，皇帝上跪，进熏芗、奠币。随后，20名僧人各手持香、灯、珠玉明水、青莲花、冰桃暨名荈、衣食之物，在皇帝面前舞蹈。舞毕，皇帝跪行献礼。在数次乐舞之后，皇帝领群臣退出。大雄殿后50步筑方坛，皇帝升坛，南向而坐，接受跪拜。黄昏时分，皇帝领群臣返回紫禁城。

次日拂晓，飞雪洒空，祥光映天。众人仰视上苍，穆然无声。这是宋濂（1310—1381）关于此次法会的记载。宋濂是洪武皇帝倚重的儒学名臣，参与制定王朝制度，同时，他也是一名虔诚的佛教徒。他的记述证明，皇帝成功地得到了佛祖的鸿恩，所以上天以瑞象垂示。[4]

时人对此事的理解一目了然：他们赞同这一切确实发生了，而且对新皇感天动地的力量肃然服膺。而当时的洪武皇帝也确实是临御未久，刚刚步入自己执政的第五个年头。在一个王朝肇基未久的日子里，随时可能发生使这个脆弱的新生国家脱轨的事情。厉兵秣马、严政酷律和儒家教化已经成为造就和延续新政权的手段，但是在建造国家的武库内还有另一样兵器——宗教，洪武皇帝和他的谋士们正要亮出它的锋芒。艺术史家白瑞霞（Patricia Berger）曾为我们描绘了明永乐五年（1407）在该寺举行的另一次普度大斋。法事期间的诸种瑞相异景，“在一个又一个出现‘交感幻觉’（consensual hallucination）的时刻，被众人和谐而巧妙地见证”。[5] 即使新政权并未奉天承运，也没有人准备好道出这一点。

洪武皇帝启用佛教斋会，因为这是事死的宗教传统。他在御制文中并没有用佛教戒律来要求百姓在法事当日礼敬佛祖，尽管他确实提到了自己早年失去怙恃而托身佛门的经历。他在上谕中提到的是更为通俗的观念，即隔绝生死的阴阳两界，死不悔罪者只能沦为阴间的饿 167
鬼。儒家对这种鬼气森森的彼世观是嗤之以鼻的，因为它从根本上反对地狱说。儒家认为，魂是附气之神，魄是附形之灵。人死后魂魄分离，魄归于地下而速朽，魂归于天而气散。人死后，没有任何物质或精神的东西能够继续存在。这种严酷的死后观，大部分的人都无法接受。人们宁可相信人死后会以某种形式继续存在，不论是堕在炼狱还是化作一缕在人世游荡的精魂。

洪武皇帝也是如此。这对他理解人们何以向善的问题至关重要。如果没有可以安抚的灵魂，那么道德将失去目标，斋会也没有意义。他在御制文中说道，自己前往蒋山寺奉佛供僧乃是为内战中无辜殒命的亡灵超升，为饱受离乱之苦的生者解冤。洪武皇帝欲竭力矫正的是人们关于这场战争的记忆。他明白战争的不义和补赎的必要，因此期待能够借助佛教的力量。[6]

洪武皇帝的儒家谋臣大半不会赞同此举，他在一篇文章中记述了他们对鬼神的怀疑。曾有人入奏某地有鬼神隐现之事，朱元璋便询问诸大臣的意见。[7] 对臣子而言，审慎的做法是回避皇帝本人信仰的问题，而引用孔子对弟子的两条教诲——“敬鬼神而远之”和“祭如在，祭神如神在”。[8] 但是，偏偏有一位官员不知其中利害。

他脱口而出：“是妄诞耳。”此话一出，正中洪武帝下怀。他随即追问：“尔何知其然哉？”此人没有立即搬出儒教的学说，却大谈人存在的物理属性，来驳斥奏章中记述的现象。

168 人禀天地之气而生，故人形于世，少而壮，壮而老，老而衰，衰而死。当死之际，魂升于天，魄降于地。夫魂也者，气也，既达高穹，逐清风而四散。且魄，骨肉毫发者也，既仆于地，化土而成泥。观斯魂、魄，何鬼之有哉？所以仲尼不言者，为此也。

但是洪武皇帝的看法却不同。他的信仰养成于幼时在淮河平原度过的艰辛岁月。这种信仰在后来的日子里并没有消散，因为它们道出了他对善恶来源的理解。在他看来，对于鬼神的不敬是导致自己时代尸横于野、饿鬼当道的原因。他厉声质问这位官员：“卿云无鬼神，将无畏于天地，不血食于祖宗，是何人哉？”洪武皇帝与这位官员在信仰上的差异，正折射出明代社会中饱受儒家教育的士大夫与广大庶民在信仰上的泾渭分野。在这件事上，皇帝本人与后者为伍。对他们而言，阴阳两界大体上是相同的，两者相隔仅一线，时有互通。

现存的一张至正二十一年（1361）十一月的买地券，再清楚不过地反映了这种信仰。这张买地券记录了叶丰叔向武王夷买地一事。我们细读之下惊讶地发现，在交易订立之时，叶丰叔已死，而代他立契的是其遗孀李定度。在武王夷、牙人和她的签字后面，有如下四句誓词：

何人书了天上鹤，
何人书了水中鱼。
白鹤读了上青天，
鱼书读了入深海。[9] 169

这并不是契书常用的语言。李定度之所以在契约中加入这段话，是为了确保她在阳间代丈夫达成的协议在阴间也能被认可。既然阴间有阴司，那么，我们完全可以想象，阴间和人世一样，也会有买卖纠纷引发的诉讼。随后，她将买地书的复本刻在一个陶板上并埋入叶丰叔的墓中，这样后者就有了买卖土地的凭证。如果真的在阴间发生诉讼，阎王爷会进行裁断，而叶丰叔很可能需要向他出示这份证据。

死后下地狱的信仰并不仅存于庶民中间。刚正不阿的大学士叶向高（1559—1627）向御史邹元标（1551—1624）坦言自己相信生前作恶者死后将入地狱的说法。

叶向高对邹元标说道："公讲孔孟，予只讲阎罗王。"邹问其故。叶答道："不佞老矣，填沟壑之日近。苟有欺君误国、伤人害物、招权纳贿等事，于阎罗王殿前勘对不过者，皆不敢为。"[10]

邹元标笑了，似乎是被叶向高逗乐了。但叶向高只是半开玩笑，因为我们知道，当耶稣会士对他说起天主教中的地狱时，他曾表现出浓厚的兴趣。叶向高在秉持儒教学说的同时仍然相信地狱的存在，邹元标则不然。然而，在那个时代，游走在怀疑论和信仰的两极之间的又岂止他们两个？

佛 道

事实上，元明两代多数人的信仰是混杂的。他们所接受的观念是，儒、释、道只是理解同一个现实的三种不同方式。但他们并非对三教中的一切说法完全一视同仁。如果我们把信仰理解为一个多层楼房，那么叶向高与邹元标的对话说明，通俗佛教占据了底楼的大部
170 分空间。许多人信奉佛祖是至高无上的神明，除一些儒家卫道士竭力反对外，多数人也接受这种看法。至于这座大厦的上层是什么，则因人而异。庶民向佛祖的许多形象焚香祝祷，祈求他的注视和垂怜。有时，一些士绅也受到佛祖崇拜的吸引，聚集在灵山秀水间的禅林，从天地和佛经中汲取精神的养分。

这一取向鼓励了陶宗仪等 14 世纪思想家尝试搭建三教合一的概念框架，促使其相互调和。他在元至正二十六年（1366）首刻的笔记《辍耕录》中生动阐释了自己对三教合一的理解。他在书末绘制了三个图形，依次对应儒、释、道三教以及各教八大原则间的关系，以此展示其合一的本性。这一做法的目的显然在于指出，三教在表面上有各种不同之处，但在根本上是统一的。

洪武皇帝在国初承认三教合法地位的同时也秉持这一看法，但他更喜欢佛教。他在洪武初期对佛寺和僧人的赞助与他幼失怙恃而托身佛门的经历不无关系。然而，他行事仍然慎重，没有把佛教立为国教，也没有让自己被佛教徒的身份牵着鼻子走。在胡惟庸案后，洪武皇帝对自己一手建立的制度产生了动摇，他不再信任任何人，包括他曾经扶持的佛教僧人。洪武十三年（1380）以后，他开始怀疑僧人也像普通人那样怀有私心——追求自我满足、逃避税赋，甚至惑众

煽动。为了对僧人严加控制，他下达了一系列严苛的法令。对僧团活动的整治在洪武二十四年（1391）达到了顶点。洪武皇帝在《申明佛教榜册》中敕令天下寺院归并，各府、州、县只保留大寺一处，并禁止新创寺院。所有禁约事件，限100日内悉令改正。实际上，所有禁止事件到三年后《禁约条例》榜示后才最终告成，其中要求僧人除游方问道外，止守常住，不许散居或入市村。[11]

这些禁约在洪武皇帝驾崩后便即弛废，但对于寺院的长期打压仍 171
导致许多寺院无法恢复。虽然此后的明代皇帝或支持佛教或赞助道教（嘉靖皇帝为求长生不老就资助了一批道士试炼药石，但并未成功），但是佛教制度本身不复元代和明初时的鼎盛局面。至于在制度性宗教中势力更为微弱的道教就更不足道矣。永乐元年（1403），有人向刚登基的永乐皇帝献上道经。永乐帝以“朕所用治天下者五经耳，道经何用”斥去来者。[12]14年后，有道士向他进献金丹、方书，永乐帝令其自食丹药并将方书销毁。[13]明代并未禁止道教，但不再将其视为支持意识形态的资源。

僧人在社会上还是受到普遍欢迎的，因为他们提供了人们所需的丧礼等宗教服务。明代对僧道政策的钦定解释中说道：“释道二教自汉唐以来通于民俗，难以尽废。唯严其禁约，毋使滋蔓。”[14]永乐十六年（1418）的一份上谕中规定，各县僧道人数不得超过20人。如果实行，则将进一步限制佛教的发展，但事实上那只是纸面文章。这就说明，国家出于财政考虑，担心人民为逃避赋役而出家；但百姓更忧虑的是自己的宗教生活被扼杀，且能够提供丧礼服务的僧侣人数越来越少。

儒家卫道士与朝廷官员有着同样的焦虑。洪武六年（1373），一位北方士人写道：“儒者不言释老。佛家以宣讲原罪、轮回化俗，无异烛火与日光争明。”[15]儒家的智慧是昭昭天日，佛教的教义只是烛火微明。这番话写在蒙元统治者被逐出北方的五年后，这一强势的姿态也许反映了作者的心声：元代儒者被混同于其他宗教司仪而不得不讨取施主欢心的日子将一去不复返。他要让儒家（包括他自己在内）成为新秩序中的思想领袖和祭司。

172 16 世纪下半叶，士绅中间对佛教制度的支持有所上升，尽管这种上升势头也引起了儒家保守派的又一波反弹。一些人反对把儒家和佛教的思想随意融合，另一些人则反对一味捐香火钱给寺庙的做法。“万历之渊”带来的重创使不少人开始担心对寺院的大笔捐款将逐步消耗地方资源。万历三十二年（1604），一位北方的县官注意到：“今天下困穷已极，议节省则莫如裁冗费矣，冗费莫侈于宫室，宫室莫侈于寺观。”令他痛心疾首的是，明白易晓的儒家原则远不如大众化佛教中关于死亡和毁灭的幻想动人心魄。

> 曷以明白易晓之理谕之曰：尔辈之惑不可解矣。内不敬父母，而外敬神佛，一惑也；明不惧宪典而幽恐违佛法，二惑也；近不修眼前而远思修来世，三惑也；较刀锥于父子兄弟而施十百于衲子缁流，四惑也。彼愚夫愚妇，岂无一二阴诱其明而归之正者乎？

私下里，许多儒家士绅都接纳佛教在社会中的存在，甚至被佛教的宗教活动所吸引。一些人是为了安抚自己的母亲或妻子，但是与士绅交游并带动居士佛教兴起的高僧也确实激发了他们对佛教的兴趣。比如，杭州的伏虎禅师袾宏，就聚集了一批万历朝的江南名士并指导他们进行“放生”等佛教慈善活动。不少人为了逃脱万历朝严酷的政治斗争而皈依佛教。[16]

佛教在南方士人中更为流行，北方士人人数既少，对其认同亦弱，而资助的热情也不高涨。嘉靖三十八年（1559），当居士佛教方
173 兴未艾之时，一位北方士人表达了他对南人佛教狂热的惊愕。他说道：“逢掖之徒，往往托慕于二氏，且援其空寂以自高。可慨也夫！”并非每个人都如此认为。20 年后，另一位北方儒者通过援引明代官

方礼制为佛教申辩："持教祝寿，亦制典之所不废者"，既然如此，"佛老所建梵宇琳宫于崇山深谷之间，又足以供藏修游息之士之所眺览"，则断无禁止的理由，朝山进香也是适情寄兴的方式。

天　地

元明时代人们对宇宙的想象是基于天圆地方的古代观念。所谓天圆地方，即前者圆隆，后者方平。另一种更为古老的宇宙观，则认为"天地浑沌如鸡子"。尽管这种观念仅在为数甚少的知识精英中流传，但如后文所示，这对时人接引西学新知却颇有助益。

从天圆地方的观念延伸出舆图的形式。整个帝制时代，制图师用"计里画方"的成图方式来表达这一公认的至理。迄至元明，标准的天下舆图将球根状的中国全舆压缩为四方形。变形较严重的是东南部，即浙江、福建等沿海省份，原本从东北的上海到西南的海南岛是一道弧形的海岸线，被拉直后，将一部分海洋划入了陆地面积中。这种画法并不等于人们对帝国疆域的"看"法，只是他们的记录方式而已。在我们看来，这样的地图是不准确的，但却符合时人的期望。[17]

地图学家朱思本（1273—1337）反对这种模式。他在宋代舆图的基础上，历时 10 载完成两幅大型地图——作为全国总图的《舆地图》和涵盖中国之外地理情况的《华夷图》。朱思本之所以能够跳脱 174
"计里画方"成图模式的限制，是因为他采用了以实测方格把小幅分图合为一幅大图的方法。朱思本的做法影响了明代一流舆图的制作，其中就包括了中国首张分省地图——嘉靖三十四年（1555）罗洪先的《广舆图》。罗洪先并未完全摆脱"计里画方"的模式，他的《舆地总图》中仍能看到这种模式的影响（图 14）。在展现帝国疆域的各种传统中，舆图的绘制手法证实了明代中国人世界观中的根本观念。

观念，即便是最根本的观念，也会随条件的变化而改变。明朝

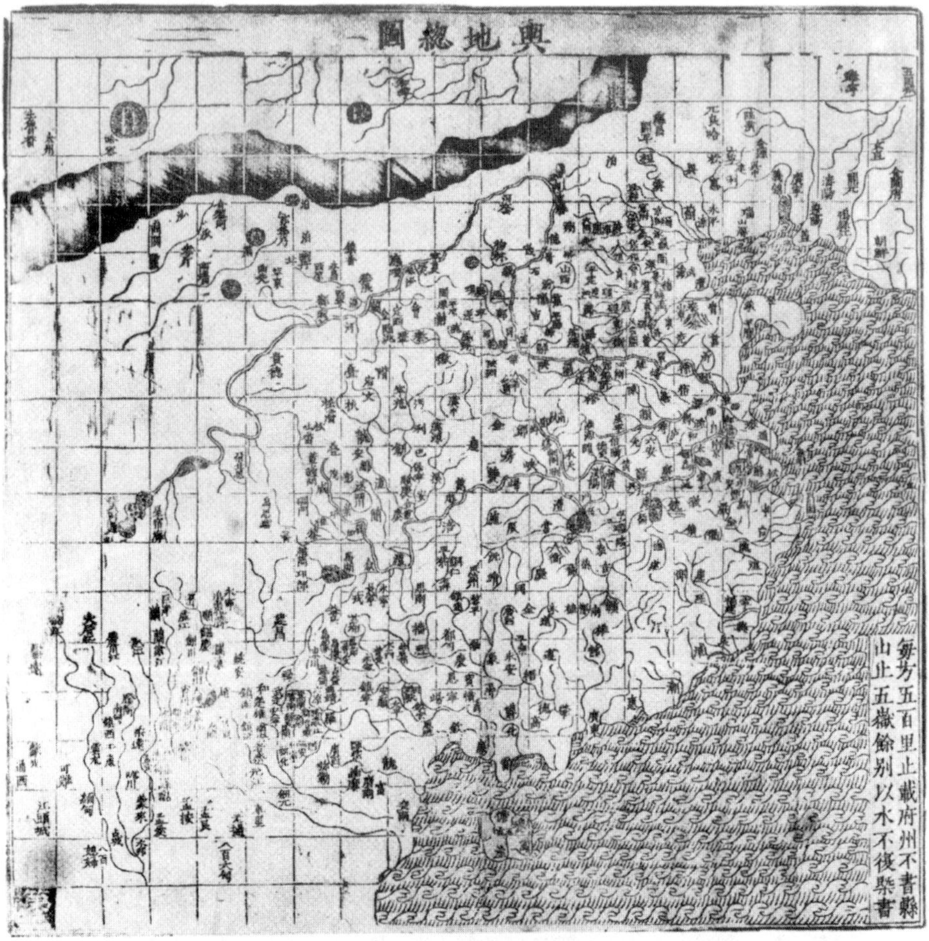

图14 《广舆图·舆地总图》。来自罗洪先（1504—1564）的《广舆图》（1555）。右下角的文字说明为："每方五百里，止载州府，不书县；山止五岳，余别以水，不复槩书。"图中的黄河在山东半岛以南入海，而现在的黄河经山东半岛以北入海。地图左上部的黑色地带为戈壁沙漠。所有海岛中只标出了最南面的海南岛

最后50年中，耶稣会传教士梯航东渡，带来了变化的契机。16世纪20年代起，欧洲的商船已开到了中国的海岸，但知识的交流仅限于个人层面。直到传教士纷至沓来，用他们掌握的科学知识不断吸引和刺激明代知识精英，情况才发生变化。宇宙观的差异是横亘在中西对话的双方间的一大问题。耶稣会士把天看作是以地球为中心的九大同心球层体系。这一形象很自然地使明代士人联想起中国传统中关于天地的“卵黄之说”，甚至天圆地方的说法也可与之呼应。问题的难点在于如何解释“地”，中国人认为地是平的，但是耶稣会士认为地表是球形的。

著名的耶稣会士利玛窦试图用地图向中国人论证欧洲的地球说。用平面图像来创造球面形态并不是一种一目了然的方法，这或许能够说明为什么第一本被译介到中国的科学类著作是欧几里得（Euclid）的《几何原本》（*Geometry*）。对于一个世纪以前的欧洲人来说，这种方法也不是显而易见的。自托勒密（Ptolomy）的时代起，欧洲人在地图绘制方面就一直无法克服将球形曲面转换为平面地图的难题。15世纪，大航海时代的欧洲人不得不再次面对这个问题。哥伦布并未发现地球是圆的，他早就知道这一点。他不通过直接观察就无法回答的问题是地球表面的弧度有多大，而答案超出了他的估计。起初，他误把古巴当作日本，且认为中国就在西方前面不远，究其原因在于
他把地球弧度算小了。 175

哥伦布航海后不久，欧洲的地图家就开始根据他的发现来修正自己的既有知识。第一张为美洲命名的地图是1507年由马丁·瓦尔德塞米勒（Martin Waldseemüller）绘制的世界地图。瓦尔德塞米勒采用了一种十分复杂的曲线透视，但在此后的制图过程中，他放弃了这个烦琐的方法，转用更为明确直观的直线透视，使经纬线垂
直相交，构成一个经纬网。这是一种在视觉上合理的简化手法，直 176
至今天仍得到广泛的使用。在曲线透视和直线透视之间有一个折中

的方法，即摩尔威德投影（Mollweide Projection），又称伪圆柱投影。这种方法保持纬线为直线而允许经线可为曲线，经线距本初子午线越远，其曲率就越大。摩尔威德投影最大程度地压缩地图中心部分的曲度，但允许由中心向边缘展开部分的变形。亚伯拉罕·奥特利乌斯（Abraham Ortelius）的地图集推动了这种投影法的普及，16 世纪末的耶稣会士也将其带到了中国。

利玛窦用三种不同的投影绘制了至少八幅不同的世界地图。其中用伪圆柱投影绘制的地图——通过将地球南北区域拉伸的办法，形成从东至西的连续带——在中国被广为复刻。万历四十一年（1613）章潢在《图书编》中这样向读者解释："此图本宜作圆球，以其入册籍，不得不析圆为平。"[18] 这只是一个假说，当时的中国还没有出现地球仪。10 年后，两个耶稣会士才制作了现在已知的中国首个地球仪。

章潢毫无困难地接受了来自欧洲的地理新知，并在自己编撰的百科全书中向读者介绍。[19] 他提供了一套有逻辑的说法。他记述道，自己从欧洲人那里学到了地有穷尽的概念。他首先引用了宋代思想家陆九渊（1139—1193）的说法，陆九渊曾与朱熹辩论实在的本质。16 世纪，王阳明的弟子复兴了陆九渊的心学，王阳明大力提倡要依靠内心的良知而非书本知识来理解这个世界。陆九渊着力论述的一个观念是"无穷"，但章潢却认为这完全视乎论者的视角："自中国以达四海，固见地之无穷尽矣。然自中国及小西洋，道途两万余里，使地止于兹，谓之有穷尽可也。"接着，他仿佛是承认宋人知识的局限性，又说道："若由小西洋以达大西洋，尚隔四万里余。矧自大西洋以达极西，不知可以里计者，又当何如？谓之无穷尽也，非欤？……此图
177 即太西所画（指利玛窦用伪圆柱投影法绘制的世界地图）。彼谓皆其所亲历者，且谓地象圆球，是或一道也。"章潢的结论是地有穷尽，既然地有穷尽，则地必定是圆的。章潢知道在一部通俗类书中不宜引

入复杂的数学计算，因此他用一个设问结束自己的论证：“问：天圆地亦圆，子何所据而信之乎？曰：予信乎理耳。”[20]

与利玛窦合作翻译欧几里得《几何原本》的是他最得意的门生徐光启（1562—1633）。徐光启对欧洲的投影法有着浓厚的兴趣。他承认，初读利玛窦地图者会感到困惑，但他仍向读者强调：“西泰子之言天地圆体也，犹二五之为十也。”[21]徐光启运用欧几里得的算法来解释“地圆说”的原理，这可能使他的读者难以理解。为此，他援引了宋和宋以前的文本，并对之进行与这些算法符合的解释，使其说理的效果更好——其实，在大多数情况下，他的解释并不符合引文的原意。

李之藻（1565—1630）是又一个皈依天主教的上层士人。对他而言，亲身经历比逻辑推论更具有说服力。万历二十九年（1601），李之藻在北京见到了利玛窦，后者立即向他展示了自己绘制的世界地图。利玛窦向李之藻解释说，因为地是圆形，因此这幅地图是变形的圆柱形而非四方形。李之藻起初大为惊异，但很快就被他说服了。次年，他写道：“舆地旧无善版。”他接着说道，利玛窦制图的方法与朱思本、罗洪先的“画寸分里之法”相同，如此便接续了中国科技中最优秀的传统。由此，他展开了对传统制图法的批评。他把利玛窦的《万国全图》与《大明一统志》（这是一个理所当然的选择，因为它是明代刊刻的最粗糙的全国地图）进行仔细比较，然后说，利玛窦的地图相形之下有多么精确。造成二者高下之别的原因在于制图者对自己所呈现的世界的不同体验。“缘夫撰述之家非凭纪载即访辖轩，然纪载止备沿革，不详形胜之全，辖轩路出迂回，非合应弦之步，是以难也。”中国人绘制的国内地图尚且如此粗陋，更不用说世界地图了。利玛窦曾游历过这些地方，因此，他的版本必然比中国人的更可靠。

在一个尊崇文字的文化中，把文字记载纡降为参考文献的说 178

法，恐怕要引来一片哗然。用外国人绘制的世界地图来取代中国人自己的版本，更难令人接受。李之藻手中的王牌就是亲身经历。他说道："西泰子（利玛窦）泛海，躬经赤道之下，平望南北二极，又南至大浪山（好望角），而见南极之高出地至三十六度。古人测景曾有如是之远者乎？"[22] 答案是否定的。在这一点上，中国古人必须向现代欧洲人俯首。

李之藻意识到自己没能动摇"天圆地方"的公理地位。时隔五年，他尝试从象征意义上切入这个问题。他宣称："地形亦圜，其德乃方。"[23] 与其同时代的另一位类书编纂者王圻在《三才图会》中加入了这个问题的讨论。在复述"卵黄说"的古代宇宙观之后，他宣称："有谓地为方者，乃语其定而不移之性，非语其形体也。"接着，他提醒读者，既然天地是彼此呼应的，那么地与天应该都是圆的，"天既包地，则彼此相应，故天有南北二极，地亦有之；天分三百六十度，地亦同之。"[24]

"地圆说"之所以能够传入中国是因为它与明代士人的精神世界有内在相应之处——万历朝的士人对"格物"的兴趣。他们能够认识到，这是在数学和天文学方面显然受过良好教育的耶稣会士通过对这个世界的潜心研究而得出的结论。耶稣会士运用优于明代士人的方法（曲面几何）和工具（望远镜），向后者展示了自己是如何研究天与地的。这赋予了他们所传播的知识相当大的可信度，无论它是否打破了"天圆地方"的基本公理。公理让位于经过证明的、与实际观察更为契合的解释模式。古人认为银河是月亮之下的云气，但通过望远镜的观察却证明它是由月亮之上的无数小星攒聚而成的。[25] 基于这种观察，银河处于月亮之下的看法只能被摈弃，别无选择。此后10年，伽利略将用同样的技术反驳耶稣会士教给明代士人的基本公理——地心说。欧亚大陆两端的宇宙观都将发生改变。

心 学

一小部分欧洲人开启了与万历朝士人的对话，并产生了重大影响，但这不是明人信仰发生变化的唯一原因。信仰的动摇来自文化内部的压力：万历、天启年间庙堂之上的道德败坏、急速的商业化、社会等级的松动、边疆的军事危机、环境恶化。在这些条件下，一些人开始对过去确信不疑的东西产生动摇，并努力寻找理解世界的新途径，而这些往往是处江湖之远的思考。李贽（1527—1602）就是他们中的一员。李贽出生于泉州的一个穆斯林商人家庭，经科举正途步入官场。中年致仕，转向哲学思考。此后种种机缘，作为哲学家的李贽结识了利玛窦。李贽晚年信奉佛教，在家修行。他被视为一个离经叛道者，世人对其毁誉参半。

他著述等身，且刊布甚广，不能一一涉及。在此，我想讨论的是他与耿定向（1524—1596）的通信。耿定向也是一个值得重视的思想家，他与李贽交谊深厚。与李贽不同的是，耿定向的政治嗅觉十分敏锐，对激进哲学可能引发的反响十分警惕。两人的文集中都保留了这些书信，他们在交往后期的分歧越来越大。这些书信反映了他们思想发展的轨迹和最终分道扬镳的原因。[26]

现存最早的通信可追溯至万历十二年二月（1584 年 4 月）两人关于孔子与哲学之相关性的争论。对于李贽而言，学问的目的不是为了理解孔子，而是为了理解道。另一方面，耿定向的“家法”提倡循序渐进地学习圣贤经典。李贽不赞同这种方法，他强调“且孔子未尝教人之学孔子也”，并援引孔子对颜渊问仁的回答：“为仁由己。”[27]他反对不假思索地把孔子奉为一切的权威，因为他担心这样有失儒 180
家学问的正道。无论是教师还是官员在对付民众时“有德礼格其心，有政刑以絷其四体”。教育的任务，乃至统治的任务，不是迫使人民服从一定的哲学条理或国家规定，而是顺应人的天性之势导其向善。

因此，“寒能折胶，而不能折朝市之人；热能伏金，而不能伏竞奔之子。”

至此，李贽做出了一个不同寻常的建议。与其以强力约束自私的行为，为什么不调动人的自利之心呢？“各从所好，各骋所长，无一人之不中用，何其事之易也？”在信的末尾，李贽称赞耿定向深信而笃行儒家理想，但婉言建议他接纳不同的看法。他提醒后者：“但不必人人皆如公耳。……仆自敬公，不必仆之似公也。”

在现存最早的耿定向致李贽的书信中，他并不认为古人对一切问题的回答都是不可更改的。他将“古人模样”分为两类，一类“与世推移、因时变化”，另一类“自生民以来不容改易”。前者是“从见闻上来名义格式的道理”，而后者是“根心不容已”的“天则”或曰“心矩”。时世可异，而根本的道理是不变的。他写道：“古人苦心极虑作此模样，使尔我安于平土，饱暖于衣食，又教之人伦，使免于禽兽。”这些人伦教诲，与他所谓的在道德要求面前“不可不依仿”或“不容自已”相一致。李贽转向佛教，因此丧失了“根心之不容自已者”。

李贽在第二封书信中的态度变得强硬起来。他宣称自己与耿的不同在于“不蹈故袭，不践往迹”，“如凤凰翔于千仞之上”，为的是“闻道”。他引用孔子的说法，认为宁可“狂狷”而不可“乡愿”。[28]“有狂狷而不闻道者有之，未有非狂狷而能闻道者也。”耿定向愿“闻道”，
181 然而，如果他依然规行矩步又如何能“闻道”？李贽已准备弃绝儒教，而耿定向视之畏途。耿在覆札中抱怨道：“今世禅活子，不修不证，撑眉张吻，自以为是，微妙处余虽不知，其模样可槩睹已。”他批评佛教为世人提供了另一条容易的途径，但到头来将一无所获。严肃的佛教修行也许是艰难的，但与孔孟之道仍不可同日而语。

李贽随即回复道，耿定向的“不容已”，“乃人生十五岁以前《弟子职》诸篇入孝出弟等事”，而自己的“不容已”，“乃十五成人以后

为大人明《大学》”；耿如同“村学训蒙师”，“取效寡而用力艰”，而自己则像“大将用兵，直先擒王”，“用力少而奏功大”。

两人的通信火药味渐浓，终成水火之势。李贽指责耿定向在10年前对双方共同的挚友——哲学家何心隐（1517—1579）见死不救。当时，耿定向与内阁大学士张居正关系密切，本可对何施以援手。被激怒的耿定向随即质问，李贽在25年前回福建为祖父守丧时，任由自己的两个幼女在京中饿死，又是何心肝。当哲学上的分歧演变为互相揭丑，两人的关系也彻底破裂。

李贽坚信个人有领悟真理的能力；耿定向则笃信圣贤经典的智慧才是通往大道的不二法门。这一分歧使这一对友人渐行渐远而终至分道扬镳。从历史的发展来看，耿定向的立场才是多数理学家支持的，李贽则是他们驳斥的对象。李贽的观点似乎只是背离了治国的道德基础，却没有开创出另一种稳定的道德局面。耿定向在晚年才与李贽冰释前嫌，但对他们来说，言和并非易事。

两人断绝通信后的第10年，李贽在一场因另一位内阁首辅而起的政治风波中遭到株连。他被指为其政敌的门生，最终在北京入狱，罪名是招纳女弟子，惑世宣淫。尽管这不过是党争中他人罗织的罪名，时人却无不信以为实。他的一位友人企图用淡化其思想的方式来 182
为他辩护，他说道：“人各有见，岂能尽同，亦何必尽同。”他断言，著述若只求同而不存异才是学问的大忌。“假使讲学之家，一以尽同为是，以不同为非，则大舜无两端之执，朱陆无同异之辨矣。”[29]

我们无从得知这封申辩的书信是否上达圣听。不管怎样，针对李贽的指控最终被撤销，并判其递解回原籍监视居住。然而，在诏书还未传到监狱前，洗刷无望的李贽已选择了“荣死诏狱”的最后归宿。现代史家把李贽看作为思想自由献身的志士；而在他同时代的人看来，这只是一个狂士以将朽的生命为代价的最后一次狂纵。

异同

辨别异同是将我们对大千世界的理解组织起来的一种标准手段。正如一句广东俗语所说的：“千里殊风，百里异俗”，[30]中外皆然。但是，明代国家的追求却与之不同。正德十四年（1519），广东东部的一位士人这样写道：“至治之极，国无殊俗。今天子神灵，海内一统，乌有所谓异俗者哉？”[31]根据这种见解，自然形成的区别并不足以使人质疑国家的统一及其内部共享的政治或文化认同。当明太祖抱怨西南的“习俗各异”，并不是在赞叹帝国各地的多样性，而是在提醒他的臣子，是该动手去异求同了。[32]

尽管如此，殊俗是一个经验事实，明代人的这种认识是根深蒂固的。“异”的存在否定了天下大同的根本前提，这迫使万历朝的士人拼命地强调“同”。正如包弼德（Peter Bol）在研究理学史（history of Neo-Confucianism）时所注意到的：“对于‘同’的信仰——即太极为天地万物之理，三代开创的统一社会秩序，孔子垂法万世、范围六合，以及心同理同之义——与理学家们所生活的世界是格格不
183 入的。”[33]现实世界中，有识之士之间意见相左的比比皆是，释、道两家依然兴盛，而帝国的周边尽皆信仰习俗各异的诸夷。秉持“同”的理念，势如攀爬陡坡般与现实较劲，但唯因如此，其拥护者才如此坚定。

不必强求人人想法一致的观念，对于万历朝的士大夫来说并不是容易守护的。李贽为了说服耿定向，调动了三教合一的逻辑：个人可以通过不同的方式来追求道，这不会对道本身有何损益。对某种得道方式的偏好，也不意味着对其他方式的否定。然而，儒家的保守人士对于将儒、释等而视之的观点大为骇异，在明末离乱之际，这种保守的观点获得了有力支持。著名哲学家王夫之（1619—1692）的父亲就是将亡国归咎于儒家权威沦丧的明末儒者之一。他的儿子后来记

道："先君终身未尝向浮屠、老子像前施一揖。"王夫之在《家世节录》留下一笔，大有借此明志之意，因为在崇祯十七年（1644）张献忠叛军杀掠衡、湘后，他曾招募僧人拾埋郊野遗骸。[34]对于儒家卫道士而言，佛教徒既不是有问题的，也不是有威胁性的，他们只是另一个与自己不同的群体。当经历了明末丧乱的人们回头看时，他们把李贽时代儒、释界限的渐趋泯灭，视为明朝堕入万劫不复境地的转捩点。王阳明的弟子中较为激进的一派甚至宣称人人皆能成圣：这意味着每个人在根本上是相同的。儒教的一套东西对此再无助益，因为它要造就的恰恰是一个有道德高下和社会等级的结构。在思潮激荡的万历朝，有一些才智敏捷之士愿意沿着这个思路走下去。

他们中的一部分人最终与耶稣会士进行对话，这使他们进一步为"同"是比"异"更高的原则的观点辩护。他们常爱重复陆九渊的一句话："东海西海，心同理同。"明末耶儒李之藻就用这句话来申辩中西地理、天文学说相异而方法、结论未尝不相契合的观点。[35]中西两种文化都发展出了测绘地图和观察天象的知识。既然我们身处在同一 184
片天地之中，那么两者的发现必然最终是相同的，而方法也是可以调和的。

另一位耶儒徐光启在一篇为天主教辩护的文章中也提出了类似的观点。中国人和外国人都从属于同样的环境，或者用他的话来说："四海风同。"当我们认识到一切存在只有一个共同的源头时，"有何彼，有何此？"[36]徐光启的这番话部分是为了反驳天主教与中国文化根本不可相容的说法，不过这也意味着他拒绝承认一种文化的真理高于另一种文化的真理。用他的话来说就是："古今暨将来，万汇总涵容，无物不同。"并非天主教提示徐光启认识到需要为一套完全不同的信仰开辟空间。这种观念的雏形早已存在于儒教传统之中，至少可以追溯到陆九渊那里。陆本人企图赋予个体的主观体验以更多的道德权威性，以此对抗理学的理性至上主义。到了明代中叶，王阳明与他的这一观点产生共鸣，进而影响了李贽等万历朝士人。

那些敌视外来影响的人更愿意唤起人们对“异”的恐惧。吸收了欧洲知识——尤其是耶稣会士视为天主教核心的关于天的知识——的中国人，被斥为遵“异道”、从“异教”，差点就够得上触犯刑律的邪教之罪了。另一位明末耶儒杨廷筠在一篇为天主教辩疑的虚构问答中探讨了异同的问题。该篇的开头，虚构的对谈者发问：“西来之书，与吾中国，是同是异？”杨廷筠答：“率同。”对方又问：“既同矣，则二帝三王之书、六经四子之教已自至足，何必更益以西学？西学即至正无颇乎？想不出吾范围，有之不加多，无之不加少，西士来此何为也？”

杨廷筠答道：“不然。所谓同者，语其统宗一天地之主，究竟一生死之大事也。”他又把中西之间所谓的“率同”之处，析分为四点学理上的“同”与“未同”。这些异同值得推究思考，或者用他的说
185 法，“可析而究焉”——章潢在描述书法作品时也提到了条分缕析的做法，为的是理解西学究竟能提供什么。这就是杨廷筠要运用的观点：不必强辩两者孰强孰弱，只要展现中国可从欧洲学得的益处便好。他继而强调：“故不同者，正无害其为同，而同处正不可少此不同。”他举了一个颇能说明问题的本土例证：“即如场中取士，命题同矣，而作文者妍媸自分，工拙自别。”因此，他反问道：“何必其题之异乎？”[37]

“同”不仅仅是一个哲学观念。在这样一个文化震荡的时代，它也决定了一些人如何回应与另一种哲学相遇所带来的认同挑战。元代政权的维系依靠的是多民族国家的理念。但是它不仅没能使人们联合为一体，反而造就了一个以“异”为根本原则的民族秩序。明代放弃了多民族的策略，选择联合那些已经被联合起来的人，即“华”或者说“汉人”。元代宣扬国家统一，却奉行民族区隔政策。明代奉行的是民族统一和国家统一的政策。然而，随着时间的推移，“同”的理

念却在大众心目中播撒了仇外的种子——对不同者的恐惧。拒绝视欧洲人或其他外来者为同类，使多数明代官员无法了解和适应外部世界。1644 年，满人入主中原，似乎证明了仇外才是正确的做法。那些试图打通一切传统和信仰的人，本希望创造一个更为包容的世界，到头来却发现，捍卫他们心中理想的道德阵地已经失守。

第8章

物华

元明两代，物质极大充沛。从收藏大量珍玩和艺术品的天家内院，到装饰典雅的富贵之家，乃至不过一二间大的普通农舍，人们不断积累着自己需要（或自以为需要）的物品，生活和一切的日常事务才得以继续。这些物品可以是普普通通的一双筷子或一只茶壶，也可以是一个莹润剔透的成化薄胎瓷盏或一方纤毫毕现的山水人物玉牌。有些遍地皆是，有些则极为罕见；有些千金难求，有些则不名一文。它们塑造了元明时代人们赖以生活的物质世界。这个世界里商品的生产、流通和消费，无论种类还是数量，都达到了历史上其他人类社会所无法比拟的程度。一个贫穷的农民也许一年只买得起一件自己所需的物品，而一个朱明藩王的内院库藏可能几辈子也享用不完。只要是人们买得起的东西，就会出现在他们的生活空间中，并在很大程度上塑造了他们的世界。

家 产

关于谁拥有什么的记录在元代十分罕见。马可·波罗让我们瞥见了忽必烈王宫的奢华，比如宴会大厅上的巨型酒缸，“每边长约三步，饰有精美的鎏金兽纹”。他还告诉我们，在宴会上，大汗的仆役 187
捧出“一大堆金银器皿，多得简直让人无法相信自己的眼睛”。这的确令人赞叹，但这并不是重点。马可·波罗并不是要向我们展现簇拥着这个强大统治者的所有物品。他的目的是用这些东西的规模和价值来震撼我们，而不是为后世的历史学家提供一份在场物品的清单。现存的元代物品清单来自忽必烈统治时期杭州的 47 位艺术品收藏家，我们在后面将详细提及。但这类清单，并不足以让我们构建一个元代家产的完整图像。

明代的情况要好得多。明代最著名的财产清单是严嵩（1480—1567）被抄家时的籍没册。严嵩官至内阁首辅，在嘉靖朝的最后 20 年权倾朝野。权力为他招来了同僚的嫉恨，也给他带来了数不清的贿赂和供奉，最终导致他家产籍没，在一片唾骂声中死去。在严嵩的罪状中，除“谄谀媚上”一条外，其余恐怕都被夸大了，不过，对其子严世蕃（1513—1565）倚仗父亲权势大饱私囊、横行乡里、侵占民产的指控并非虚言。嘉靖四十一年（1562）的这份籍没册被保存了下来。这既是一个政治文件，也是一份家产实录，使我们得以一窥明代最富有家庭的生活。

严嵩的籍没册展现了富有的消费者能够拥有的极致：金、银、玉器；古铜鎏金器；珊瑚、犀角、象牙等珍奇异宝；玉带（与今天男士佩戴的领带一样，是男子穿着袍服时的重要配饰）；匹缎与衣，特别是织金妆花缎、绢、绫、罗的；乐器（包括古代名琴）；古砚、文具；屏风；大理石、螺钿等床；石刻法帖墨迹；古今名画、手卷、册页；最后，还有累朝实录并经、史、子、集。而这些只是朝廷直接籍没的东西。严家还有很多东西被充公出卖，那些都是另外造册的。这 188
第二份籍没册登记的是较为普通的东西：食器和工具、布匹和衣物、家具和寝具、乐器和书籍——这些毫无疑问也质量上乘、价格不菲，但并不是古玩、善本或名家作品，这些是富贵人家日常使用的东西。如前所述，抄家是一项政治行动，这两部分籍没册的存在证明了严嵩在道德上已失去了做首辅的资格。不过，艺术史家柯律格（Craig Clunas）怀疑严嵩的政敌伪造了这份文件。“在它枯燥的官样语言中，我们看不到因渴望而洋溢的兴奋，有的只是平静地罗列似乎永远无法穷尽的财富。”这些就是一个真正富有的（尽管是非典型的）家庭所实在拥有的东西。[1]

我们需要注意的第二种清单是留存在契约文书中的分家单和阄书。通常在家主过世后会析分家财，各房自立门户。我们可在现存的徽州契约文书中找到 5 件明代的分家单和阄书。徽州在南京以南，明代徽州出了不少富室大贾。[2] 这些徽商家族的财富虽然无法与严嵩匹敌，但数量也相当可观，需要以契约的方式才能析分清楚。成化十一年（1475）的《吴氏分家簿》，展示的还只是一个小康之家的家底。其中胪列的有：毡毯 1 条、席 2 条、灯笼 1 对、古铜花瓶 1 对、银朱漆盘 4 面、算盘 1 个、画了 1 把、天平匣 2 副、衣架 1 个、酒箱 1 担。吴家还有研槽 1 副、断锯 1 把、准陆盘 1 副、轿 3 乘，还有若干看来像是火器的东西。有轿 3 乘，说明吴家的生活十分殷实，但还远远达不到上流社会的门槛。

崇祯七年（1634）的《余廷枢等立分单阄书》则显示了一个普通人家在一个半世纪中所能累积的什物器皿。这份清单上包括了各种形状大小的桌子 10 张、床 2 张、香几 1 座、椅 12 把、梯 3 条，还有“古老旧小琴桌”1 张。许多东西的前面都标上了一个“旧”字。余家的东西虽然比吴家多，但是富有的程度却与之不相上下。毕竟崇祯七年徽州的富裕程度已远非成化十一年时可比，对于什物样式的要
189 求想必也发生了变化。崇祯时的一个小康之家，至少要有 1 张琴桌。琴是象征士大夫身份的一件乐器，这说明商人家庭的文化追求也有所提高了。万历四十年（1612）的《孙时立阄书》展现了一个更为富

有的家庭的情况。孙家三代经商，资产渐丰。孙时的三个儿子都已婚娶，因此决定分家。三人分得的家内器物颇为可观，有金银酒器、铜锡器、画手卷、瓷器，还有 180 件家具。后面的章节将具体论述到家具。现在，我们先把数量记录下来。家具的件数很多，说明一座富商宅邸内可以摆下的物件委实不少。

另一户徽商休宁程氏，经营典当业，在长江沿岸开设了 7 家分铺，资产总数更在孙氏之上。崇祯二年（1629）的《休宁程虚宇立分书》虽然只胪列了 53 件器用杂物，但值得我们注意的是，其中有 15 张香桌、34 个漆盒、3 幅围屏和 1 担铜镶酒箱。乍看之下程氏的物件比孙氏少很多，但这不过是因为他们只列出了真正值钱的东西而已，普通的家具和日用器皿并未包括其中。在这样一个家庭，根本就不必为之造册。

最有助于完整勾勒一个大家庭家产的一份清单是最令人意想不到的，它也是一次抄家的产物——南京的耶稣会士产业。事情发生在万历四十五年（1617），为的是调查耶稣会士在陪都的活动情况。万历四十四年（1616），耶稣会士高一志（Alfonso Vagnone）和曾德昭（Álvaro de Semedo）被捕，同时系狱的还有 17 个中国助手，他们中的大部分人与两人同吃同住，罪名是妖言惑众。次年春，他们的住宅被封查，里面的所有物品被一一登录在册。这座房子是利玛窦在万历二十七年（1599）购买的，这意味着那里已连续 17 年有人居住，里面的东西也是在 17 年里积攒起来的。一些东西，如风琴和放在木匣里的座钟（已经停摆），属于居住在那里的欧洲人。但是大部分登录在册的物品是任何一个人口众多的家庭都会用到的东西。

这份清单共分为三部分：67 件舶来品在耶稣会士被遣返时已一并交还；1330 件家具什物，并不能引起朝廷的注意，因此被卖掉了；剩 190
下的 1370 件物品才是与煽惑罪有关的。其中大部分都是书籍（850 卷），但也有版画、文件、地图、天文仪器、十字架（朝廷认为这类属巫蛊人偶），以及民间禁用的龙纹器物。[3] 这些东西实在是不少。尽管一位欧洲人在游记中评论南京的住宅并不精致，这份清单却反映出，住宅内的家具固然并不奢华，但也绝非简陋。这丝毫不让人奇怪，因为耶稣会士经常要同时留宿 12 名以上的访客，而且招待必须得体。

这份琳琅满目的清单不知从何说起。就家具来说的话，有桌 40 张、椅 61 把、凳杌 34 只、书箱 5 只、书架 11 座（外加博古架 2 座）、茶几 13 张、客床 9 张、眠床 3 张、拔步床 2 张，还有许多匣盒。瓷器有 326 件，外加两件大陶瓷香炉。布匹、衣物、手巾、帐幔、被褥、厨具、盘盏、橱柜、箱笼，不可胜数。仅以铜器而言，就有水缸 1 只、温茶缸 1 只、火锅 1 只、盘 7 只、香炉 4 只（2 只配有铜制底座）、锅 2 口、盖板 2 块、铲 2 柄。锡器有酒壶 1 只、酒瓶 6 只、茶壶 4 只、罐 3 只、灯 1 盏、烛台 10 只。大型物件则包括轿 3 乘（各配有轿帘、画屏和轿杆 1 副）、驴车 3 驾、铁锅 3 个和铁炉 1 只，另有毡毯 2 块（羊毛 1 块、麻 1 块）。工具类包括锯子 4 把、杆秤 2 把、磨床 1 台。除了这些耐耗品外，还有大米 400 升（够 12 人吃 1 个月）、咸蛋 1 篮、薪柴 10 堆、酒 10 壶。

这份清单没有被用来指责耶稣会士。里面的东西与奢侈靡费并不沾边。天文仪器遭到了朝廷的质疑，但不是因为它们是奢侈品，而是因为观测天象是钦天监的特权。因此，按照当时的标准来看，这只是一个物资充实的民宅，家具什物的数量和质量恐怕与 17 世纪最初 10 年南京的任何一个小康之家没多大区别。我们稍后的话题还会回到这富庶的 10 年。

191

鉴 藏

物并不只是任由我们塑造的惰性客体，它们承载的意义有时强大到完全超越了它们的功能。物的这一双重生命，最明显地反映在高端消费中。比如，宫廷用物必须得是工艺最上乘的，这并不是因为昂贵而典雅的凳机就比廉价而粗笨的更好使，而是因为它发挥了比支撑人的坐臀更多的功效。它一定是精致的，因为它必须公开展示与宫廷相匹配的财富和优雅。

因此，元明两代的宫廷是奢侈品的主要消费者：墙上挂的画、屋里摆的家具、景德镇窑厂的餐具、丝绸衣物，还有装帧精美的书籍——既是皇家读物，又可赏赐臣子。宫廷的开销是巨大的。宫廷有一整套专门的造办机构，有的就设在皇宫内，有的则设在苏杭等主要产地。毋庸讳言，上有所好，下必甚焉。皇室之外的人对这样的奢华艳羡不已，甚至设法拥有，但有些定例是不能僭越的——龙纹是皇家的标志，五爪龙是御用，四爪蟒才是民间通用（图 15）。这让人想起在耶稣会士居所发现的龙纹碗也成了对其不利的证据。

品位并不是由宫廷向民间的单向渗透。一些人想在日常用度上仿效天子，设法获得御用之物，或更可能的做法是购买仿制品，但对于品鉴的行家，这未免无聊。能够自己设定标准岂不更好？这就是士大夫的做法——由自己的消费偏好形成独特的风格。其精髓不在于昂贵或炫目（尽管引人注目总是好事，尤其是当你为这样东西耗费巨资的时候），而全在一个“雅”字。雅是一种极难驾驭的标准，足以叫那些暴发户原形毕露。有时它甚至让皇帝也相形见绌，这就是它的奥妙所在。皇帝拥有天命，能够指挥军队，能够一掷千金，除此之外还有什么呢？如果没有师傅的教导，皇帝就不可能懂得成为高雅之士所 192
需的赏玩知识：金石、绘画、书法、善本，甚至是风度。忽必烈和朱元璋不耐烦学这些深奥的知识（arcana）。他们的继承者，不少是冲龄践祚，也没有比他们好多少。他们有师傅教导，但学得半心半意。与宋代的皇帝相比，元明两代的 30 个皇帝只能说是“稍逊风骚”。唯一的例外是宣德皇帝（1426—1435 年在位），即永乐皇帝的孙子、太祖的曾孙。他是一个少见的雅好艺术到成为丹青高手的皇帝。不过，整个元明两代也只有他一人而已。

图15　景德镇瓷罐，落款为嘉靖朝（1522—1566）。罐上龙的五爪清晰可见，说明这是御用之物，不过后来很可能流入民间（哈佛大学赛克勒美术馆藏）

在一个品位与金钱并重的经济体系中，作为豪客的皇帝不得不让 193
位于作为雅客的士大夫。皇帝只是物的拥有者，而鉴赏家用物来表达他们的文化旨趣——深沉的思索、对美的洞察和良好的品位。两种消费行为——炫富与优雅——相互影响，又互不干涉地在各自的社会范围里进行。因此，当朱元璋正充实着自己在南京的宫殿时，一个叫曹昭的富有藏家在同一座城市里编写着自己的收藏心得。这本名叫《格古要论》的收藏指南，告诉士大夫如何甄别有收藏价值的东西，学会欣赏它们的好处而不是急于占有。[4] 皇帝可能对此并不感兴趣。然而，不论是占有型消费还是文化底蕴型消费，最终都极大地刺激了艺术和艺术品的创造，造就了今天大部分人印象中灿烂的“明文化”。

鉴藏并不始于元代，但宋元易代之际，大量宋室贵胄的旧物流入市场，对鉴藏的发展起到了相当大的刺激作用。抢救过去文化遗存的焦虑感——唯恐其消失于蒙古人的铁骑之下——演变成一种为了缅怀宋代而进行品鉴收藏的社会活动。鉴藏，实际上成为仍然效忠宋室的南人与侍奉新元的北人之间可以寻求某种契合的一种活动。[5] 元初的鉴藏主要集中在书画方面。尽管金石和瓷器也被人收藏，但唯有书画被人们视为自己和文化上的过去之间的一种活着的联系。明初的艺术品消费受到供应的限制。直到 16 世纪商品经济的兴起，艺术品需求才得到了市场的响应。富贵人家不再满足于衣食住行的基本需求，开始通过积聚物品的方式来展示自己的财富和眼界，从日用奢侈品，如做工精良的家具、瓷质食器、刊刻精密的书籍，到罕见而昂贵的文化奢侈品，如商周青铜器、宋代善本、明初瓷器、历代名家书法。

拥有这些价值不菲的东西需要财富、教育和关系，有明一代，符
合上述条件的买家人数在逐步增长。与此同时，那些自诩为文化传统 194
精髓的守护者与那些试图跻身上流社会的新贵间的竞争日趋激烈。后者挑战了普通人思不出其位的文化束缚。保守人士对付这种挑战的方式是将目光投向过去，指出历史上那些标准松动之时就是社会秩序堕

落的开始。嘉靖初年（16 世纪 30 年代）江南的保守士人看到，天顺末年（15 世纪 60 年代）的经济繁荣诱使更多人逾礼尚奢。[6] 嘉靖中期（16 世纪 40 年代）山东、福建的保守人士则批评弘治、正德之际（16 世纪的最初 10 年）的社会风气。这正是人们辩论不休的一点，把社会败坏统统归咎于正德朝——这个龙见不断的时期——大概是一种再方便不过的做法。[7]

奢侈品消费的条件远远超过了对买得起和买不起的简单区隔。鉴定一件商代青铜酒器是诗礼传家的士人之家才能培养的见识。能否辨识书法家米芾（1051—1107）的墨宝，也决定了你能否跨入精英世界的窄门。在一个等级森严的社会里，鉴藏需要的不仅仅是知识。作为一种社会活动，鉴藏是身份相近者赏析珍贵物品的雅集，也是参与者相互结识并彼此欣赏的过程（图 16）。

士大夫的收藏也涉及同属士阶层者的消遣之作，但大部分还是匠人的作品。尽管在 16 世纪的最后几十年，享誉海内的当世名家不乏其人，有这些名家落款的作品在市场上也是炙手可热，然而，最好的藏品仍须是古董。元代不可能形成这样的艺术品牌，因为从事手工业的都是系官工匠。明代逐步建立徭役征银的制度，工匠摆脱了国家的束缚，从而成为独立的生产者。正所谓众擎易举，独力难支。工匠们喜欢聚集在城中的同一区域，并最终成立行会来保护和管理他们的集体利益。[8] 行会的会所一般都建成寺庙的样子，里面供奉的是行业的祖师爷。比如，苏州铁匠供奉的是老君，他们的行业会所名为“老君堂”。
195 刺绣业供奉的是嘉靖年间的一位顾姓官员，他在闲时教家人刺绣，渐有“顾绣”之名，盛行于世。苏州绣业奉祀办公之处称为锦文公所。[9]

尽管由熟练工匠主导的手工业兴起了，收藏家认为有些东西，特别是书画之类，工匠做得实际上倒不如他们这些玩家。书法是最直接表现作者精神的一种艺术形式。一个纯粹的工匠是无法创作出真正上乘的书法作品的，上乘之作只能出于精英之手。绘画也是如此。都会

图16　杜堇《玩古图》，作于明成化、弘治之间（1465—1505）。两个藏家在案前品鉴古玩，四名仆役随侍在侧。右上角的妇人在包裹一架古琴，这是文人雅士爱好的一种乐器（台北“故宫博物院”藏）

市场上充斥着工匠创作的书画，但资深的收藏家不会理会这些毫无神韵可言的商品。他们承认宫廷画师中不乏丹青高手，但他们更青睐文人雅士的业余作品。[10] 通过强调这种分别，他们把自己超拔为凌驾于匠人之上的艺术家。

要想了解晚明时期人们如何获得对他们有意义的东西，我想还是要把目光从籍没册和分家书转向账簿。我要特别提到的是一位名叫李日华（1565—1635）的士人记的流水账。李日华生于嘉兴府，这里东北毗邻商业港口上海，西北紧靠文化与商业中心苏州，西南则是六朝旧都杭州。李日华的家境并不富裕，李父幼失怙恃，勉力供其读书、科考。李日华于万历十九年（1591）年中举，二十年（1592） 196

中进士，授江西九江府推官。万历三十二年（1604），归家丁母忧。在27个月服阕后，他无心出仕，以父老无人赡养为由，请求休致，开始了长达20余年的归隐生活。自此，他安心在家，享受文人雅士的悠闲生活：吟诗作画，游山玩水，访友问道，参与地方事务。[11]

我们之所以知道李日华其人，是因为他的归隐日记，其中万历三十七到四十四年（1609—1616）的部分奇迹般地流传至今。日记题为《味水轩日记》，顾名思义，李是嗜茶人。每个人都品得出茶味，但只有真正懂得品茗之人才能尝出水的好坏。李能文擅画，写得一手好字，但又没有一样特长使他在那个时代超群绝伦。唯有他的这本日记使他青史留名，因为它为我们揭示了衣食无忧的士人的日常生活点滴——其中一项便是收藏珍品。

17世纪的头10年是富庶的10年。李日华买得起那些他认为最能体现自己文化传统精髓的好东西。雅是他的首要标准，鉴别雅俗是鉴藏中最重要的工作。其次，也是必要的一点，是鉴别真伪。一件优雅的伪作是无法令人接受的。同样，无论一件藏品如何粗陋，只要它是出自名家之手，李日华立即会认同它的优雅。如果某件藏品缺乏某种品质，他也会很快发现这一点。

李日华从事收藏的最大障碍是供给的限制。市场上流通的上乘藏
197 品实在不多，这也是奢侈品市场的常见状况。朋友或熟人或许愿意出让部分收藏，但这些人脉仍无法满足李日华的胃口。因此，他仍需要借助商业网络的渠道，事实上他也是这样做的。根据李日华的日记，几乎每周都有来自长江沿岸六大城市的掮客带着藏品登门造访的记录。然而，他多数是从一个夏姓本地商人手中购买藏品的。七年中，李日华记到这位“夏贾”多达42次，他给李日华带来的既有名家精品，也有不名一文的伪作，看来买卖双方对捡漏都颇为热衷。就让他们带领我们进入晚明文玩珍品的世界吧。接下来，我们将依次检阅书、家具、瓷器和书画的世界。

书

从严嵩和耶稣会士的籍没册中，我们已经看到，富室必有藏书。不过，从李日华的日记来看，夏贾并不经营书业。书的命运最后往往是随着房产出售或被打包交易，从而与其他奢侈品一起进入流通渠道，不过大部分的书还是由专门的书商进行买卖的。然而，书不是一种单一的物品，它涉及的范围很广，从艳情小说（在16世纪末风靡一时）到稀见的经籍善本，不一而足。在莘莘学子以科举为正途的明代，书既是进步的工具也是文化崇拜的载体。即便如此，书籍市场的主要目标客户仍是通俗读者。

书籍生产的技术不难掌握，但各个生产步骤需要工匠们的互相配合。书稿完成后，将写样反贴于梨木版面上，两页为一版。随后，刻工便开始雕版，逐字细刻后用铲凿除尽无字处余木，使文字凸出。制作200页的书，需要两名书工、三名抄工和六名刻工。[12] 书版完成后，印手在版上滚上油墨，铺纸压实，揭下纸张，便成两“页”（pages）印在一张纸上的完整一面。装背工将印好的书页在版心处对折，使有字的面朝外，这样就成了汉语中所说的一“叶（桊）”。接 198
着，将这些折好的书页对齐，打孔穿线，装订成册。最后，依书册的开本大小和厚度，裁出四方的厚纸，以布面包裹，作函封装。书籍的制作便告完成。[13] 我们可用“一册”“一函”，或“数函”来指称“书”。

为了使一些著作流传于世，学者们有时也会涉足出版业。元明两代的学术出版，相对于蓬勃的商业出版而言，颓势渐现。16世纪初，识字率的提高和读者群体的增长带动了商业出版的兴盛。出版业与读者群体相辅相成，到了万历年间，便形成了一个庞大的书籍市场。与学术出版不同的是，商业出版需要寻找特定的读者群体（即买家群体），它未必要传达学者在写作中欲竭力呈现的那些文化价值，只是一种以逐利为目的的生意。但是，商业和学术也有不谋而合的时候。

一些出版商也会对他们认为有利可图的学术出版产生兴趣，而一些学者也会迎合市场需求创作和出售一些通俗作品。也就是说，万历年间的很多出版物，出自受雇于出版商的职业文人之手：故事、讽刺小品、简史、科举书籍、艳情小说、日用类书以及从尺牍备览到官箴书的各类实用指南，不一而足。

顾炎武（1613—1682）关于自己家族如何藏书的一段描述，有助于我们了解书籍在士绅社会中的存在状态。顾氏原居上海郊县。顾炎武的高祖于正德末年（约 1520）开始蓄书。当时，只有王府官司和福建建宁书坊才有刻版，所刻印的书籍无非四书五经、通鉴、性理诸书，可想而知，都是些正统而刻板的读物。尽管如此，顾炎武的高祖还是收集了多达六七千卷的藏书。

嘉靖后期（16 世纪 50 年代），倭寇入侵江东，藏书俱焚。万历初年，顾炎武的曾祖重建藏书，此时购书较之以往已便利得多，因此，顾炎武记道："及晚年而所得之书过于其旧。"尽管如此，对于藏书来说，最大的敌人倒成了时间本身，所以，顾炎武补充道："然绝
199 无国初以前之板。"旧书变得越来越少，因此价格也越来越昂贵。于是，一个古籍善本的市场应运而生。买家孜孜以求的已不是一个单纯的文本，而是只有他们才能拥有的文本，因此，越稀有越好。顾炎武的曾祖虽然"性独嗜书"，但在买书这件事上并没有一掷千金的实力，因此只能屈从于现实，表示不屑于把古籍善本当作奢侈品来占有的方式。他总是说："余所蓄书，求有其字而已，牙签锦轴之工，非所好也。"他死后，藏书被分给了四个儿子。顾炎武的祖父继承了顾氏先人嗜书的特点，在先世所传的基础上又继续扩充。到了顾炎武手里，藏书已至五六千卷。[14]

顾炎武的故事告诉我们，16 世纪，私人藏书的规模和条件已经超过了过去。在宋代，万卷藏书对于个人而言几乎是个不可想象的数字。而到了 16 世纪末，藏书万种以上的私人藏书楼已多达数十座，

若按卷数而论，则每种图书又可多达数千卷，则总数又岂止万计？[15]晚明时期，可购之书和购书之人的数量，在中国历史乃至世界历史上都是空前的。我们可以说，晚明曾掀起过一股藏书热。王文禄就是藏书过万的藏书家之一。他为此倾注的财力和心血是难以想象的。正因如此，当隆庆二年（1568），他的书楼失火时，王文禄才会大呼：“但力救书者赏，他不必也。”[16]

顾炎武来自一个藏书之家，世代书香，学养深厚。李日华则不然，他的收藏嗜好更偏向审美而非学问。尽管他对送上门来的善本也会有所留心，但不会像顾炎武的先人那样，不辞劳苦地搜寻自己想要的书籍。所以，当有邻人带着百本宋版《太平御览》（10世纪的一套千卷本御制百科全书）登门拜访，他也会在日记里记上一笔。对他而言，这套书的吸引力在于它是真正的宋代版本，而宋版是十分稀见而昂贵的。此外，李日华与这套书曾经的主人是旧识，这使他更为看重它的价值。他也很清楚这套书的经济价值，因此，估值高达百金。但他并没有买。[17]

李日华也许未到嗜书如命的程度，但他也常在书肆流连。他记 200
到，有一次在苏州看到的一个颇为稀奇的书稿——弘治年内府《图绘本草》四套（对于一个藏书万卷的藏书家来说，这只是一种书而已），李日华大为赞叹。他记道：“先朝留意方术，不苟如此，真盛时文物也。”书的主人告诉李日华，[18]该书得自苏州以南的吴江县，原为一位宫廷内侍所藏。李日华由此写道：“固知金匮石室之藏，其漏逸于外者多矣。”该书由弘治皇帝主持编修，但直至其死前才告成。正德皇帝继位后，该书即被束之高阁。至今只有一个手抄本传世。[19]李日华看到的是这个版本吗？

从宫中漏出的稿本确实罕见，这多少解释了李日华对它的兴趣。一般的读者不会对它发生兴趣，尤其是听到书贾的报价之后。明代的大部分书贾混迹于低端市场，文字对他们来说既是生意的工具也是乐趣的源泉，但无关学问。不过，即便是目不识丁者也会买上一两本书，也许只是当作某种社会身份的标志。[20] 更令人惊奇的事实是，文盲在晚明人口中只占一小部分。天启五年（1625），遭遇船难后被冲上中国海岸的西班牙耶稣会士阿德里亚诺·德·拉斯·科特斯（Adriano de las Cortes）对明人的平均生活水准未感惊奇，但对其教育程度却深感惊讶。他在回忆录中写道："中国男孩，哪怕是来自非常贫困的家庭，不会读写汉字的也极为少见。"拉斯·科特斯来自一个连贵族也并非人人乐意学习阅读的国度，因此，当他发现"大部分人，无论贫富贵贱，鲜少不会读写"时，怎能不感到震撼？他发现，会识字断文的妇女要少很多，因为女孩一般不能上村塾。"在我们到过的所有学校，只见到了两个在上学的女孩。"[21] 女孩一般只能在家学习读书写字，通常是跟从识字的母亲学习，偶尔也有受教于父兄的情况。

读者需求的增长促使印刷业朝向流水作业和标准化的方向发展。[22] 标准化的一个结果就是大范围地弃用活字，这在排字方面，对于只有26个字母的语言来说不是个问题，但对一个拥有数千字符的语言来说就没那么简单了。另一个结果是书变得更便宜了。最
201 终，人们可以为了娱乐而不仅仅是工作买书。16世纪下半叶长篇小说的流行——这种叙事作品比后来在欧洲出现的小说早了一个多世纪——至少应部分地归功于商业出版的发展。在李日华生活的时代就出现了三部最伟大的白话小说：《水浒传》《西游记》《金瓶梅》。[23] 我们知道李日华有一部《水浒传》，但他对艳情小说从不涉猎。沈德符（引用过他的笔记《万历野获编》）曾通过自己的侄子送给李日华一部《金瓶梅》，但李日华没有接受。他认为，这本小说"大抵市诨之极秽者，而锋焰远逊《水浒传》"。

成本降低不仅意味着通俗书籍的传播，也意味着许多原来仅停留在手稿阶段的专科知识（如医书）得以正式出版。我们知道李日

华拥有不少医书，因为他在万历四十一年（1613）的日记中曾提到，自己一边照料患病的妻子，一边“点读医书，有悟入处”。所谓“点读”与中国古代出版物文不圈点的习惯有关。也就是说，文章书写中没有用来指示文辞停顿和句意完整与否的标点符号。尽管在阅读一个陌生主题的文本时可能存在一定的难度，但语境和偶尔“空开”一字的做法，已为读者提供了断句的充足线索。事实上，“句法分析”（parsing）是对“点读”一词的过度翻译，“点”实际的意思是“标点”（dotting），指的是在每个短语的后面加墨点的做法，目的是提供概略式的标点或标明读过的段落。因此，许多读者喜欢边读边“点”。

除了医书和小说，李日华还在日记中提到自己购买的学术著作。万历三十九年九月九日（1611 年 10 月 14 日），友人以“新刻《荆川史纂》十函见贻”。该书是大学者唐顺之（1507—1560）辑录的历代制度史，共 124 卷。现存本为万历二十三年（1595）南京国子监刊印，正是唐顺之任国子监祭酒之地。[24] 李日华已经有两部旧刻，其中一部很可能是南京国子监监刻本，所以友人带来的一定是某个晚 202
出的坊刻本。李日华显然更喜欢这个新刻本，因为，这天稍晚的时候，一位商人从湖州驾船来访，李日华便用两部旧刻换购了他手上的一些书，其中包括一部松江刻本的《稗史类编》。

元明两代的商业出版中心在建宁府，位于福建省的腹地深山，其中又以建阳为最盛。[25] 李日华也有出自福建的坊刻本。万历三十八年正月九日（1610 年 2 月 2 日），他记道：“闽门生陈禹玉寄至蛎房二瓯，密罗柑四只，新刻《考工记述注》一部，洞茶一斤。”[26]《考工记》是成书于汉代的经典《周礼》中的一章，记述了官营手工业的制造工艺和规范。明代学者对《周礼》有着浓厚的兴趣，他们借此勾画出了一个理想而非现实中的治国形貌。《考工记》中有不少艰涩难懂的部分，因此这个注本对原书内容进行了巨细靡遗的解释。该书现仅存万历三十一年（1603）的一个刻本，刻工粗糙但插图丰富，无一不显示出建阳刻本的特点。李日华手上的版本似乎与之一致。

但是李日华本人并不喜欢建阳书坊刻印的那类书籍。他在日记中最常提到的读物是佛经。他尤其喜爱《大方广佛华严经》，这是汉地佛教大乘经典中最权威的一部。[27] 万历三十八年五月二十日（1610 年 7 月 10 日），一位友人带给他宋刻《法华经》，为元祐七年（1092）刊行，且后有净慈守讷题语，更增添了此书的价值。万历四十年十一月二十五日（1612 年 12 月 17 日），[28] 他从徽州著名画家、传记家潘之恒处得到一部《华严新经论》。此论原为一唐人所著，后经一位僧人割论附经，成为“合论”。李日华在日记中解释说，潘之恒又将经论分离，单刻论为一本，并请焦竑（1540—1620）作序。焦竑是居于南京的一位著名理学家，提倡三教合一。他在国子监祭酒任上还曾为唐顺之的《荆川史纂》写过序。李日华可能把有焦序的国子监刻本卖了，换了友人赠予的新刻本。

203 四个月后，他记述自己在舟行十日后返家，“舟中无事，点阅《华严合论》”，他还说道：“佛理尤妙，不读此书，几错一生矣。”又过了一年，一位友人向其出示了一部《华严经》，凡 81 卷 16 函，是他花费六年抄写而成，请李日华为其题写后记。这样一部书是一件应该被传阅并欣赏的物品，也是一个与友人往来唱和的契机——这是一种优雅的消费，即便被消费的物品是一个宗教文本。而它要指给人们看的是，世间一切，无所有，毕竟空，不可得。

家　具

李日华享用的那些家具，在某种程度上仍在为今天的我们所用，即我们所称的“传统”中式家具：红木圈椅（圈背与扶手由自高至低一顺而下的细木相连）、带立墙的闷户橱、圆凳、雕花衣架、折叠式脸盆架、带门围子架子床。[29] 这些家具的历史也许个个能上溯到明代以前，但它们最为人熟悉的面貌还是明式，因为几乎没有明以前的家具流传下来，即便是今天博物馆里展出的明代家具，大部分也是清或清以后修复的，里面大概没多少木料是真正来自明代的。

明代的家具在式样和结构上不断被精细化。构件越做越精巧，靠背、扶手无不贴合人体的曲线。榫卯工艺日趋发达，构件之间的扣合严丝合缝，完全不露接榫与钉子的痕迹。[30] 然而，最令人惊叹的是，民间开始流行用廉价木材无法制作的细木家具。万历初年的名士范濂（1540—？）在其《云间据目抄》（1593）中记录了这一变化。“细木家伙”兴起于他生活的年代，因为他在笔记中称：“余年少时曾不一见。”过去，“民间只用银杏金漆方棹。自莫廷韩与顾宋两公子，用细数件，亦从吴门购之。”于是乎，买家和工匠竞相采用花梨、乌木和黄杨木等名贵木材，床、橱、几、桌等日用家具莫不如此。范濂不禁感叹：“亦俗之一靡也。”[31]

明代木匠尤其擅做椅子，买家对之也有特别的偏好，从南京耶稣 204
会士家中 61 把椅子之数便可见一斑。椅子至北宋时才开始流行。卧靠于床榻的所谓蛮夷习惯，曾取代了席地而坐的汉地传统，到了北宋时已不再流行。明代家具的椅凳类异常丰富，有一些还是明代的首创。不过床榻之类仍然适合文人使用，“燕衎之暇，以之展经史，阅书画，陈鼎彝，罗肴核，施枕簟，何施不可。”这段话来自文震亨《长物志》——一部编纂于万历末年（17 世纪 10 年代）的闲赏谱录——中对家具的评论。[32] 文震亨并不认为床榻有任何不妥，但是，2 世纪，一位荒淫无度的中国皇帝喜欢坐“胡床”的故事早已深入人心。[33] 明太祖对床榻的态度也十分严苛。在他扫除陈友谅叛军之后，曾有部下向他进献陈友谅的镂金床。朱元璋认为，不过是一具床榻，竟然工巧若此，实在是穷奢极欲，便命人将其销毁。[34] 明代统治者要端坐于椅上，而不能横卧于榻上——这也许暗示了他们的臣民也要如此行事。显然，到了文震亨的时代，人们早已将这则故事抛诸脑后。

因船难来到明朝的拉斯·科特斯对自己所见的椅子印象颇深："制作与雕刻工艺极为精湛，尽管是蛮族人的样式。"他这样说，似乎是把这种工艺归因于蒙元的影响。拉斯·科特斯随后又描述了另一种只有在富家大户才能见到的家具。他对数量众多的小桌子尤为赞叹，它们也是"工艺极为精湛的"，被摆放在一户人家的厅堂内，数量达20—40件之多。它们"被叠放在一起，除了一两件之外，其余的平常并不拿来使用"。拉斯·科特斯解释道，这一大堆可以叠放的小桌子，全然不合欧洲人的品位，不过"是一种摆阔的形式"。[35]这确实是较晚兴起的一种家具。从元代到明初，标准的餐桌是四四方方的八仙桌，一边可坐两人，一桌可坐八人。16世纪，这些较大的桌子让位于只能两人共用的小桌子，这反映出一种维护上下尊卑的思想——在八人围坐共食的情况下，等级的界限可能会变得模糊。[36]

205 据前引万历四十年的《孙时立阄书》所示，徽州在当时已落后于社会时尚。孙家仍然有"退光八仙桌4张、大香桌1张、小退光琴桌6张、金漆桌40张、抽屉桌3张、退光大桌6张、大退光四方桌1张"，还有10张标为"旧""小""粗"的就不一一列举了。[37]这里面没有提到可以叠放的小桌。

艺术史家柯律格已经注意到明代木作工匠没有留下他们的姓名，他写道："消费阶层留下的文字中从未记录过工匠的名字。"[38]但是，李日华至少给我们留下了两位修复家具的工匠的名字。修复是一门受人尊敬却又界定模糊的手艺。它可以使老物件恢复其原来的"优雅"面貌，这当然是一桩好事；但它也可以用来制造赝品，这可就大大不妙了。李日华十分钦佩一位名叫周丹泉的苏州木器修复师，称他"极有巧思。敦彝琴筑，一经其手，则毁者复完，俗者转雅。吴中一时贵异之"。[39]李日华暗示，周丹泉的手艺得自与之交好的某位道教人物。

与周丹泉相反，一位名叫金梅南的苏州漆匠却利用自己的手艺蒙骗主顾。李日华在万历四十三年八月七日（1615年9月28日）的日记记道，自己刚刚购买了一张龙潭石黑髹榻。龙潭位于江西北部，出产一种石头，质感略逊于云南大理的凤凰石。李日华曾经提到自己从一位无锡商人手中购买过两座屏风和两张榻，都取材于大理石，所以我们知道他清楚真品的样子。由于大理石价格昂贵又不易获得，通过金梅南这样的巧匠之手，龙潭石便可被加工成乱真的替代品。一次偶然的机会，金梅南路过龙潭，发现了这种石材，“稍砻治之，见其质美，可乱大理凤凰石。因益募工，掘地出石，锯截成片，就其纹脉，加药点治，为屏、几、床、榻。骤睹者，莫不以为大理也。”李日华在故事的最后提到，金梅南曾用龙潭石混充大理石，制成一张髹榻，以 60 金的高价卖给一位高官。对赝品一向反感的李日华，似乎 206
觉得这位附庸风雅而后知后觉的官员也是咎由自取。这样的丑角实在应该被摈斥于李日华所守护的文人雅士的圈子之外。

瓷 器

对于今天的人们来说，最能代表明代工艺风格的莫过于当时欧洲人以其产地命名的“china”——瓷器。诞生于元代的瓷器式样已经成为经典的代名词——将白色的薄胎瓷胚上釉后，绘以钴蓝色的纹样，再次上釉后进行高温烧制，最终形成一层如玻璃般透明而坚硬的表面。

瓷器是中国人的发明，但是青花却不是。这种跨文化的审美趣味是由一个国际性的陶瓷市场催生出来的。对白底蓝纹的偏好最早起源于波斯。波斯工匠没有烧制真瓷的技术，但拥有能够在器物表面绘制生动花纹的钴类染料。了解了波斯人喜好的中国工匠利用自己超凡绝伦的上釉工艺，生产出了深受 14 世纪波斯市场欢迎的精细瓷器。对于青花瓷的大量需求部分得益于地方宗教的约束。《古兰经》禁止使用金银餐盘的炫富行为（朱元璋也曾对宗室下过同样的禁令），因此青花瓷便成了波斯富人宴客时首选的昂贵餐具。

元代瓷器的制造中心位于江西省的景德镇，今天，它仍然享有瓷都的地位。景德镇的发展得益于周边富藏的瓷石矿。碾碎的瓷石与其他配料混合后制成瓷泥，经过拉胚、上釉、烧制后成为瓷器。景德镇虽然远离长江下游的主要商业都市，周边水路却十分发达，利用舟楫之便，可将产品行销至江南各地。

元朝于至元十五年（1278）在景德镇设立“浮梁瓷局”，将大批工匠集中于官窑。至元二十九年（1292）和泰定元年（1324），瓷局完成了两次扩充。泰定元年，景德镇被置于江浙行中书省的直接管辖
207 之下，但没过多久，即于泰定二年（1325）落入叛军之手，直到明洪武二年（1369）才重开官窑。[40] 有意思的是，元泰定二年也是标志着青花瓷生产彻底转变的年份。我们的根据来自在朝鲜半岛海域打捞起的一艘中国沉船上所发现的货物，货箱木签上标明的装运日期是元泰定二年四月十二日（1325 年 6 月 1 日）。这一船货物中有 5000 件景德镇瓷器，但没有一件是青花的。[41] 然而，10 年后，每一批从景德镇起运的瓷器中无一不有青花瓷的身影。脱离了国家控制的景德镇工匠也许在这一工艺风格的突变中扮演了举足轻重的作用。几乎是在一夜之间，这种跨文化杂交的工艺品横扫中国国内和国际市场。世界各大陶瓷制造中心的工匠们——从 15 世纪的帖木儿（Tamerlane）宫廷，16 世纪的墨西哥，再到 17 世纪的代夫特（Delft）——都在竭力仿制中国青花瓷的外观和神韵，但他们无一例外，都以失败告终。

李日华买过多地出产的各式瓷器——其中就有景德镇的瓷器。他关于瓷器最长的一篇日记讲的是一个名叫昊十九的景德镇瓷匠。他在万历三十八年三月十八日（1610 年 4 月）的日记中记道：“十九精于陶事，所作永窑、宣窑、成窑，皆逼真。人亦文雅好吟，喜绘画。”——李日华试图将最好的匠人吸收到自己的文化精英的世界中。

他回忆道，自己于万历二十六年（1598）春，受委选拣御用各色窑器而与昊十九结识。当时的昊十九“发已皓白矣。余令造流霞盏，以新意杂丹铅类烧成秘色。余付之直叁金。俄而余以谗归，流霞盏不复措念矣”。李日华之所以记下这则日记，是因为他收到了昊十九的来信。“今书来，知昊十九烧成五十件，附沈别驾归余，竟为干没。”沈是杭州人，因官声狼藉，投作藩王府属官，又依靠矿监、税使之流，才得以保举留任。李日华鄙夷地写道，这样的人，“士大夫不齿之，宜余盏之羽化也”。[42]

书 画

李日华会翻检书卷，添购家具，用细瓷杯品茗，但对他而言真正重要的东西是书法和绘画。与起居日用的奢侈品不同，卷轴、册页、扇面这些形诸笔墨的艺术品，并非出自工匠之手，而是与他一般的文人雅士的杰作。文人雅士是有别于工匠的另一个群体，他们当然也有高超的技巧，但不是技术型专家，其作品的价值在于是否呈现出它们应该呈现的价值观念，而它们的价格则由文化塑造的需求来决定。 208

对于精英来说，书画是可以分享的艺术——李日华本人就擅长山水画和书法——但对于书画藏家来说，值得关注的作品只来自极少数的知名艺术家。故事讲到这里，就该夏贾出场了。李日华可以通过私人交际网络获得一定数量的艺术作品，但许多作品存在于这些网络之外，只有等它们流入市场后，通过商业网络遍及江南的艺术品商人，这些李日华所不知道的艺术精品才得以进入他的视野。夏贾所做的远不止于和重要客户间的买卖。他还源源不断地把各种赝品送到了李日华手上。李日华清楚，这是交易的一部分。他在日记中暗示我们，鉴别赝品与发现真品的乐趣不相上下。[43]

17 世纪之初，唐宋大家的作品已几不可得：传世太少，而欲购者众多。元初的杭州藏家还有可能得到像米芾这样的宋代书法大家的作品。[44] 像李日华这样的藏家可能仍然梦想着有朝一日得到自己所崇拜的米芾的墨宝，但是宋代中叶到晚明的时间鸿沟，使他的希望变得越来越渺茫。市面上流传的米芾作品几乎都是伪作。李日华看到俗贾伪作“米芾”二字，只能大呼：“败意！败意！”[45]

前朝已远，明代藏家只能把目光转向元明书画。元代艺术家中，赵孟頫（1254—1322）无疑是李日华的首选。他喜爱的其他艺术家依次还有黄公望（1269—1354）、倪瓒（约 1301—1374）、吴镇（1280—1354）和王蒙（1308—1385）。李日华的书画品位无可挑剔，
209 因此，当商贾携带所谓元代书画上门时，他总能甄别其中的真伪。万历三十七年十一月十二日（1609 年 12 月 7 日），夏贾带来了一批画作，系原为上海的一个世家大族所藏。李日华满心以为，旧家大族数代收藏之物中必有佳品，结果却令他失望。一些明代画作确为真品，但他对几幅所谓元画的评语是“不称”“可疑”“不的确”。究竟是上海的世家大族骗了夏贾，还是夏贾想宰李日华一刀？不过藏家和商人总是心怀希望的。五天后，夏贾引一位同行，持倪瓒的一幅画作来见。这次，李日华愉悦地评道：“笔姿秀绝。”[46]

元代书画已十分罕见，像李日华这样的藏家也只能以收集明代作品为主。李日华喜欢的明代画家有沈周（1427—1509）、唐寅（1470—1524）、陈淳（1483—1544），但他最为推崇的画家无疑是文徵明（1470—1559），也就是《长物志》作者文震亨的曾祖父。我们在前面已经提到过文徵明的《关山积雪图》，这幅画作于嘉靖壬辰（1532）冬，恰在 16 世纪中叶暖期到来之前。在 17 世纪之初，人们的书画品位发生转变之前，文徵明一直被认为是明代最伟大的画家和书法家，就像赵孟頫是元代书画第一大家一样。李日华在日记中首次提到夏贾时，他带来的正是文徵明的一幅写意作品，李日华注意到该画技法是“粗笔”，但仍对它喜爱有加。[47]

在李日华生活的时代，只有一位艺术家可能超越文徵明，他就是书画家兼艺术理论家董其昌（1555—1636）。董其昌在江南和北方都享有盛名。他比李日华年长 10 岁，在同辈中是一位开风气之先的人物。正是在董其昌这里，文人书画最终被推举为文化和道德的最高境界，而从宋代院画而下的职业画家及作品被放在低得多的位置。这一天资高迈的文人书画家的谱系，上可追溯至举世无匹的宋代书家米芾，中间又因“元代四大家”（黄公望、吴镇、倪瓒和王蒙）的加入而大放异彩，而后是 16 世纪“文笔遍天下”的文徵明，最后到董其昌本人。[48] 李日华在思想和审美上都远远逊色于董其昌，只能分享他的艺术品位，收集他的书画。董其昌的成功既得益于他在画史书写方 210
面的重要地位，也得益于他挥洒自如的书画笔法。今天，我们对“中国艺术”构成的认知就来自董其昌。

市场与品位

李日华真的喜欢他所买到的那些物品吗？从他日记里的评述来看，答案是肯定的。但是他的真实感受我们已无法复现。重要的是他的选择符合公认的品位。更为重要的是，他能够得到这些藏品的事实证明了一个可以通过商业行为获得这些物品的市场的存在。品位对文化作品的获得是重要的，但市场的存在更加重要。艺术是生意，若非如此，李日华可以收集的东西将会少得可怜。万历朝的文玩生意较之嘉靖朝已发生了很大变化。嘉靖朝的书画主要是在基于友谊和礼尚往来的人际网络中流转，也可以说，它们是作为“雅债”[49] 在一个相对狭小的精英圈里被交换的。有时候，人们也会雇画工来作画，并支付丰厚的报酬。而不知名的买家通过商贾之手购入珍宝古玩的情况则比较少见。

文化的商品化不一定会改变品位，事实上，反而有强化原有品位的可能。但是商品化不能改变需求作用的结果，因此，市场上流通的赝品远多于真品，进而把淘宝贝的活儿变成了极费工夫的鉴别真伪的游戏。万历四十年十一月十八日（1613年1月8日），夏贾带来的只有一些古玩杂品，而没有书画，李日华颇为沮丧。他对李日华解释道："近日书画道断，卖者不卖，买者不买。盖由作伪者多，受给者不少，相戒吹齑，不复敢入头此中耳。"[50] 夏贾对奢侈品消费的发现，类似于格雷欣定律（Gresham's law），即市场估价过高的物品（未经鉴定的赝品）驱逐市场估价过低的物品（真品）。这便是奢侈品贸易的风险，也是收藏的危险所在。

对于李日华来说，始作俑者是谁，一目了然。不是那些商贾，而是那些不知深浅、盲目涌入这个市场的买家。万历四十一年正月十六
211 日（1613年3月6日），夏贾带来了一块高五寸的玉片，他自称这是件古代臂阁，但是李日华知道，这只是块从地下掘出的碎玉片，便如实相告。李日华在这篇日记的末尾训诫道："自士大夫搜古以供嗜好，纨绔子弟翕然成风，不吝金帛悬购，而猾贾市丁任意穿凿，架空凌虚，几于说梦。"[51] 李日华把拥有真正的文化物品视作教养和学识的标志。有钱而并不真正理解文化物品内涵的人，只会扰乱收藏市场。当然，奢侈品收藏的铁律是无钱寸步难行，想将简单的占有和真正的鉴藏——即功利的社会身份投资和无私的文化传统传承——区分开来的藏家也对之无可如何。

李日华和夏贾之间在商言商的买卖关系，最集中地反映在万历四十二年十月八日（1614年11月9日）的日记中。这一天，夏贾带来了文徵明的《存菊图》。夏贾以为自己得了一件文徵明的真品而"意态甚骄"。李日华接着记道："余不语久之，徐出所藏真本并观，贾不觉敛避。所谓真者在侧，惭惶杀人者耶！可笑。是卷余购藏二十年余矣。"[52]

我们永远无法知道夏贾会如何讲述这个故事。李日华将品位标准

的决定权握在自己的手中，但夏贾却掌握着供应的一端。然而，夏贾要继续做这一行，就得不停把东西送给主顾们验看，所以，即便是赝品，他也乐意把它们带给李日华，看看能不能逃过他的法眼。因此，这个市场为李日华提供他想要的东西，但也时刻能让他为走眼而付出不菲的代价。一次，夏贾带了一个 11 世纪的书法卷轴请他评定——如果是真迹，就可能做成这笔买卖——李日华却识破："乃近日苏人捏怪也。"[53] 我们不能责怪苏州的工匠。市场上能卖什么，他们就做什么。哪里能有那么多宋画呢？大多数买家只能入手苏州的伪品。客观来看，赝品的存在恰恰证明了供方对买方的回应。即便是价不符实，它们也是百分之百的奢侈商品。

李日华不断求购某些艺术家的作品，并不断对其作品进行去伪存 212
真的鉴别，这已不仅仅是在满足他个人的收藏雅好了。他是在试图制定能够永久流传的品位的标准——至今，仍被人们奉为中国的"国风"(national style)。[54] 如果无人鉴藏和注录，元明两代的名家画作便会随着时间的流失而慢慢消逝，幸而有李日华这样的藏家为之投入无穷的时间、精力和财力。李日华做了一件他自己意想不到的事情，那就是定义中国艺术品——使他的同代人，乃至他之后世世代代的人们，能够一眼辨认出，这是中国画，这是中国瓷，这是中式家具。书籍则没那么明显，尽管今天中国书籍的装帧还留有传统版式的印迹。无论今天我们对中国文化的定义在多大程度上延续了元明艺术家、工匠、收藏家的看法，这并不只是几个人或一群人造成的影响。苏州的商业画家、景德镇的工匠，还有像夏贾这样的人，都在这有关物品的生意中扮演了不可或缺的角色。

第9章

南 海

管方洲去了海上。他以前从没想过自己有朝一日会出海讨生活。他还在苏州的时候，是个干得不错的银工。金银细作在苏州是一个赚钱的行当，又因宫中采办颇多而愈加兴盛。这是万历初年（16世纪70年代末）的事。彼时，内阁首辅张居正大刀阔斧地推进财政改革，实行赋役折银的政策。由此，在现实生活和人们的观念中，白银已经成为那个时代的主要流通货币。对于一个银工来说，可谓是生逢其时，管方洲也确实做得颇有声色。

管方洲的生活显然与大海浑不沾边，但他可能认识一些往来海上的商人。苏州尽管不是一个海港，却是以长江三角洲为中心的整个陆海贸易网络的商业枢纽。批发商将大宗出口物资汇聚于此，再分批发往太仓、上海、嘉兴等地的潮港，最终运往沿海各地，甚至远销日本。隆庆元年（1567），实行40年之久的禁海令被废，推动了出口贸易的勃兴。虽然对日贸易仍在禁制之列，但要买通市舶司的官员伪造货物目的地也并非难事。管方洲可能不会留意外销的丝绸和瓷器，但他也许曾经饶有兴趣地看着一艘艘来自环南海各大转口港的海舶载来贵重原料——其中就有关乎他生计的白银。海禁废弛意味着输入

这个国家的白银总量远远超出了云南官营银矿和南方各处私开银矿的 214
产量。货币供应的充沛与江南经济的蓬勃发展相辅相成，张居正推动赋役制度与银本位挂钩时就已认识到这一点。

如果不是事情败露的话，管方洲可能一辈子都不会出海。人们都知道，一个滑头的银工有上百种揩油的方法，将手上的白银窃为已有。但管方洲的胃口太大了，侵占的官帑竟达千两之巨。事发后，他被系于苏州卫的镇抚司狱，等待北京的裁决。对管方洲定罪，应该根据《大明律·工律》第451条“冒破物料”的规定吗？如果答案是肯定的话，按照该条规定，应援据《大明律·刑律》第287条“监守自盗仓库钱粮”论处，即盗官钱40贯者斩首。或者，应以第288条“常人盗仓库钱粮”罪论处？如果这样的话，盗窃得财80贯者绞刑。管方洲的侵占数量远远超过了以上数字，所以，该案的唯一问题在于应处何种形式的极刑。第451条是斩首，而第288条是绞刑。绞刑要好一些，因为能够留下全尸，死后受人祭奠，还能转世投胎。在地方官员等待上峰指示期间，管方洲得以继续苟活。[1]

管理监狱的王百户，恰好和管方洲是亲家。管方洲很快就利用了这一点。王百户素以防范松懈为人所知。因此，管方洲略加谋划，白天便可以随意出入，只有晚上必须收监。一日，管方洲照旧外出，但太阳落山时再没回来。事后上司震怒，令王百户代罪收禁。此时，最紧要的事是在判决下达前，将管方洲捉拿归案。王家因此出重金募人四出搜讨管方洲的下落。

王百户的遭遇得到了广泛的同情，一位地方官督促捕役加入搜寻
的行列，但所有的搜捕者都无功而返，人们只是隐约耳闻他可能去了 215
海上。管方洲似乎是通过什么办法上了某条船。捕役们最乐观的估计是他可能已沿着海岸南下，于是他们沿途搜寻，南至闽广近海各地港口。尽管他们尽了最大努力，却一无所获，管方洲仍然杳无消息。[2]但是，在后文中我们将会看到，故事到这里还未结束。

海 货

在欧亚大陆的一端，一个银工悄悄沿运河而下，在长江入海口南岸的一个港口，登船，出海。在大陆的另一端，泰晤士河沿岸，伦敦港以北，一个小镇上的一间图书馆收到了它的第一本汉语藏书。在当时来看，这是一件弥足珍贵的藏品。这一年是1604年。五年之后，中国的茶叶首次运到伦敦。此前，伊丽莎白时代的英国人还从未尝到过这种饮品。

这个小镇的名字是牛津。当时，牛津大学图书馆建成仅四年，这是一位名叫托马斯·博德利（Thomas Bodley，1545—1613）的退休官员在自己职业生涯晚期的创举。图书馆的建立恰逢其时。距离古腾堡（Gutenberg）最初利用并改造中国的活字印刷术，已过去将近百年的时间，这种技术已迅速普及。曾经，掌握一切知识（universal knowledge）只需阅读数量有限的书籍。而如今，这个数字已扩大到无限。个人已无法拥有所有的印刷书籍。学者必须联合起来，公共图书馆的建立势在必行。博德利对使用当时被称作“现代语言”（相对于希腊文和拉丁文等古典语言）撰写的书籍尤其感兴趣。他回忆道，自己在年轻时，“渴望到海外旅行，为的是获得关于某些特殊现代语言的知识”，于是在意大利、法国和德国游历了四年。他知道，他的图书馆的任务是搜集所有语言的图书和手稿，不仅是他知道的那些语言，也应包括其他语言。[3] 于是，在1604年，博德利收到了他的第一本汉语书。

博德利很可能是通过他在阿姆斯特丹的买手拿到这本书的，后者也许是从荷兰东印度公司（the Dutch East India Company）的人手里买来的。当时，荷兰联合东印度公司（Verenigde Oostindische Compagnie，简称“VOC”）才刚成立两年。这是当时还十分年轻的
216 荷兰国会（Estates General）[4] 的一个大手笔，它停止了第一代从事

亚洲贸易的荷兰商人之间的内耗，并驱使他们与葡萄牙人和西班牙人展开竞争。此后 10 年，阿姆斯特丹取代里斯本成为东方舶来品的集散地。书籍是早期在阿姆斯特丹港口卸载货物中的珍稀品种。不过，它们只是被当作珍玩而已，因为无论在荷兰还是英国，没人认识汉字。但是博德利慧眼识得它们的真正价值，他确信，有朝一日会有人破解其中蕴藏的知识。

在博德利的时代，汉语书籍的搜集并不系统。1635 年，已经声誉鹊起的博德利图书馆（the Bodleian Library）首次获赠亚洲书籍，其中有一些汉语书籍。这是坎德伯里大主教、牛津大学校长威廉·劳德（William Laud，1573—1645）数次捐赠中的一次。劳德喜欢收集各种亚洲语言撰写的书籍和手稿，他也认为英语世界的学者最终会掌握这些语言。三年前，剑桥大学任命了首位阿拉伯语教授；而劳德则在赠书的次年，成为牛津的第一个阿拉伯语专家。翌年，劳德又捐了一批书，其中有一本汉语书。[5] 劳德捐赠的大部分汉语书都是普通的坊刻本小说和蒙学读物。可以想见，这类书会是一个泛海谋生的家庭买来消闲或教育孩子的读物，但不会成为明代文人的藏书。但劳德藏书中确实有这么一本书，对于历史学家的价值胜过了那些明代大家的藏书。1639 年，一位耶稣会士拜访劳德，他带来了一本手抄的航海通书，里面用文字而非地图向航海者指示了连接中国与世界的海上通道。它在图书馆编目中的名字是封面旧题的“顺风相送”（Dispatched on Favorable Winds），但今天我们常称其为“劳德航海通书”（the Laud rutter）。[6] 这本航海通书给出了从福建省南部海岸出发，到琉球（冲绳）、日本、菲律宾群岛的西属马尼拉港、文莱，绕经整个东南亚，到达印度洋各港口，主要是加尔各答（Calicut，今属印度西孟加拉邦），再从那里出发直至波斯湾口的霍尔木兹海峡（Hormuz）。这其中至少有一部分是来自永乐朝太监郑和数次下西洋的记录，可以说是其独到之处。

1961年，历史学家向达在访问牛津后，将《劳德航海通书》重新整理出版，然而在那个排外情绪高涨的时代，这本书并未对中国历史学家的明史写作产生影响。它被当作某些中国人曾经航海的证据，
217 却并未改变把明代中国视为闭关自守的农耕帝国的普遍看法。事实上，这本航海通书讲述的故事要精彩得多。它不仅把明代的中国人放到了海洋的图景中，而且告诉我们，正是他们的积极活动，织造了一张商业网络，把明代中国与世界其他地方连接起来，并因此为欧洲资本主义的崛起创造了条件。

如今，我们可以讲出一个完全不同的明朝在世界中的故事。博德利图书馆再次为我们提供了证据，这一次是约翰·塞尔登（John Selden，1584—1654）捐给牛津的一幅地图。塞尔登在伦敦不仅是一名成功的执业律师，还是牛津首位希伯来研究（rabbinic studies）专家。他关于希伯来律法和闪族神话的研究曾引起不少人的关注，其中就有诗人约翰·弥尔顿（John Milton）。[7] 塞尔登不仅是牛津的首位东方学家（Orientalist，学术意义上的），而且是他所谓的“臣民的特殊权利与基本权利”（the rights and privileges of the subject）的热烈鼓吹者。他的主要抨击对象是英王查理一世（King Charles）。[8] 他在1629年抨击皇室制定的进口税，认为这是对权力的滥用，因此被投入马夏尔西监狱（Marshalsea Prison）。次年，正是劳德大主教出于对其学问而非政见的欣赏，为他解除了牢狱之灾。[9] 后来，塞尔登又向1640年组成的长期议会（the Long Parliament）再次为这一问题申辩，并以牛津大学一员的身份得到了回复。1640年12月，长期议会起草的对塞尔登申诉的附议，可能反倒是违反其初衷的：“在没有国会赞成的情况下，国王没有权力对外国（更不用说是国内）商品征税。”

塞尔登将自己的藏书赠予了博德利图书馆，其中包括他的东方学手稿。手稿中有一幅很大的挂图（图17）。[10] 这幅地图未见其他版本

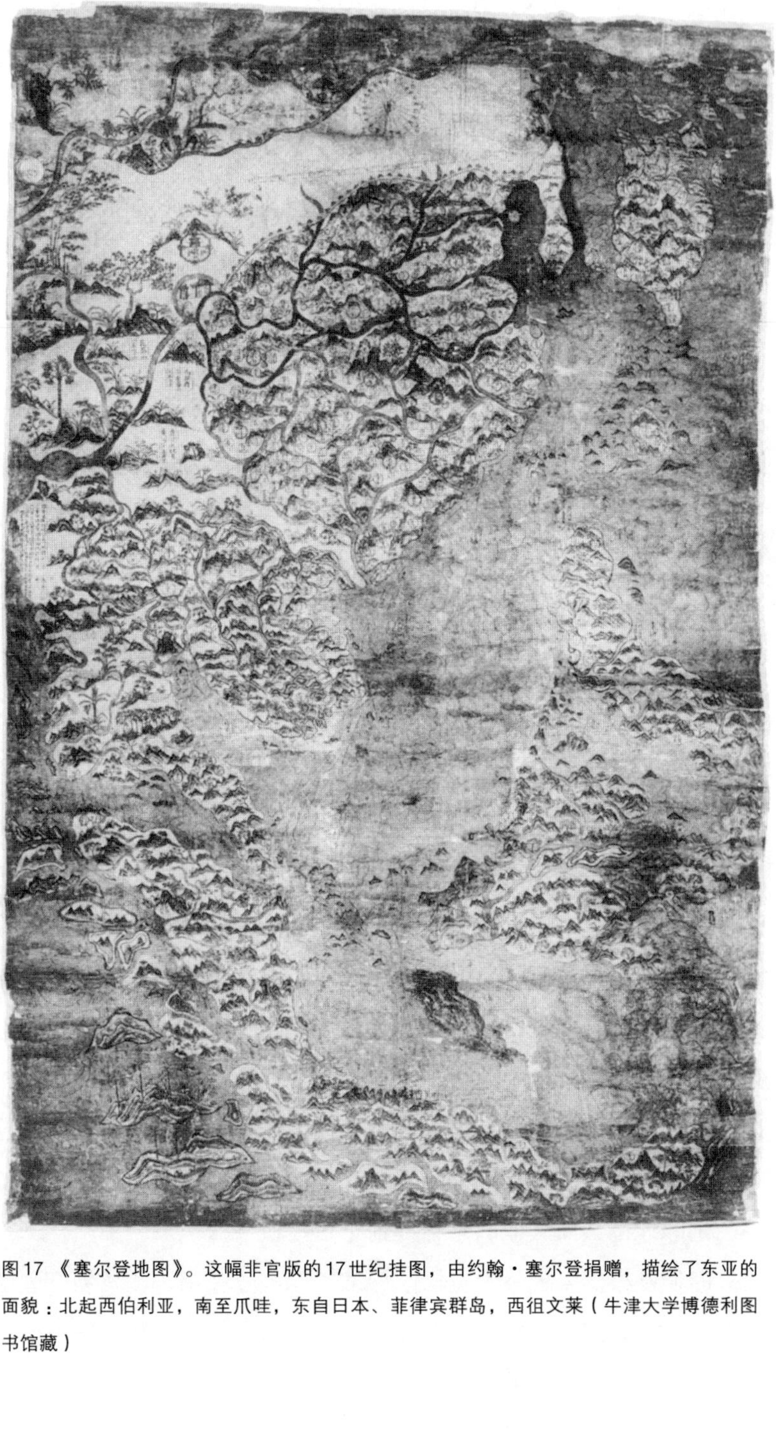

图17 《塞尔登地图》。这幅非官版的17世纪挂图，由约翰·塞尔登捐赠，描绘了东亚的面貌：北起西伯利亚，南至爪哇，东自日本、菲律宾群岛，西徂文莱（牛津大学博德利图书馆藏）

或副本。从上面的地名来看是明代的（湖广是明代行省的称法，清代改为湖北和湖南），但它又不完全是一幅关于明朝中国的地图。明代疆域占了全图自上而下的 2/3 的空间，其北部地区被缩小并发生了变形。制图者的真正兴趣在于海上贸易，因为他勾画并标注了从福建沿海到环南海各地的线路和地名。在每一条航线需要转向的地方，他都标上了一个水罗盘的图标，这是航海者用来重新制定航线的必备指南工具。地图西及孟加拉湾（the Bay of Bengal），但是在印度喀拉拉邦（Kerala）的位置上标注的漩涡花饰又指明了通往亚丁（Aden）、雅加达（Djafar）[11] 和霍尔木兹的方向——这些地方郑和都曾到访过。

《塞尔登地图》与《劳德航海通书》的描述若合符节：文本和舆图的关系，就好像是手和为之定制的手套一样。这种吻合在某种程度
219 上说纯属巧合，因为牛津的这两件藏品来源完全不同。然而，换一种角度来看，两者在它们所记录的历史上的一个关键时间点上汇合了——即中欧贸易连接起来的时刻。

朝贡与贸易

自汉代起，中国历代政权处理对外关系有两种机制，一种是正式的，另一种则是半正式的——朝贡和贸易。朝贡体系要求外国国王派遣使臣入朝，贡献方物。随后，由皇帝颁赏给来使同等价值或更为丰厚的礼物，由后者带回各自的属国。皇帝也对朝贡国的首领进行册封，甚至在发生继位之争时指定自己属意的继任者。正是这种互相承认和互予合法性的手段，维系着中国作为天下共主的地位。尽管这是一种虚构的图景，双方却乐于保持这样的名分。它给予了中国渴望获得的国际地位，而其他国家则得到了贸易机会。

即便是根据宋代较为宽松的标准，元政权在朝贡和贸易方面也不算严苛。忽必烈在东征日本之际关闭了对日贸易，以防范中国商人为

日人提供补给。与此同时，出于称霸东南亚的野心，他又派遣军舰南下，由此带动了南洋贸易。早在至元十四年（1277），元政权就在上海、杭州、庆元（即宁波）和泉州四地建立了市舶提举司。北方的三个市舶司管理对日贸易，但不久之后，长江三角洲的舶商就开始修造巨艘大舶，浮海至日本之外的琉球、越南和马六甲。上海兴盛一时，在至元二十七年（1290）正式设县。最南面的泉州市舶司主要管理南海贸易，是泛海而来的穆斯林从事贸易的最重要港口。

至元二十一年（1284），元政府为增加税赋，实行垄断造船出海的做法。也许是意识到官商没有能力完全取代私商进行海外贸易，这一政策在实行一年后便告弛废。大德七年（1303）的全面海禁扼制了沿海经济的发展。大德十一年（1307）取消禁令，四年后再次实行禁制，直到延祐元年（1314）才恢复官方渠道的泛海贸易。元代的最后一次海禁是延祐七年（1320），到至治二年（1322）取消。此后，直至元朝灭亡前，商人都可自由下海。海禁废弛的一个后果就是 220
泉州的经济不断落入外国商人的掌控。另一个后果是财富向口岸城市集聚，并未带动腹地的繁盛，反而破坏了后者的经济，并最终在至正十七年（1357）引发了福建沿海叛乱。[12]

有关这一贸易的文献寥寥无几，其中之一是一幅元代地图仅存的朝鲜版本。《混一疆理图》（朝鲜语称：Honil kangnido）作于明建文四年（1402，即大朝鲜国太宗二年），依据的是一位朝鲜使臣三年前从明朝带回的舆地图。据说该图为清濬所绘，就是洪武五年（1372）主持蒋山寺广荐佛会的禅僧清濬。有关清濬仅存的这幅舆图的中文文献记载见于1360年，该图范围至西仅到缅甸，却在西南海岸下方记有这样一段关于海路里程的文字："自泉州风帆六十日至八哇（爪哇，Java），百二十八日至马八儿（马拉巴尔，Malabar），二百余日至忽鲁汶思（霍尔木兹海峡，Hormuz）。"[13] 清濬所制舆图题为《广轮疆理图》（Broad-Wheel Map of the Frontier Regions）。[14] 朝鲜制图者在该图的右方增加了（面积大为扩展的）朝鲜，在图左增加了亚洲余部和非洲——被拉长的阿拉伯半岛、缩水的非洲，还有清晰可辨的地中海和黑海，这大概是根据来自阿拉伯的信息绘制的。[15]这幅地图的存在，证明中国在元代和明初对世界的认识比我们曾经推断的更广泛。

洪武皇帝十分在意朝觐纳贡。每一次使臣入朝，都是皇帝向大明疆土之外的君主们，也是向那些目睹外国使臣入都的大明子民，宣示自己的统治权之时。洪武皇帝登基的第一年，没有藩国来朝。但在第二年，占城（Champa，即南越）、安南（Annam，即北越，1428 年后改称“大越”）、高丽入贡。洪武三年（1370），占城再次入贡。同年入贡的还有爪哇和西洋（the Western Sea），即印度半岛东南部的乌木海岸（Coromandel）。洪武四年，安南、高丽再度入贡，此外，又有浡泥（Borneo，即婆罗洲）、三佛齐（Srivijaya/Sumatra，今苏门答腊）、暹罗（Siam，今泰国）、日本和真腊（Cambodia，今柬埔寨）。洪武五年，入贡藩国进一步包括了琐里（Suoli，印度东南部古国）、琉球和乌斯藏（Tibet，西藏）。洪武皇帝欣见诸藩国遣使入贡，在后来回顾登基之初的情景时，满意而不无夸大地形容为“使臣不绝”。他对任何的轻忽和不足也十分警觉。洪武十二年（1379），
221 高丽进贡黄金百斤、白银万两，因其远远超过了入贡约定的数额，却之不受。次年，日本以无表却之。日本的大名之间为遣使权你争我夺，想必这次抢占先机拿到勘合文书的另有其人。[16]是年，事态发展十分不妙，而问题完全出在朝贡体制上。安南国使入贡时，接见他们的是宰相胡惟庸，而不是皇帝本人。对于贡使来说，这也许只是一种外交演示，但对于皇帝来说却是再严肃不过的政治问题了。

永乐皇帝也把朝贡体制当作确认自己统治权威的手段。据《明史》记载，在建文初期的四年，没有藩国入贡，但永乐元年（1403），永乐皇帝刚一登基，大部分的藩国又开始入贡了。[17]不过，永乐皇帝

比他的父亲更进一步，派出了三宝太监，即回回人郑和，出访西洋藩国，也就是我们今天所说的环印度洋各国。正如我们所看到的，如果说朝贡体制为我们提供了一个理解郑和数次下西洋的框架的话，它也有助于解释其后来终止的原因——因为朝贡体制一旦走上运行轨道，就不再需要永乐皇帝耗费巨资遣使回访了。尽管下西洋的举措没有持续下去，郑和带回的知识却仍在明代社会流传，比如，劳德航迹图和塞尔登地图，以及晚明的各种通俗类书。[18]

终明一朝，朝贡与航海保持着紧密的联系。对此，龙也要点头赞同。万历皇帝派往琉球的使臣曾遇到不止一条龙，而是三条。谢肇淛，一位负责此次远航的福建官员的孙子也在随行之列，他事后记道：“至中流，飓风大作，雷电雨雹，一时总至，有龙三，倒挂于船之前后，须卷海水入云，头角皆现，腰以下不可见也。舟中仓皇无计。”

当时，船上一个经常出海的人恍然悟出天象所示的深意。他大
呼：“此来朝玺书耳。”谢肇淛接着写道，他“令扶使者起，亲书‘免 222
朝’示之”，于是，三条龙“应时而退”。谢肇淛少不得总结这次龙见的意义：“天子威灵，百神效顺，理固有不可诬者。若非亲见，鲜不以为妄矣。”[19]

海防线

在外交与边贸未发生冲突的情况下，朝贡与贸易相辅相成。一旦两者发生冲突，起因往往是走私对国家控制和关税构成压力。肃清沿海是明朝的一种应对方式。比如，洪武皇帝就曾敕令浙江沿海居民内迁，从而断绝沿海为患的倭寇的补给，这一外交举措对民间海外贸易产生了严重的后果。建文帝出于类似的担忧，禁止沿海居民与外国人私自接触，亦不许留存贩卖番货。[20]

还有另一种令贸易与朝贡发生冲突的情况。弘治六年（1493），两广总督闵珪（1430—1511）上奏称，广东沿海地方私通番舶络绎不绝，不到市舶司申报即行销货，其中不乏持有勘合文书的入贡舶贩者，事宜禁止。闵珪并不反对海外贸易，他只是要申明两点财政上的担忧：关税体系的崩溃和监察整个广东沿海夷情的投入。他请求皇帝发布榜文，严申依期来贡的定例。皇帝将闵珪所奏下礼部议。

礼部的回复语气极为平淡消极，但并未透露出废止朝贡制度的意思。诚然，宽松的边疆政策只会鼓励更多的船舶来市，但过度严苛的政策会遏制流通，结果必然造成区域经济的损失。礼部委婉地提醒皇帝“柔远”，这一旨在与外人保持若即若离关系的语义隐晦的口
223 号，必须与满足国家需求的要求相契合，也就是说，应该让贸易继续下去。揭榜的做法只会伤害对外关系，从而侵蚀贸易带来的利益。因此，皇帝应该什么也不做。弘治皇帝听从了礼部的建议，但他觉得闵珪的警惕也有可嘉之处，不应使之寒心，因此，他做了一个看似矛盾的决定，在次年，擢升闵珪为刑部尚书。[21]

贸易随着朝贡制度四处弥漫的一个明确迹象就是佛朗机（Franks）赫然出现在正德十五年（1520）的入贡名单之上。[22]“佛朗机”是几个世纪以来阿拉伯人对欧洲人的称法。这个词东传后，被用来指称葡萄牙人。当时他们刚到广州，为了打开贸易渠道，正努力向明朝争取入贡的资格。16 世纪 10 年代，葡萄牙人强行挺进南海，他们的海盗行径导致整个区域的贸易经济跌入低谷。此后直至 16 世纪 20 年代，葡萄牙人势力范围之外的中国东面的琉球，成为维持与明朝正常朝贡关系的唯一一个藩国。葡萄牙人企图获得入贡资格，从而打开中国的贸易之门，并借此主导整个环南海贸易。他们没有成功，但他们的破坏之举足以使其他国家与明朝的贸易瘫痪。无独有偶，日本大名也试图强行到中国进行贸易，在两者暴力手段的催化下，朝堂上一片反对贸易之声。嘉靖四年（1525），整个沿海地区关

闭。二桅船及更大的海船都不能出海，只有小渔船才能自由出入。正如当时一句流行的俗语所说：“片板不许入海。”[23] 海禁政策在短期内颇有成效。从弘治十七年（1504）起祸患边境的海盗问题，终于在当年止息。然而，这一政策带来的长期影响，却是迫使商贩走私，而海盗愈发猖獗。随着走私者之间竞争的加剧，他们开始武装自己，因此，沿海的暴力冲突再次升级。嘉靖二十七年（1548）海盗活动再次回潮，在之后的 20 年中始终无法禁绝。几十年间，虽有数位官员因镇压倭乱而声誉鹊起，但只要政策不变，一切都于事无补，变化要等到海禁政策的主要设计者——嘉靖皇帝逝世后才真正降临。隆庆元年（1567），长期服用宫中道士炼就的长生不老丹药的皇帝，终于被体内累积的毒素夺去了生命。他死后不久，要求废除海禁的奏章像雪片般飞来，改进海外贸易基础结构——包括将福建省主要的进出口港月港提升为县——的进言也不绝于耳。新的执政者采纳了这些建议。于是，隆庆元年，除对日贸易仍在严禁之列，海外贸易重新恢 224
复。一年不到，中国海商彻底恢复了原来的活力。此后 60 年间，除隆庆二年（1568）泉州附近的一次倭乱外，沿海地区再没有发生严重的海盗问题。[24]

对日贸易的禁令很快就变成了一纸空文。从广州到长江入海口的崇明岛（近上海），商人们不断遣船赴日，并在那里设立外贸代理机构。我们可以从崇祯十五年（1642）冬嘉兴邑令截获走私船只的情况，想象当时贸易的规模。这艘船装载的货物是人参，多半是从满洲出口至日本，再转销回中国的。据该邑令称，这船人参价值 10 万两白银之巨。私贩者并非本地人，而是自山西络绎而来。他们请谏浙江巡抚，希望拿回被查没的货物以挽回巨额损失。邑令将部分人参馈赠上官，以此避人耳目，将人参尽收其橐，岂料刚自京城而来的抚按上奏其暗中贪墨的事实，使其免官。[25] 由此可见，朝贡与贸易之间的紧张关系，不仅阻隔了外人与明朝百姓的交往，也在掌握公权力的官员和私人商贩之间划下了一道泾渭分明的分割线。

直至17世纪30年代末，海禁开闭始终是朝堂上争论不休的问题。17世纪20年代，时任礼部左侍郎[26]的奉教士人徐光启提出，明朝需要获得欧洲炮弹制造技术的最新成果。他的提议在朝堂上引发了激烈的争论。问题在于谁才是更大的威胁，是自海上登陆的欧洲人和日本人，还是压近北边的通古斯武士——他们不久后更名为满族（Manchu）？徐光启毫不动摇地认为，满族，而不是欧洲人，才是明朝应该忌惮并防备的。没人同意他的观点。为了推翻徐光启的提议，他的对手一再指责他保护耶稣会士并向澳门的葡萄牙人出卖中国人的利益。因此，借鉴欧洲技术和专家的尝试一次次半途而废，最终未能在明朝的防御形势上发挥累积效应。[27]

然而，支持开海禁的最强烈主张来自经济方面。从贸易中获利的人如此之多，正如万历三十四年（1606）一位士人在谈及澳门时
225 婉言的那样："窃恐终难禁绝也。"[28]崇祯初年（17世纪30年代），据兵部估计，每年赴马尼拉出工的福建人有上万之数。崇祯十一年（1638），再次海禁后，一位福建官员上疏道："'海者，闽人之田'，海滨民众，生理无路，兼以饥馑荐臻，穷民往往入海从盗，啸聚亡命。海禁一严，无所得食，则转掠海滨。海滨男妇，束手受刃，子女银物，尽为所有，为害尤酷。"[29]这并非夸大其词。此次海禁使每年去往马尼拉的海舶数量从崇祯十年（1637）的50艘下降到崇祯十一年（1638）的16艘。而明朝的覆亡使整个沿海经济受到波及。对于贩海而生的福建人来说，所幸海禁废弛的旨意来得还算及时，30艘海舶得以乘着春天的季风驶往菲律宾——尽管海舶数量与崇祯十年时不能比，但也足以使贸易恢复起来。

到了明代晚期，海外贸易的禁与开已不再是一个内部问题，而取决于一系列外部因素与内部考虑的互动。在所有这些外部因素中，最重要的是全球贸易模式的转变。

南海世界经济体

永乐三年（1405）郑和环南海航行并进入印度洋时，是在一个既存的、较为松散的贸易网络中活动。弘治十一年（1498），葡萄牙船长瓦斯科·达·伽马（Vasco da Gama）进入印度洋时，这一区域的贸易格局仍然未变。主导贸易的是南亚的穆斯林商人，但没有人拥有绝对的控制权。当葡萄牙人来到印度洋时，周边国家仍然对郑和船队的故事留有印象。人们之所以记忆犹新，也许是因为这些船队不同寻常的规模和性质——它们似在表明这是一种不同的做法，亦即以国家为基础的协调模式，而非这一地区既存的多中心、彼此隔离的贸易体系。葡萄牙人对“白皮肤的”外国人——即东南亚人记忆中的中国人——曾到访印度洋上各主要港口的传闻很感兴趣。随着他们对亚洲的野心的膨胀，一些人把郑和视为自己的榜样，无论这种榜样是指拒绝殖民性侵占的智慧——有人曾如此歌颂郑和，还是指从 226
愿意与葡萄牙人进行贸易的港口国家接受朝贡的制度。[30]

1511 年，葡萄牙人为了落脚位于南海西缘的马六甲，动用了暴力手段。他们发现，一群中国商人已经在那里扎根，且生意做得风生水起。于是，他们决定把中国人当作自己的主要竞争对手，而欧洲商人对付竞争者的通常做法是——格杀并抢夺他们的生意。这种发现的过程不断上演。欧洲人所到之处，都有中国人的身影。葡萄牙人希望成为明朝的朝贡国，但遭到了后者的拒绝，因为后者建立各种外交或贸易关系的目的是为了维护自己对海上贸易的垄断。

这就是为什么南海成了明代经济最终融入全球经济的关键区域。朝贡体系允许外国人以贡使的身份进入中国，但也要求他们如此离开。外国商人被禁止永久居住在明朝境内，而且明朝拥有迫使他们接受这一条件的军事力量。任何想要获准进入中国市场的人，不论是买还是卖，都必须通过国家的渠道并建立一种双边关系，而建立关系的条件总是由明朝说了算。私人贸易只能在离岛和走私者的港湾内进行——而这并不是可持续交换赖以存在的稳定基础。不仅如此，这样一个流通区域还不得不负荷中国商品的出口和外国商品的进口。在南海周边出现的，也是葡萄牙人后来加入的，是一个多边商贸网络，这个网络的主体是明朝册封的朝贡国的商人，但他们逐步发展出了以中国制品和粮食为主要商品的地区内贸易。

这种贸易安排有赖于一个经济条件和一个政治条件。经济条件是明朝这个经济体必须不断为一个巨大的国外市场提供质量合格、价格合理的产品，也就是说，中国是拉动增长的引擎。政治条件是明朝政府必须继续阻止外国人进入本国市场。这两个条件都没有发生动摇。的确，我们可以说，在整个16世纪，商品经济的增长以及在其最后三十余年才有所松弛的闭关政策，保证了这一贸易体系强有力的存在。这个网络的既有活力也许已足以使其本身成为所谓的“世界经济体”（world-economy）。

227 这个由研究地中海的史家费南多·布罗代尔（Fernand Braudel）创造的术语的意思，并不是整个世界的经济。整个世界参与的经济运作直到18世纪才出现。所以，这个术语特指，一个大区通过日常交换网络达到高度经济整合，并在内部维持一定程度的自发性劳动分工。这种一定程度上的自发性使一个世界经济体得以建立自己的“世界”，在面临改变时可以自我维持并迅速恢复，但是，随着其中流通商品的增值又能够向更远的区域拓展。[31]

如此，我们便可构想南海世界经济体：由于来自北方的中国商人和来自南方的穆斯林商人的有组织渗入，在15世纪后半期形成了一个具有一定程度自发性的而又内部相互协调的贸易区域。中国人扩大在这个区域的参与，应部分归功于郑和下西洋，但这个世界经济体并
228 不是国家支持的航海所能创造的。只有贸易超越了朝贡才使得这一切发生。

贸易沿着两条主要航线展开，两条线的起点都是月港和泉州。东洋一线去往台湾岛的背风处；另有一条支线向北直至日本，但主要的贸易量往南流向菲律宾群岛，经过摩鹿加群岛（the Moluccas，即欧洲人所说的香料群岛），往西直至爪哇。西洋一线紧靠大陆的海岸线，经过越南，穿越泰国湾（the Gulf of Thailand），直至马六甲。16 世纪 10 年代，月港人张燮（1574—1640）编写自己的海商调查时，即以这两条航线为全书主干，故定名为《东西洋考》。张燮提到，航迹图是其参考资料之一，所以，劳德航迹图以完全相同的方式处理图上的信息应是意料中的事。

南海世界经济体在欧洲人到来之前就已存在，这就是为什么他们刚刚落脚就能利用区域贸易的原因。1557 年，自西方梯航而来的葡萄牙人，最终落脚于小小的澳门半岛。1570 年，自美洲大陆西岸横渡太平洋而来的西班牙人，在马里拉发现了良港。他们还发现了一个 300 余人的中国商人群体和一个穆斯林酋长（rajah）的小朝廷，不过酋长在次年被他们施计废黜了。这个经济体中的第三大欧洲参与者是荷兰人，他们迟至 16 世纪 90 年代才来到南海。此后，他们在新世纪打着荷兰东印度公司的旗号卷土重来，在爪哇建立了自己的基地，起初在 1609 年落脚于岛屿西缘的万丹（Bantam），之后东移至雅加达（Jakarta），即被他们称为巴达维亚（Batavia）的地方。爪哇是通往摩鹿加群岛（即香料群岛）的必经之路，这给予了荷兰人拊背扼喉的位置，但使他们远离中国，尽管并非远到遥不可及的地步。他们距离中国最近的立足点是台湾。1623 年，他们在那里建立了据点，目的是与马尼拉的西班牙殖民者竞争。荷兰人一建立起自己的据点，就把中国人拉到岛上去耕种和打猎。其结果颇具讽刺意味。[32] 最终，在 1662 年，荷兰人被海上军阀郑成功逐出了台湾。

荷兰人维持自己在这个世界经济体中的存在依靠的是两种资源。其一是武力，这是荷兰东印度公司垄断回报异常丰厚的香料贸易的根

229 本原因；其二是他们擅长从事大规模区域贸易，公司往来南海与印度洋所贩运的货物量多于其亚欧间贸易总量。只要雅加达仍能垄断其区域市场，荷兰人的生意就有利可图。但是垄断的局面不可能永远持续下去，规则随时而变，竞争者也随之出现。中国商人网络在整个南海地区势力的增强，意味着到18世纪中期为止，中国商人对该地区贸易的控制强于荷兰人和西班牙人。与此同时，英国人在该区域的角色愈发凸显，隐隐有超越荷兰人之势。雅加达在该区域主要商品流通中的地位被边缘化，这抹黯淡的影子，还提醒着人们那个已经落幕的、用利炮为帝国开道的时代。[33]

白 银

西班牙人和葡萄牙人本打算与荷兰人一样，用武力打开通往这一区域的大门，但是最终让他们加入并留在这一交换网络中的是一件他们——特别是西班牙人——几乎可以垄断且在他们看来永远取之不竭的商品。这种商品也是明朝经济中价值最高的交换媒介——白银。它出自西班牙人在美洲的银矿，波托西（Potosí，今属玻利维亚）和墨西哥是主要产地。美洲银矿的出产量惊人，尤其是从16世纪80年代起，用水银从矿砂中提炼白银的技术提高了银矿产出，直到17世纪30年代，易开采的矿源枯竭后，产量才骤然下滑。在此数十年间，西班牙控制的白银数量之巨，足以在支撑整个帝国的同时，为其打开进入南海经济体的大门。西班牙人在落脚马尼拉的数年后，开始把白银从安第斯山脉运到秘鲁海岸，再由海路北运至阿卡普尔科（Acapulco），装载到每年冬末横渡太平洋的大型帆船上。整个16世纪80年代，每年马尼拉帆船往返太平洋运送的白银约3吨左右。到了17世纪20年代，年均货运量已增至20吨，此后，回落至10吨左右。

福建商人敏锐地抓住了这一商机，他们满载货物前往马尼拉换取这种贵金属。而每年海船的出航时间都经过精心计算，以迎合马尼拉帆船春季到港的时间。两边的船只都到港后，便开始协商价格，支付 230
关税，最后银货两讫。两边的船只都要确保在每年六月季风对海运造成严重影响前下海。于是白银架起了从月港到马尼拉、福建到秘鲁、明朝到西班牙，以及中国到欧洲的桥梁。

马尼拉的巨额白银出口量，使西班牙人在菲律宾藏有银山的谣传不胫而走。于是在1603年，时任福建税监的大太监高寀派人出海打探这一消息的真实性。他用俗语“金山”来指称这座传说中白银堆砌的山。汉语中“金”的本意是“黄金”，同时也是对“白银”的雅称。因此，高寀要搜寻的是白银，而不是黄金。民间对南海之外有座白银山的传说深信不疑，即便人们发现菲律宾并非其所在，前往美洲和澳洲的中国人仍习惯把自己落脚的地方称为“金山”，后来以讹传讹就被译作了英语里的“黄金山”。直到今天，圣弗朗西斯科（San Francisco）在汉语里仍被称为“旧金山”。事实上确实有一座白银山，只不过它的位置在波托西。利玛窦曾在明万历三十年（1602）为中国友人刻制的《坤舆万国全图》上标注过它的地理位置，他用的是意译名称——“银山”。

在欧洲人看来，白银是绝佳的商品。在中国，白银对黄金的比价较欧洲高出三倍，丰厚的套利回报唾手可得。不仅如此，在马尼拉用白银换取的货物，价格远低于它们在欧洲的售价。反之，从明朝的角度来看，由于大致相同的原因，这种交易也是十分理想的。价格差异乎寻常：1639年，100斤湖丝在中国的售价约合白银100盎司，而转卖给马尼拉的西班牙买家，价格立刻升至200盎司。[34]货物一旦出售，将不再产生交易成本。中国卖家无需将付款兑换成另一种货币或商品。交易完成，即获利兑付。

当然，并非任何人都能从这些贸易安排中获利。加入这个经济体需要巨额投资，因此，失败的代价也是巨大的。一旦失败，结果是灾难性的。然而，对于必须穿越各种复杂水域的远洋贸易来说，失败是家常便饭。1603 年，马尼拉的贸易竞争终于导致西班牙人和中国人
231 之间争斗的彻底爆发，2000 名中国人因此丧生。1639 年，悲剧再度上演。一年前，帆船在从马尼拉返航的途中沉没，而 1639 年从阿卡普利科始发的另一艘帆船也消失在一场风暴中。同年，明朝政府又封闭海岸，严禁商人出海。双方都遭受了不堪负荷的损失，在此背景下，一群在乡下的中国农民起而反抗他们的西班牙领主，最终引发了整个地区的叛乱，造成了与 1603 年相同的伤亡结果。[35] 然而，一两年后，生意又恢复起来。因屠杀导致的贸易脱轨给双方造成的损失是难以承受的——而这一切都是以白银计算的。

这些白银究竟对明朝造成了怎样的影响？在西班牙白银流入以前，明朝经济已经经历了一次商业大繁荣，这意味着许多人从此过上了令他人艳羡不已的富裕生活。如果把明代财富的急剧增长归功于这些从南美洲流入的白银，无异于本末倒置。明朝本身的繁荣首先吸引了欧洲买家，使他们情愿用自己手中的大量贵金属换取明朝的商品。另一方面，来自马尼拉、澳门还有日本——后者在一段时间内的白银产量与前者持平——的白银总量是惊人的，这导致明代在万历后期货币泛滥。由于这种商业财富超过了其他创收来源，商人在炫耀性消费方面已跃居士人之上，哪怕后者的文化造诣仍无法超越。传统四民社会以士为首、以商为末的秩序也随之反转。在文人雅士中间，白银也许被视为俗物，但每个人都渴望拥有它。

万历朝的最后 10 年，即 17 世纪 10 年代，暴发户们（the nouveaux riches）的穷奢极欲达到了顶峰。并非巧合的是，这一时期的文人雅士也开始教导新贵们上流社会应有的文化习惯。文震亨在万历末年编纂的一部高尚消费指南——《长物志》中，处处警告人们不可肆意挥霍金钱。文震亨是名家文徵明的曾孙，家学渊源。这本

指南的出发点是，无知的消费者会滥用自己的财富，因此，他强调，如果你不想被视作粗俗不堪的暴发户，就必须严格遵照书里的规则。

比如，文震亨告诉你如何在自己的茶寮招待客人。这个例子很 232
能说明问题，因为只有最富有的人才能在城里的住宅中辟出足以容纳茶寮的园林。[36] 文震亨的第一条建议与仆人有关。他建议“教一童专主茶役”，否则你会忙于各种与茶相关的琐事而偏离了主题，亦即“长日清谈，寒宵兀坐”。此外，他还强调，这是“幽人首务，不可少废者”。不过呢，有些人的举止总是难登大雅之堂的，不是喷溅茶汤，就是坐姿不雅。文震亨对许多其他物件也有严格的规定——比如鹦鹉，“须教以小诗及韵语”，这意味着要对它们悉心调教，不让它们听到市井鄙俚之谈，否则它们会变得“聒然盈耳”。家具也会暴露一个人的品位，他建议回避雕刻龙形图案，桌腿雕龙是最可厌的俗式。[37]

在白银潮涤荡下的万历时代，风尚并不是唯一被改变的东西。新的财富逐步瓦解了社会地位的成规，新的生活理念也得到了人们的支持。张燮的友人在为其编撰的《月港海路指南》作序时，表达了这种新意识。他笔下月港的海商“视浮天巨浪如立高阜，视异域风景如履户外……海上安澜，以舟为田”，而他们对外国的首领“如挹幕尉”。[38] 上古经典中男耕女织的模式已不再适用于月港人，这不是他们过的生活。

张燮并未指望他在《东西洋考》一书中记录的有关海洋世界的知识能够改变每个人的认识，但他在凡例中表达的观点，暗示了这正是他编纂该书的目的所在。在论及搜剔各类资料的困难时，他特别指出近代作者因袭史籍而于近事无可缕指的缺陷，如此只能延续无知而不能增进新知。他想要扩充人们的认识，因此间采于估客舟人，想方设
法厘清有关南海航路的各种细节。这本书在当时鲜有人知，亦未能对 233
时人重视的那部分知识产生任何影响。劳德航迹图和塞尔登地图也遭

逢了同样的冷遇，这或许解释了我们迄今仅在泰晤士河畔的图书馆内发现其孤本的原因。

欧洲人在中国

流入南海经济体的白银，也带来了源源不断的陌生人，其中既有带着非洲奴隶和宠物猴子、穿戴华美的葡萄牙人，也有一文不名的水手、士兵和铁匠，他们从全球各地被吸引或强行拉入这一狂热而危险的环球航行事业，明朝人为之瞠目。沈德符在万历三十四年（1606）刊印的笔记《万历野获编》中曾如此描述葡萄牙人（即“佛郎机人”）：“其人双瞳深碧，举体洁白如截肪，不甚为寇掠。”[39] 而当荷兰人来到的时候，他们怪异的外表仍令明人惊讶得无所适从：“……状貌服饰，非向来诸岛所有。”沈德符所谓的“向来诸岛所有”，指来自东西洋各岛的“贡夷”，此处实指葡萄牙人。最后“以其须发通赤，遂呼为红毛夷云”。[40]

比起荷兰人的须发颜色来，沈德符更加关注的是荷兰大炮的打击精准性。他记录了万历二十九年（1601）明朝水师在沿海首遇荷兰船只并遭突然打击的经过。“海上官军，素不习见，……亦未晓其技能。辄以平日所持火器遥攻之。”荷兰人予以回击，而他们的回击异常精准，效果撼人，“第见青烟一缕，此即应手糜烂”。沈德符承认荷兰人开火有出于保护船上货物的合理需要，但也暗示了他们的火炮技术使海上冲突上升到了一个全新的层级。荷兰人“不折一镞，而官军死者已无算。海上惊怖”。[41] 这就是为什么徐光启等人力主明朝雇佣欧洲火炮手来加强北方边境防御能力的原因。

234 由白银带到明朝的欧洲人，不仅仅是绿眼睛的商人和红头发的火炮手，还有耶稣会的教士。耶稣会是一个在灵性方面对抗一切新教改革主张的天主教激进精英组织。耶稣会的成员乘着全球贸易的浪潮，四处传播基督教信仰。在两种意义上，他们的传教事业是经济全球化的产物。首先，如果欧洲人没有从事海洋贸易，那么传教士何来航路、舟楫之利？遑论立足生根的港口。1549 年，耶稣会刚成立不久，就派遣西班牙人沙勿略（Francis Xavier，1506—1552）随葡萄牙商人进入南海，耶稣会遂成为首个用贸易东风助飞传教宏愿的差会。正如历史学家柏里安（Liam Brockey）所言，传教事业的第一个转折点出现在 1557 年——一个小小的商业立足点在明朝疆域内被建立起来。他注意到，澳门“不仅有利于入华传教事业，它在耶稣会的整个远东传教事业中还具有举足轻重的地位”。葡萄牙商人走到哪里，传教士就跟到哪里，无论是溯珠江而至广州，还是出东海而赴日本。传教不仅跟随贸易的脚步，更得益于它们的扩展。[42]

之所以说耶稣会传教亚洲是经济全球化的产物，另一个理由是它的财务运行方式。耶稣会士知道，在非信徒中传播基督教是一项耗费巨大的行动：为教士提供培训、交通、口粮；建造住所、教堂和学校；购买和运送补给；分发礼物。葡萄牙国王和富商们是耶稣会传教事业的赞助人之一，从他们在海上贸易中获取的丰厚利润中分了一小杯羹。但是，如果因此把耶稣会士视为葡萄牙在南海贸易的被动受益人就错了。为了支持自己的事业，他们也在处心积虑地进行货币套利和商品买卖。直到 1669 年，差会因投机生意而一再蒙受巨大损失，教皇才下令禁止教职人员从事商品交易。

两个意大利人——罗明坚（Michele Ruggieri，1543—1607）和利玛窦，是首批潜入明朝境内的耶稣会士。由于一位地方官员把他们误当作印度佛僧，他们得以获准建起了自己的教堂。然而，中国传教事业的进展是缓慢的，其间经历了太多的跨文化协商和无疾而终的 235
尝试。比如，耶稣会士穿僧袍的着装策略似乎并未让他们接近自己想要接触的那些人，于是，他们改穿儒服，这大大方便了他们向士人传教。1601 年，利玛窦终于如愿在北京建立了一座差会教堂。

耶稣会士与澳门的联系并非无心之举，而是他们传教事业的关键一步。澳门为耶稣会士在明朝领土之外提供了一个基地，而它一衣带水的地理位置又便于他们进入内地进行活动。澳门也为他们接通了进出该港的西葡贸易所产生的现金流。一旦差会完全转入中国境内，这一点将难如登天。对外国人心存疑忌的中国人对耶稣会士与澳门的联系有着不同的解读。他们把澳门港视为耶稣会士的“阿喀琉斯之踵”，即他们的弱点。这种联系能说明什么呢？耶稣会士听命于葡萄牙人，而葡萄牙人在商业之外还怀有政治企图。万历四十四年（1616），一位力主反教的礼部官员如此表达这种疑忌：“彼教以香山澳为巢。”相信葡萄牙人意图侵犯明朝国土，而每个耶稣会士都是“佛狼机人的爪牙”的大有人在。[43] 澳门对于耶稣会传教士来说也许是一个至关重要的有利条件，但在中国人眼中却是一个不利因素。基督教在华布道，在根本上存在这样的矛盾：它不是在政治和经济的真空中发生的，而是按照赞助它的经济政治势力的轮廓勾画成形的。

尽管有掌权官僚的敌视，万历后期的不少士林俊彦还是热切地与耶稣会士交往，一些人甚至皈依了基督教。他们的动机与性格都各不相同。正如我们已经看到的，一些人看重耶稣会士从欧洲带来的知识——几何学、天文学、舆图学、炮弹制造、水文学等欧洲先进的空间计算科学。一些人则被基督教宇宙观所吸引，认为后者对天象的解释十分全面。一些人推崇耶稣会士个人的才智和信心，把他们看作可以并肩实现改善世界宏愿的旅伴。[44] 耶稣会在中国的传教事业可谓是恰逢其时，因为，当时的明代士人苦思冥想的问题，既包括自己的道德使命这样的根本问题，也涉及许多基本的技术问题，比如，如何
236 帮助人们挺过两次“万历之渊”，如何抵挡最终在 1644 年颠覆明朝的北方民族的入侵。对于这些问题，受过高等教育的欧洲人似乎已有现成的答案。

而且，耶稣会也选对了自己的开教柱石。利玛窦对文化模式的

差异体察入微，对欧洲人如何渗入中国的研判也极具战略眼光。[45]比如，他曾告诉在北京与他比邻而居的沈德符，自己“以入贡至京城”。[46]严格说来，这并非事实。葡萄牙不是入贡藩国，而利玛窦也不是葡萄牙人，但这一说法在修辞策略上是成功的，因为利玛窦找到了一个合适的习语，使人们能够接受他的到来和想法。和沙勿略一样，利玛窦的努力最终也惨遭失败，不过他的失败之处在于没有取得万历皇帝的支持。尽管如此，利玛窦的伟大成就在于规划了一条使欧洲人适应中国价值观、中国人适应欧洲价值观的途径。其他的一些欧洲传教士，特别是道明会士（the Dominicans），对自己所进入的文化的宽容度较低。他们把基督教的惯习误当作根本真理，而不愿意去发现其他文化中存在的类似性，因此他们在说服明代士人彻底更换自己的价值观与信仰方面也不如耶稣会士成功。道明会士深入民间的程度是令人惊叹的，但他们也只有在其创建的教徒团体未被国家发现的情况下才能存在，而这个国家总是担心宗教会是叛乱的烟幕。[47]

逃亡者归来

被派遣南下寻找管方洲的苏州捕役，决定在结束搜捕前最后去澳门（香山岙）看看。这还是在16世纪70年代，葡萄牙人强有力的防御装备引起一些中国人对外国人的疑惧是此后数十年的事。利玛窦也还没到澳门学习汉语，这是1582年的事。在澳门时，捕役们听说有一艘失事的欧洲海船刚漂进港口。船上的桅杆和船舵都已不见，看来是一艘弃船。捕役们出于好奇前往查看，在货舱里发现了两个奄奄一息的中国人。令人难以置信的巧合发生了，其中一人不是别人，正是他们苦苦搜寻的管方洲。

我们永远无从知晓管方洲是怎么跑到这艘欧洲海船上去的。是被抓去的？是去做买卖的？还是偷渡的？无论他是怎么上船的，他一被 237

海浪送到澳门就意识到，自己也许可以善加利用这一新处境。明朝政府从未正式将澳门的主权出让给葡萄牙人，因此，管方洲声称澳门有某种未成文的治外法权（extraterritoriality avant la lettre），并明确告知那些捕役，他们在澳门没有司法管辖权。捕役们即便没有被这番辩词说动，也已经意识到自己无力在葡萄牙人鼻子底下把管方洲押解出澳门。[48]他们必须通过一种更加迂回的路径来实施逮捕，即劝服而非强迫管方洲跟他们回去。所以，他们编造了一个故事。

他们告诉管方洲："吾辈亦将入南夷市贩。今如此危险，决意归矣。子可偕我行。"逃亡者迟疑地问起自己的案子。他们向他保证："子事已经大赦，勿虑也。"所谓大赦，是皇帝为了向天祈福禳灾（比如旱灾）或刑部积案难消时的通行做法。

管方洲相信了他们的话，但是他错了。当他后来深陷囹圄时才恍然大悟，但悔之晚矣。他们把他带回苏州的时间，王百户问斩的谕旨刚刚下达。管方洲的归来，意味着因贪墨而接受惩罚的将是银工，而非典狱。一时间，街谈巷议，无人不叹，天网恢恢，疏而不漏。果然是老天爷收网的话，那么这造化的神力中也要包括全球贸易吧。

第 10 章

崩溃

顺治十四、十五年之交（1657—1658）的某个寒冬之夜，距明朝覆 238
亡已过去 14 个年头，黄宗羲（1610—1695）被自己书架上的响声惊醒。他点燃床头几案上的蜡烛，向书架的方向张望，只见一只老鼠从架子上一蹿而过，消失在黑暗中。他起身秉烛查看有否遭鼠啮的情况，跳动的烛火照亮了被那只啮齿动物选中的那函书——弘光朝（1644—1645）的《邸报》。《邸报》是历代朝廷的官修通讯，用于向高级官员发布重大活动、政令、奖惩任免等信息。黄宗羲架上的书册是在南京刊印的，那里是弘光朝廷的继统之地。弘光帝朱由崧（1607—1646），即崇祯帝的堂兄福王。1644 年，崇祯帝为免被叛军生擒，自缢而亡。明宗室出奔南京，拥立福王为帝，建元弘光。一年后，入关的满人挥师南下，迫使弘光帝出逃。弘光朝《邸报》的编印因此搁置。

黄宗羲在此后的动荡岁月中勉强保存了自己手中的《邸报》。他回忆起自己是如何在那个冬夜使它们免遭鼠啮的，因为，正是在那个时候，他下定决心立刻着手为那个如昙花一现般存在过的政权编纂
实录。黄宗羲写道："臣畜之以为史料者也。年来幽忧多疾。"对于 239
明亡后困顿中的一年的鲜活记忆，正面临凋零的危险。他对"旧闻

日落”备感忧心。而自己颠沛流离的窘况更不足为外人道：“十年三徙，聚书复阙。”如果不尽快动手纂修实录，那么这段历史将归于湮灭，因为随着时间的流逝，关于弘光政权的记忆将逐渐消散。他不禁自问：“后死之责，谁任之乎？”[1]

罪 责

到了 1658 年，黄宗羲已经成为同代人中最重要的史学家和宪政理论家（constitutional theorist）。自崇祯皇帝自缢、满人攻占北京已过去 14 年。许多明朝官员顺势而为、侍奉新主，但仍有许多人并未如此，余生亦矢志不渝地追随对自己有知遇之恩的前朝。在黄宗羲的交往圈中，保持政治上的忠贞是理所当然的选择。明亡时才 34 岁的黄宗羲认为，故国已不堪回首，唯有归隐田园以明志——这就好比常言道“好女不侍二夫”。而多数寡妇还是要再嫁的，为新主驱驰的官员也不在少数。尽管受到来自征服者和昔日同僚的威逼利诱，黄宗羲仍以著书传道了却余生，为后世留下了宝贵的思想和史料遗产，他如继续从政，也许反而无法取得此般成就。

如黄宗羲在最终完成的《弘光朝实录》中所记录的那样，弘光并不是皇帝的热门人选。史可法（1601—1645），这位带领明朝余部抵抗满族入侵者，最终在 1645 年的扬州大屠杀中殉国的兵部尚书，就曾细数福王的“七不可立”：贪、淫、酗酒、不孝、虐下、不读书、干预有司。[2] 史可法的诤言未能阻止福王继位，这位兵部尚书错误地以为一个独裁政权的主人必须是一个有德之人。事实上，与开国者血统的远近才是关键，至于是否拥有登顶的品格则是另一回事。福王真
240 正令多数廷臣不安的并非他的性格，而是他的出身。他的父亲是朱常洵（1586—1641），即“争国本”的中心人物——万历皇帝为讨好其生母郑夫人而欲立其为王储。也就是说，郑夫人是福王的祖母。对

于在那场关于王朝根本的辩论中反对万历帝选择的官员来说，这不啻是万历帝在天之灵的复仇。

这复仇的快意并未持续多久。南京践祚短短一年，弘光帝便被出卖给南下的满人，不久，幽禁而死。他的三个堂兄弟又先后被推举为南方流亡朝廷的领袖。其中一位甚至向教皇请求援军，但是等这封信抵达梵蒂冈的时候，明朝的命运早已无法逆转。这些负隅顽抗的组织都未能逃脱清军的屠戮——且事实上南征军的主体是投降的明朝士兵。

新确立的清政权愿意给予崇祯一个真命天子死后应有的哀荣，毕竟，他像贞节烈妇一般选择了自尽而不辱其身。他的满族“继任者”顺治皇帝（1643—1661年在位）谕令为崇祯帝陵特制碑文一道，即为阐扬他的“身殉社稷”而暗讽余者的“失德亡国者”。[3] 于是，历史书写将崇祯朝的终结归咎于他的辅臣——即那些不愿另择明君的人。多尔衮（1612—1650），清军统帅亦即冲龄践祚的清世祖的叔父，对事件的始末作了如下政治正确的概括：“崇祯未尝不殚心治理，奈何疆场则将帅欺主争功，在廷则文官贪赃枉法。”[4] 崇祯的自杀，使他们不必沾染一个君主的鲜血而昭告自己的天命所归，因此，他们为崇祯建陵，让他安息在明朝历任皇帝之旁，给予他一个皇帝的哀荣，并宣告一个王朝的结束。

至于崇祯的那些堂兄弟们，不在清朝官方的优待之列，自然不会有为其编纂实录（Veritable Record）的可能。如果有人想编纂实录，必须留心不被新政权察觉。事实上，它们可以被查处为挑战清朝正当性的行为，即可被视为造反。这在道德上也许是一个站不住脚的借 241
口，却造成了人们不敢编纂实录的事实。这一现实，进一步掺杂了明朝遗民面对王朝覆灭的耻辱和自贬。他们假想自己本可以延续明朝的国祚，因此翻检故纸，孜孜以求王朝衰落的征兆——而他们的发现是多种多样的：实践上的、心态上的、思想上的、伦理上的。一位明亡时尚在冲龄的上海文人，甚至将王朝崩溃归咎于文运升降。他认为，万历时期，明朝的国运便开始衰落，“文体大坏，而国运亦随之矣”。[5]

这种对明亡的解释，或许令人唏嘘，但并不是好的历史书写。黄宗羲是一位优秀的历史学家，也是明朝的忠臣，他很清醒地认识到，这场灾难的责任必然根植于这一阶层的习惯与倾向。他的观点与多尔衮恰相反，认为王朝的覆灭是因为一个平庸的皇帝无力对付身边的宦官和无能的官僚。黄宗羲在那篇由“寒夜鼠啮架上”而起的序言中冷静地指出：“帝之不道，虽竖子小夫，亦计日而知其亡也。”尽管如此，黄宗羲并没有把笔墨过多地集中在崇祯朝政治的失败上，这些只是王朝覆灭的背景。在治理失当和道德滑坡背后是独裁统治的根本性弱点。独裁政治忽视统治者和人民之间的必要联结，所以，在灾难来袭的时刻，双方因无法建立互信而与突围之道失之交臂。在黄宗羲看来，这才是明朝崩溃的根本原因。

这种分析方式并不是大多数亲历王朝衰败的文人所能接受的。他们的观察来得更为直截了当，满族人以猛于蒙古人的雷霆之势入侵中原，令他们惶遽失措，并惴惴于不知何时到来的更大灾难。女诗人王微（约 1600—1647）有感于丈夫辞家抵抗清兵而写下的八行满溢离愁的诗句，道出了时人内心的绝望。

烟生兮荒草，
242 月落兮寒流。
魂归兮秋尽，
愁来兮夜幽。
摇摇兮焉薄，
中心兮安哀。
鼓柑兮天际，
将子兮夷犹。[6]

王微的诗中没有指责之意，只是描绘了她的家庭及其所处的阶层在明亡之际的境遇。类似的时人言论影响了现代史家，他们的明史写作围绕王朝衰落的悲剧展开。[7] 不过，在这里值得一问的是明朝在其覆亡前是否在衰落。我们可以论证它确实在衰落，并且可以罗列出一些论点。然而，一个有益的做法是区分结果和导致它们产生的条件。鉴于目前的情况，无论覆亡前的明朝是否已经走了下坡路，我们都很难想象它的结局会因此而有所不同。部分责任可以归于崇祯皇帝周围的文臣，因为他们没能采取有效措施，遏制不利于政权存续的军事和财政走势。不过，本章要关注的是在明朝最后数十年中资政议政和抵抗入侵的那些人，以及塑造其行动轨迹的历史条件。当然，最令人费解的难题可能是明朝是如何支撑到它的最后一刻的。

万历之渊

要讲述这个故事，我们需要回到万历皇帝统治的时期，即 1572—1620 年。与关于王朝衰落的标准叙事相反，皇帝个人的过失也许不是故事的起点。有史料表明万历皇帝优柔寡断且缺乏政治头脑，但我们现在需要的是放宽视界，将目光从庙堂上具体而微的纷争转向更广阔的图景。对于万历朝来说，这种更广阔的图景涉及两大方面的环境恶化。

第一次“万历之渊”发生在 1586—1588 年，这次环境崩溃的规模之大令明政权措手不及，最终酿成了明朝历史上前所未有的社会灾难。明政权之所以能够挺过这次灾难，得益于首辅张居正在 16 世纪 80 年代开始的财政改革。通过追缴欠税并暂停未能完税的地方官员的升迁，张居正使明代财政制度最大限度地发挥了它的效率。直至 243
1582 年离世之时，他为太仓库（the Imperial Treasury）留下了充足的银两。[8] 这些储备帮助万历朝廷挺过了 1587 年突然来袭的灾荒。这次天灾给人们留下了不可磨灭的记忆。六年后，当一次大饥荒逐渐在河南省内蔓延开来之时，朝廷和官员们迅速做出反应，缓解了食物短缺，避免使这一地方灾情酿成区域性危机。[9]

20 年后，第二次“万历之渊”在 1615 年来到了。此前的两年，北方连年洪涝，而“万历之渊”的第二年起，气候开始变冷。一些地方的大旱和另一些地方的大涝奇异地交织在一起，掀开了“万历之渊”的序幕。万历四十三年（1615）秋，各地的救灾陈情如雪片般飞入朝堂。十月五日（11 月 25 日），两位内阁大学士在总结各处有关救灾恤民的章疏时对皇帝说道：“事虽不同，总以地方灾沴、百姓流离、劫掠横行、饿殍载道，据实上闻，无非仰体钦恤之德，以邀浩荡之恩。”皇帝将其所言下户部议，户部议覆各地开仓赈济。

此次大饥，山东灾乱尤烈。据十二月（公历次年 2 月）山东巡抚上疏中所称，全省饥民多达 90 余万，加上盗贼蜂起，抢劫公行，赈济仓米已完全告罄。万历四十四年二月（1616 年 3 月），山东举人张其猷上呈所绘《东人大饥指掌图》。实录中记到“各为诗咏之”，其中有“母食死儿，妻割死夫”之语，成为对整个大饥荒最生动的写照。[10]

数月后，饥荒从华北扩大到长江三角洲，在次年蔓延至广东，又过了一年，西北和西南也发生了大饥荒。人们本以为，到万历四十六年（1618），最坏的情况已经过去了，谁知直至万历朝的最后两年，
244 干旱和蝗灾仍然肆虐全境。在这一长串的灾害之后，也许还应加上万历四十六年（1618）和四十七年（1619）的大沙暴——这是西北森林采伐造成的后果。万历四十六年三月十一日（1618 年 4 月 5 日），一场大规模的沙尘暴袭击北京，据《明史》记载，当日傍晚，“雨土，濛濛如雾如霰，入夜不止”。一年后，沙暴再次来袭，“从未至酉，尘沙涨天，其色赤黄”。[11]

万历四十八年（1620），万历皇帝驾崩，与此同时，长时间的干旱和严寒终于结束。太子，即皇位的合法继承者，登基，年号泰昌。然而，不足一月，未等万历帝的梓宫放入陵寝，泰昌帝便一命呜呼了。于是，一场动摇国本的危机再次令朝堂陷入混乱。继统的过程并不复杂，但问题在于天启帝尚未成年，也没有确定辅弼的人选。在此后的七年间（1621—1627），朝政实际被大太监魏忠贤（1568—

1627）掌控。政治气候每况愈下，自然气候却回复常态。天启朝的最后两年，气候较以往湿润，但没有出现严重的洪灾。天启年间，自然界唯一的非正常现象就是地震，几乎每年都有。

天启七年（1627），皇帝的早殇为天启年间的朝纲紊乱画上了休止符，这令文武百官大大地舒了一口气。天启帝没有子嗣，原本会引发另一场国本之争，但他年仅 16 岁的弟弟继承了皇位，也就是后来的崇祯皇帝，许多人暗自庆幸，这次终于有了一个可以挑起治国重担的君主。然而，世事无情，崇祯最终也没能力挽狂澜，逃脱末代皇帝的命运。

北方边境

万历年间的大饥荒，其影响所及不仅仅是明朝的百姓。华北的连年干旱也波及了辽东——也就是后来被称为满洲（Manchuria）的长城外的东北地区。正是在那里，女真族首领努尔哈赤（Nurhaci，1559—1626）逐步将不断扩大的女真与蒙古各部落间的联合，发展成一个政治同盟，最终在崇祯九年（1636）采用了“满族”（Manchu）这个新的民族称谓。直到万历四十三年（1615）为止，努尔哈赤仍向明朝进贡，然而，这种臣服只是表象，他从未放弃对领土的野心。干旱和严寒也许是最终使他停止进贡的原因。一个胆小的首领或许会向后撤退，可努尔哈赤反而更积极地与明朝争夺辽东。他需要辽东种 245
植的粮食，并且已准备好为此与明朝一战。该战役的转折点出现在万历四十六年四月（1618 年 5 月），努尔哈赤对辽东东部发动奇袭，明军统帅阵亡，女真人获得了该地区的控制权。

次年春，明军大举反攻，但立即遭遇了重重困难。由于万历皇帝不肯动用国库，致使粮饷不足。大雪又阻碍了明军的前进，这是气候变冷的结果。在万历四十七年三月一日（1619 年 4 月 14 日）的萨尔浒之战中，明军大溃，此时距其出师不过月余。在明朝军队的这次惨败之后，努尔哈赤连续作战，财政史家黄仁宇形容他“在大小战役中所向披靡，取得了节节胜利”。以此为开端，明朝最终失去了她在长城之外的全部领土，尽管这是后来 20 年内慢慢上演的故事。在那个干旱的夏天，还有三个月生命的万历皇帝对一位内阁大学士解释道，明军败绩的原因是辽东部将不和。然而，黄仁宇却将战败直接归咎于皇帝本人。由于皇帝执意不肯动用国库，户部只得加派辽饷。这一临时性的附加税后来不仅没有被取消，反而因为此后 25 年间军事失利和天灾频仍导致的财政高压而不断加码。[12] 萨尔浒一役的惨败，意味着明朝面对的军事威胁将继续升级，而无论明朝已经在防御方面投入了多少，今后，它不得不投入更多。[13]

军事上的问题如此，而财政上的问题看来更为复杂、棘手，且不止一位官员为此上奏皇帝。徐光启便是其中之一，这位利玛窦的天主教弟子，从万历四十七年（1619）起，便开始力主引借欧洲先进知识才是增强明朝军事实力的最佳捷径。[14] 他计划引入的不仅仅是火炮技术，还有能够帮助火炮手提高命中率的欧几里得几何学。此前，徐光启曾协助利玛窦翻译了欧几里得《几何原本》的前六卷，这套中译本刊行于万历三十五年（1607）。他还曾主张引渡澳门的葡萄
246 牙士兵，向明朝火炮手传授最新技术。天启二年（1622），在荷兰人进攻澳门的战役中，一名葡萄牙火炮手一举击中荷兰火药库，传闻这是经过意大利耶稣会士罗雅谷（Giacomo Rho）测算的结果，而这正是徐光启需要的证据。于是，他获准在是年遣送七名炮师和一名通事——即派往日本传教的耶稣会士陆若汉（João Rodrigues），以及 16 名随扈人员北上京城。

是否要依靠外国技术的问题——也许更加令人担忧的问题是在北京的外国士兵可能刺探军情并反制明朝——在朝堂上引发了激烈的辩论，人们对引入西洋火炮计划的信心也随之严重动摇。次年的一场演习中，发生了火炮炸膛事件，一名葡兵死亡、三名中国助手受

伤。于是，整个计划被迫取消，葡国炮师被遣返澳门。六年后，当徐光启再次获准派遣第二队炮师入京时（陆若汉仍任通事），他们再次进行了同样的试验。朝堂上的反对声浪一度使他们止步于南京，但最终崇祯皇帝发下谕旨，准许他们继续北上入京。此事确实刻不容缓，因为女真人的突击队已在首都附近逡巡。

崇祯三年一月三日（1630 年 2 月 14 日），他们接到了圣旨，即刻出发。在距离北京 65 公里的涿州城外，他们遭遇了女真人的一支先遣部队。葡兵退入城内，在城墙上架起了八门火炮，向进入射程的女真人开火。炮火发挥了它的威力，女真部队撤退了。这足以令朝堂上那些仍然怀疑引进外人策略的人哑口无言。[15] 徐光启也一鼓作气，上疏皇帝请派陆若汉回澳购募更多的炮师和火炮，并荐举罗雅谷——这位在天启二年打败荷兰人的意大利数学家——进京入历局供事。

崇祯五年（1632），山东吴桥兵变，12 名葡兵被杀，而徐光启在军事上的得力弟子孙元化也因镇反不利而惨遭弃市。因此，这一极具政治敏感性的引进外人的计划遭遇重挫。这次兵变触发了激烈的派系斗争，这与明政权正面临的军事处境毫无关系，却是一派势力竭力摧毁另一派的殊死斗争。[16] 徐光启本人的努力不足以改变辽东的局势。他十分正确 247
地意识到了火器将是未来战争中的决定性因素，但是如果没有一位能够指挥守土之战的皇帝、一个受同僚敬仰的内阁大学士和一个不会遭后方猜忌的前线统帅，即便掌握了技术，仍无法改变事情的走向。

天启二年，广宁卫落入女真人之手。明朝军队被迫撤回长城东缘屏障——山海关之内。但是越加干旱、寒冷的天气使辽东陷入食物短缺，女真人只得撤退休整。这次撤退给了明朝喘息和思索解决边需之道的机会。然而增加赋税似乎是一个站不住脚的论调。正如天启三年（1623）夏一位京官在上疏中所称的那样："自辽左发难，军需驿骚，竭天下之物力，以供一隅。"结果，"百姓献骨剔髓，鬻子卖妻以供诛求。"[17] 崇祯皇帝想通过整肃税收制度和削减特权滥用的方式来解决问题。同时，他试图通过阻断未完成课税的地方官员的升迁来保证国库的收入，但这样做的结果，实际上助长了地方官员通过贿赂户部书手来遮掩应付的不正之风。[18]

明朝军队利用女真人的撤退，夺回了辽东的部分领土。天启四年（1624），一个名叫毛文龙的亡命之徒甚至一路打到了女真人的发祥地——长白山（顺便说一句，这也是西伯利亚虎的栖息地），重挫了后者的锐气。天启六年（1626），努尔哈赤去世，女真人扩张的脚步因此而停顿，于是，他们转向了其他的手段，外交就是其中之一。他们派人给毛文龙送去了招安书。书信的开头就指出，灾异屡降是国运衰亡的先兆。信中将明朝贬称为“南朝”，且直言：“南朝运终，死数
248 未尽，天使丧亡，将军岂能救之乎？”接着，他们向毛文龙伸出了橄榄枝：“良禽择木而栖，贤臣择主而事。”信的结尾说道：“南朝气运已尽，时势已尽。悔之不及。”[19]

毛文龙没有作答，大概因为他相信自己站在胜利的一方。然而，在次年2月，女真人出兵朝鲜，迫使毛文龙后退。他也许失去了一些领地，但他在鸭绿江口的新基地，却使他得以控制利润丰厚的辽东—山东海上贸易路线，事实上让他成了地方一霸。此时，女真人再次与他暗中通信，试图诱其倒戈。由于毛文龙从海上贸易中抽取了丰厚的租金，便有恃无恐地骑墙而立。这种左右逢源的局面一直维持到崇祯二年（1629）。边帅袁崇焕（1584—1630）察觉了他的异心，便以检阅为名，直取毛文龙营寨，并令其手下的一名将领把他立斩于帐前。历史学家魏斐德（Frederic Wakeman）对此评价道：“毛文龙被杀，使东线陷入混乱，最终，他手下的不少人又做回了海盗，以劫掠为生。”[20]

袁崇焕的雷霆手段也许防止了毛文龙的叛变，但东线的混乱使他未能及时发现努尔哈赤之子皇太极暗中准备的反攻。是年11月，皇太极绕过袁崇焕的驻防地，派出多路骑射兵进军华北。其中一路一直

打到了北京城下。另一路打到了京师以南的涿州，正如我们已经提到的，徐光启募集的葡萄牙炮师在那里以炮火相迎。女真人的突袭并没有预备后援，很快撤回了关外，但明朝廷仍需追究边关失守的责任。那么，还有谁比诛杀毛文龙的元凶更合适当这个替罪羊的呢？袁崇焕被召回北京，饱受严刑凌辱，最终于次年 1 月被磔于市。他的罪名是暗中通敌，致使京师被围。在接下来的数年中，还有许多将领以同样的理由被论处死罪。[21]

皇太极在其父去世后，用三年时间重新巩固了自己对女真各部的领导权，因此取得了军事上的胜利。尽管他在那年冬末撤回了关外，却暴露了明朝军队在辽东防守疲弱的事实。此后，他逐步控制了更为 249
广大的满洲地区。崇祯九年（1636），他踌躇满志地建立了一个新的王朝——清，并自称皇帝。这个新王朝的名字“清”，象征着明净、纯粹的“水德”，正好克住“明”的日月同辉的“火德”。皇太极是否相信自己的王朝将超越过去 400 年间女真人在华北建立的那种地区性政权？对此我们不得而知，但是至少清朝的建立，本身就是对明朝的挑战。崇祯十六年（1643），霸业未成的皇太极离开了人世。皇位传给了尚在稚龄的儿子，而征服的霸业则托付给了弟弟多尔衮。

崇祯之渊

现在我们将目光从崇祯朝舞台上的演员们身上，转向舞台本身——生态环境。元明两代没有哪个皇帝像崇祯这样，不幸地遭遇了如此反常且恶劣的气候条件。在其统治初年，自然灾害主要集中在西北，特别是陕西。干旱与饥荒到处肆虐，崇祯元年（1628）末，一位御史上奏，全省已变成了一个灾区。次年，气温骤降，这次寒潮一直持续到 17 世纪 40 年代。感受到这一变化的不仅仅是明朝人。在 17 世纪 30 年代，俄罗斯人在每年的 12 月到次年 2 月，至少要经历一个月的严寒。然而，在 17 世纪 40 年代，据记载，冬季的每个月都要经历严寒，使之成为自 12 世纪以来俄罗斯历史上最冷的 10 年。[22] 位于中俄之间的满洲也经受了同样的极端气候。女真人也许是受到明朝财富的吸引而南下的，但推动他们南进的因素也包括寒潮。

崇祯朝的首次大饥荒发生在 1632 年，即皇帝登基后的第五年。这一年，朝堂上的奏疏一封接一封递上来，满纸都是全国各地的极端气候和随之而来的社会紊乱。一位派往西北的巡抚写道："不意天未悔祸，荒旱五年，致彼遍地皆贼，日甚一日。"而一位被派往京杭运河中段地区视察灾情的巡按回报的情况是："南北往来几于断绝。"有关该地区另一次大灾的一封奏疏中则写道："贫者流而为盗，富者乘
250 间潜移。商贾不通，道路梗塞。"[23]

崇祯五年（1632）以后，灾情不断恶化。到了崇祯八年（1635），蝗虫开始大量出现。最终，在崇祯十年（1637），干燥的天气导致了大规模的旱灾。明朝遭受了长达 7 年的史无前例的大旱。最严重的灾情发生在崇祯十三年（1640）夏的山东西部，饥民剥食树皮，最后不得不吃腐尸而活命。[24] 在山东西北部的商业城市临清，甚至出现了人相食的惨烈情况。[25] 次年夏，饥荒向南蔓延至长江三角洲。《上海县志》中收录的一条记录扼要地描述了此次饥荒的规模：

> 大旱。
> 蝗。
> 米粟泳贵。
> 饿殍载道。
> ……
> 斗米银三四钱。[26]

干旱又持续了两年。崇祯十六年五月九日（1643 年 6 月 24 日），束手无策的皇帝降旨，要求所有臣民，上至文武百官，下至贩夫走卒，都要洗心革面，禳除干旱的天谴，祈求上天普降甘霖。[27]

干旱和饥荒之后，疫疠接踵而来。大部分疫情是由天花引起的。汉人已经通过接种人痘这种简单的预防手段，控制了这种疾病，但是满族人还没有掌握这种技术。他们对这种疾病有一种特别的恐惧，并且竭力回避与感染天花的人进行接触。因此，在17世纪30年代的数次进攻的关键时刻，他们从回报有天花疫情的地区撤退。对天花的恐惧，是崇祯二年到三年（1629—1630），皇太极终止对华北进军的原因之一。[28] 崇祯八年（1635）山海关附近肆虐的疾疫很可能是天花。而崇祯十二年（1639）在山东爆发的天花疫情，其规模之大使满族人取消了当年冬对华北的突袭。

疫疠也在全国其他地区爆发，西北部尤其严重。崇祯年间，山西省的首次大规模疫情发生在崇祯六年（1633）。三年后传到了陕西和 251
蒙古南部。崇祯十三年（1640），整个陕西省都遭受感染。等疫情结束时，据该省官员估计，人口死亡率高达80%—90%。[29] 尽管这一统计比率显然夸大了事实，却反映了疫情的严重性，至少在该省的部分地区情况确乎如此。关于这一次疫情是否鼠疫，还存在大量争议。崇祯七年（1634），西北边境地区的老鼠数量突然急剧增长。据《明史》记载，宁夏的乡村地区突现10万只老鼠，所经之处，寸草不留。一些历史学家据此将鼠患与疫情爆发联系起来。[30] 无论这两件事之间是否存在关联，也无论老鼠的身上是否携带了感染淋巴腺瘟疫的跳蚤，这些都只是人们的猜测而已。

崇祯十二年（1639），长江流域发生严重疫情。同年发生的长江中游地区的鼠患，再次使人们怀疑这是一场瘟疫。疫情在两年间愈演愈烈，不仅是长江流域，整个明帝国的东半部都受到影响。据称，山东某州半数以上的居民死于疫疠。地方志编纂者在评价此次疫情时写道："历代灾异叛乱，为害无甚于此者。"[31] 在山东的另一个黄河以南的州，疫疠使数个村庄人迹灭绝，70%的人口死亡；同样的死亡率也出现在河南省境内的黄河流域地区。[32] 当年夏末，蝗食苗尽，一点可以吃的都没有留下。

疫情在崇祯十五年（1642）似乎出现了短暂的中止，随后，继续年年爆发，从江南直到北方边境，无处幸免。[33]当时，北京是这一波波疫情的感染源，而曾经的全国财富流动通道——京杭大运河，则成为由北向南传播疫情的直通通道。饥荒加上疫疠造成的后果是致命的。“死者泰半”是这些年地方志中不断出现的一个词，而“十室九空”是另一个。到了崇祯十七年（1644）年初，山西省北部的所有州县都已出现疫情。[34]

这就是“崇祯之渊”——自14世纪20年代的“泰定之渊”后持续时间最长的灾害期。粮食歉收，食物供应缩减，商品交易停止，
252 导致粮食价格的通胀达到史无前例的高度。人们两手空空，没有缴纳赋税的能力。人民生计维艰，而政府的处境更加糟糕——甚至没有能力支付军饷，以维持边防和驿递。早在天启三年（1623），就有兵部尚书反映驿递疲困、疲累已极的情况，恳请皇帝下旨严申驰驿条件，以免国家通信体系崩坏。[35]但是，这一举措尚不足以减轻驿递的沉重负担，于是兵部在崇祯二年（1629）索性关闭了数个驿站，以降低运营成本。现实地来看，任何财政紧缩的做法都不足以弥补在满洲连年用兵的巨大耗费。国家为应对不断飙升的军费开支，唯有不断加重赋税。人们用“崇祯”等于“重征”的调侃，一语双关地道出了崇祯年间税赋沉重的窘境。[36]当1644年——崇祯朝的最后一年到来时，80%的州县已停止缴纳赋税，国库已经空空如也。

叛乱

金融崩溃对依靠中央资源配置维持运作的北方地区的打击最大。崇祯初年，这些地区是最先遭受饥荒的。财政紧缩使士兵和驿丞失去了粮饷。许多人干脆弃职，逃到边远地区，依靠出卖劳动或落草为

寇，以维持生存。当崇祯元年（1628）春，干旱降临边缘省份陕西时，他们中的一些人便揭竿而起，由此掀起了一场横扫帝国全境的长达 17 年之久的叛乱风潮。[37]

一次次的兵变和对政府粮仓或州县衙门的成功偷袭，使那些不再理会明政权而将生死掌握在自己手中的人们获得了进行更具野心的军事征服的信心。在他们中有两位叛军将领指挥了大批追随者，并各自建立了短暂的王朝，那就是李自成（1606—1645）和张献忠（1606—1647）。他们两人都来自旱灾频发的陕西省中最为贫困的北方地区。天启七年（1627），李自成在一个驿站谋到了一份差事，但两年后驿站被裁，他也随之失业。此后，他当过税吏，投过军，最终成了流寇。张献忠早年有许多颇具戏剧性的故事。他满脸的麻子，说明他在孩提时期曾染上天花，但保住了性命。他在少年时期被逐出家门和村庄，根据一则轶闻记载，原因是他杀死了自己的一个同窗。这则故事真假莫辨，但张献忠上过学确有其事，因为据在其屠川时期见过他的两个耶稣会士的记载，张本人能断文识字。对一个火爆的青年人来说，军队是最安全的地方，因此，张献忠参了军。投军期间，他被指控违抗将官命令，犯上作乱，尽管这一指控可能是不公正的。据说，还好有另一位将官伸出援手，使他免于问斩，但张仍然被逐出了辕门。除了打架什么都不会的张献忠，在崇祯三年（1630）的夏天，踏上了他这类人唯一能够选择的另一种职业道路——落草为寇。 253

李自成和张献忠属于徘徊在社会边缘的青年人，在此后数年中的华北地区，正是这样的青年人不断聚散组成各种匪盗帮会之地。这些帮会逐渐形成松散的军事组织，在此过程中，他们建立根据地、收取赋税，并抵抗明朝派来镇压他们的军队。最终，没有一个农民起义将领成功地建立起稳定的政权。即便是那些建立了民政机构的，也不能长久地扎根在一个地方，有时是因为别的地方出现了新的机会而开拔，有时则是为了躲避镇反军队而出逃。直至 17 世纪 30 年代中期，这些北方军队穿过河南和安徽，进入长江流域。崇祯十一年（1638），李自成和张献忠都遭到了明朝军队的严重打击，吃了几个大败仗。要不是国家在这一关键时间点上承受的负担太多，他们便不可能有东山再起的机会。

然而，他们的确卷土重来了。李自成和张献忠用两年的时间再造了各自的游击政权，并做好了封土称王的准备。然而，他们都没有获得对某一特定区域的完全控制权。他们都在华北边缘迁移，从河南到陕西，甚至南下湖广，一切都取决于明朝军队的动向。崇祯十七年（1644）初，张献忠在攻取南京失败后南下湖广，并准备西进至四川盆地。而李自成则攻克了古都西安，并在那里建立了顺朝——尽管所谓的“顺”是指李自成顺天承命，还是天意顺从于李自成的意志，还没有定论。是年冬，李自成对山西省发动了全面进攻。在那里，他的目光进一步东移，投向了防御空虚的北京城，并做出了大胆而令人始料不及的决定——突袭首都。[38]

254 二月二十八日（4 月 5 日），崇祯皇帝发布了勤王的总动员令，但得到的响应太微弱，不足以保卫京师。三月十八日（4 月 24 日），李自成的军队攻陷了北京，皇室退居紫禁城深处。走投无路的崇祯皇帝砍杀了自己的女儿，随后自缢于紫禁城后的煤山。皇帝的死讯震动了王朝上下。阴历三月十九日，这个日子永久地烙印在了人们的记忆之中。在新王朝的统治下，人们不能自由地哀悼崇祯的死。它必须被升华为另一种纪念形式，事实上也的确如此。几年后，整个江南地区兴起了一种太阳崇拜，而它的纪念日正是每年的阴历三月十九日。[39]

李自成攻打北京的消息传到了正在山海关抵抗满人的戍边将领吴三桂那里。吴三桂决定孤注一掷。他向山海关外的满人首领多尔衮提出了一个建议：双方暂时放下敌对情绪，为了更大的荣耀和巨额的回报，多尔衮将协助他反击占领首都的反贼。对于吴三桂而言，这是为了应对突发危机的权宜之策；但是对于多尔衮来说，这便是钉在明朝棺木上的最后一枚钉子。面对比自己强大得多的联军，李自成在四月二十九日（6月3日）仓促登基，次日便仓皇撤离。第二天，满人进驻紫禁城，宣布清朝奠基。一年后，李自成死于逃亡途中。

与此同时，张献忠退守四川，并建立了大西国，这一臭名昭著政权的恐怖统治仅维持了两年。根据后世的说法，张献忠做的唯一一件良心未泯的事，就是在他大举屠川前，允许他在四川发现的两名耶稣会士自由地为当地人施洗。顺治三年十月（1646年11月），被满人逐出四川的张献忠仓皇北奔。顺治三年十月二十七日（1647年1月2日），被满军俘获、立斩。

明朝覆亡由许多段历史交织而成：它既是发迹于东北边境的大清帝国的扩张史，又是14世纪以来中国经历的最大规模的内乱史；它
既是明朝走向分崩离析的历史，又是人类气候史上的重要一章。它 255
们讲述了不同的故事，却又交织成同一部历史。如果1641年初黄河流域没有发生影响70%人口的大疫的话，这一地区便不会防御空虚，那么，李自成的叛军还会有可乘之机吗？这是我们可以追问的问题之一。[40]什么才是压垮骆驼的最后一根稻草？是财政破产？是叛乱？是满族军事强权？还是天气？如果这是一道单项选择题的话，那么答案会让我们在看到部分真相的同时失去更多。在中国历史上的这一紧要关头，正是上述事项的综合作用拖垮了明朝政权。与其思索是什么最终毁灭了明王朝，不如问一个更加令人困惑的问题：明政权是如何维持到最后一刻的？

渡尽劫波

刚刚穿越了“崇祯之渊”的明朝人，发现自己陡然变成了一个新王朝的臣民。通往“后崇祯时代”的途径有许多，难易程度各有不同。绝大多数人顺从自己的命运，臣服于满人的统治，而且，如果他们是男子的话，还要以雉发的方式展现个人的忠顺。这是一种侮辱，然而

当顺治二年（1645）多尔衮宣布“留发不留头”的禁令后，几乎无人违抗这一做法。但是，确实有一些人在好几年内不曾放弃对明朝复辟的期望。

对于朱氏家族而言，如果顺从于满人，无非是为了保住自己的性命而已，因此，一些王族出借自己的兵力，支援抗清。崇祯十六年（1643）年末，太子逃出北京，但很快被叛军俘获。当朱明王朝试图从崇祯的堂兄弟中寻找继位者时，只有两个合适且能够继统的人选。党争的内耗注定使福王成为弘光皇帝。他做了一年的皇帝，无奈他的军队无法抵挡满人的铁骑，最终他在南京城外战败被擒。于是皇位传给了他的一位远房伯叔祖父（隆武皇帝，约 1645—1646 年在位），他在位也未超过一年，于是，皇位又传给了他的兄弟（绍武皇帝，约 1646 年在位），此后又辗转至福王的一个堂兄弟（永历皇帝，约 1646—1662 年在位）。这些在明亡后继续存在的皇帝所组成的政权，史称南明。[41]

顺治十六年（1659），最后一位伪君永历被迫逃至缅甸，他要躲
256 避的追兵正是吴三桂——这位在崇祯十七年（1644）将满人迎入山海关的汉人将军。此时的吴三桂仍然供满人驱驰，但是到了康熙十二年（1673），当清朝入关后的第二位皇帝决定削除曾辅助乃父入关的汉族将领的藩地时，吴三桂终于反叛了。即便永历帝已逃到了缅甸境内，他还是被捉住了。他和自己未及弱冠的儿子一起被押解回京，但是行至中途，清廷还是担心他们的存在会激起反清的抵抗行动，于是在康熙元年三月（1662 年 5 月），将他们处决。此后，再无任何朱姓子孙胆敢称帝。

在北京沦陷的第一年，人们希望军事抵抗能够力挽满人入主的狂澜。然而，由于这些行动之间缺乏有效的协调，随着新朝军队不断南进，长江流域及其以南的城市相继陷落。与 400 年前蒙古人入侵所不同的是，这一次的进攻势不可挡。满人宣示，那些开城纳降的将得

到宽大处理，而那些抵抗的将被屠城。许多地方将领别无选择，只能束手投降。一些人没有这么做，而满人也说到做到。第一次大规模的屠杀发生在坐落于京杭大运河与长江交汇处的扬州城，第二次则发生在长江对岸的嘉定。南京城不战而降，使清军得以分兵挺进，一面溯江而上，一面南下攻入江西省境内。清军在这一地区遇到的最后一次大规模抵抗发生在省会南昌。最终，南昌城于顺治二年（1645）夏被攻克。粮食储备不断减少，因此，城内的守兵向城外的清军发起了多次攻击，但没有一次成功突围。南昌守备将领只得祈援于一位自称摩诃般若的游僧，他说只要选 14—15 名童男，手持长香，念《般若波罗蜜多心经》，便可退兵解围。按照他的说法，如果清兵是鬼而不是人，那么童男子的净力自可将其驱除。守将采信了他的办法，可怜这些童男惨死于城门外。顺治三年正月（1646 年 2 月）南昌城破，因抵抗大清而横遭屠戮者成千上万。[42]

随着清军的继续挺进，抗清势力被迫进一步南撤，并逐步退入西南，以避免被满人消灭。他们的奋力挣扎留给后世许多轰轰烈烈、可歌可泣的故事，而命运留给他们的结局只有被杀或自尽。[43] 这些故事 257
中的危急时刻多出现在《剃头令》颁布之时。顺治元年九月（1644 年 10 月），一位退至上海以南的舟山群岛的抗清斗士，在自裁前留下的绝命词这样说道：

> 保发严胡夏，扶明一死生。
> 孤忠惟是许，义重此身轻。[44]

七年后，舟山成为第二波反清势力的基地，但是这次抗争也以失败告终。参与这次抗争的一位斗士也在头发的问题上划下了同样的种族界限。俘获他的清兵将领欲以剃发为条件使他活命，他却断然拒绝道：“吾发可剃，何俟今日？”他的这种挑衅新朝的行为，换来了被砍断四肢而死的悲惨结局。[45]

另一种对剃发令的无声反抗方式是剃光头，即剃度出家。这意味着一种宗教生活的开始，采取这种消极抵抗方式的人也不在少数。我们也许可以将他们中的大多数人称为政治性僧人，因为他们并没有传戒。新政权没法将全国的僧人集中起来，一一甄别哪些是因信仰而出家，哪些又是因抵抗而出家的。将政治性僧人从真正的僧人中挑剔出来，可能会引起巨大的麻烦和进一步的混乱，因此满人明智地听之任之，留下这条唯一的活路给明朝遗民。一些人在明亡后因此得以安稳度日。石涛（1642—1708），即道济是朱明后裔，明亡时，他才两岁，在他成长的岁月中，为逃避满人的追捕，一路流亡至西南。最终，他成了一名政治性僧人，同时，他也是一个画家，而且可以说是清初最具创造力的艺术家。[46]

当然，这不是大多数人选择的道路。他们还是要挑起自己肩上的担子，继续活下去。到了顺治三年（1646），两个南明小朝廷和许多其他伪政权都已垮台，大多数人开始认为继续反清复明的斗争是毫无
258 意义的。17 世纪中期的著名诗人黄媛介，曾在 1646 年 4 月 4 日的清明节写下一首诗。清明是阖家祭扫先祖墓庐，吃冷食以纪念逝者所受苦难的节日。这一年的清明节，长江三角洲和中国其他许多地方的人都有在明亡离乱中死去的亲友可以缅怀。在顺治二年（1645）清军攻占江南之时，黄媛介与自己潦倒的丈夫失散，从此再未破镜重圆。她在这个清明节思念着自己的丈夫，同时严厉谴责那些急于忘却离乱之痛的人：

> 倚柱空怀漆室忧，人家依旧有红楼。
> 思将细雨应同发，泪与飞花总不收。
> 折柳已成新伏腊，禁烟原是古春秋。
> 白云亲舍常凝望，一寸心当万斛愁。[47]

顺治二年的战乱也夺走了她挚友商景兰（1605—约 1680）的丈夫。商景兰自己也是一名杰出的诗人，她时不时会接济黄媛介一家。

其夫祁彪佳（1602—1645），声名更在其上。祁彪佳是一位剑胆琴心、积极救世的文人，清军攻陷南京之时，他以身殉国。商景兰的悼亡诗，展示了这对伉俪效忠前朝的不同方式，一位选择了以死全节，而另一位则偷生抚育遗孤。

> 公自垂千古，吾犹恋一生。
> 君臣原大节，儿女亦人情。
> 折栏生前事，遗碑死后名。
> 存亡虽异路，贞白本相成。[48] 259

人们对这些牺牲行为的铭记成了它们对抗异族征服的方式，因为面对满人，他们只有遗恨。这在中国历史上并非首次。像宋人那样，明人发现自己与征服者之间存在着不可逾越的鸿沟。满人也是来自北方草原的入侵者，然而他们选择了与蒙古人所不同的统治方式。蒙元通过强调种族区隔来贯彻秩序；清朝则更愿意标榜多民族统一。而现实告诉我们，这是一个通过铁血征服获得统治权的外来统治阶级。因此，明朝的中华思想（a Chinese China）仍然保留着排斥草原传统的观念。这种观念是如此根深蒂固，以至于明朝人完全把满人视作文明世界的闯入者。

而这一点也会改变。一旦人们发现满人并不准备在根本上重新组织这个国家，明朝时的那种社会秩序便恢复了起来。反抗的火焰一旦熄灭，从明朝人到清朝人的转变，显得近乎顺理成章。当 1912 年，一个共和国从清帝国的废墟上崛起时，明朝成为人们追慕不已的最后的“汉族”王朝，然而，历史上所谓的“中国”，并不是清帝国打下的这片疆土。创立民国的革命者无意于恢复明代的疆域。他们对清朝统一的全部领土宣告了自己的主权，从台湾到西藏。然而，他们的做法与忽必烈和朱元璋的又有什么不同呢？他们不都是想维护疆域内的大一统吗？当我们回首时，原来元明从未消失在历史深处。

结语

成吉思汗的野心是征服世界。他的孙子忽必烈则把自己的目标定得更为低调，那就是统治整个东亚。尽管两人都未完全成功，他们却统治着一个远远超出蒙古故土的世界帝国（world-empire）。成吉思汗的世界帝国永远在寻求扩张，它不停消灭或吸收自己征服的小国，就像串起一条长长的珠链。在忽必烈的祖父所打下的帝国的最西面，他的堂兄弟们在那片相对贫瘠的土地上挣扎着，并不断向他发起挑战。而这并不能影响忽必烈，他放弃了对西部的直接控制，将自己的全部资源用于征服更为富饶的东部——宋朝、高句丽、安南以及（令其挫败的）日本。忽必烈没有把中国并入蒙古，而是让蒙古人进入中国，并跻身于自公元前 221 年以来统治这个帝国的各大家族的长长序列中。他建立的政体将不再是如掉线珠子一般的部落国家。那将是一个王朝国家（dynastic state）。

帝国的逻辑是政治性的：主权扩张是为了君主的荣耀。除了养活帝国的支持者外，它再没其他内在经济逻辑了。一个世界帝国将凭借自己的军事实力从它所创出的那个“世界”中征收朝贡，但是帝国之所以存在并不是为了保证它的岁入。元朝则不同——因为它所入主的是一个农业区域。使元朝屹立不倒的是一套混杂的财政制度，它既引入了游牧民族的进贡传统，也保留了农业税收的行政传统。其实，如果元宗室能找到一种更稳定的皇位继承制的话，元朝的国祚就不止于百年了吧。

1368 年，当环境条件转好之时，明王朝登上了历史的舞台。这个新政权废黜了元朝的一切做法，唯独保留了它的政治格局 261
（political constitution）及其对大一统的主张。在朝贡体系这一必要的虚构形式的支持下，它继续保持着一个世界帝国的形态。明朝恢复到蒙元之前的疆域，并将草原地区视为根本上异于中国传统和利益的区域，从而主动放弃了作为一个世界帝国的姿态。它也未能成为一个世界经济体。明朝内部的地区经济体之间肯定是彼此互动的，并且这种互动在整个 16 世纪，随着国内贸易的扩张而不断增强。然而，如果不是国家作用的话，地形和距离所造成的自然障碍本会使这些地区相互隔绝。由于一个政治中心所发挥的行政作用，明朝的内部整合才有了一个框架。这也就是为什么明朝更应被视为一个国家经济体而非一个世界经济体的原因。

使元朝成为帝国和使明朝避免成为帝国的动因，与其各自根植于游牧和农业的特定文化、政治传统有一定的关系，此外，还与更大范围内的世界变动有着莫大的联系。13 世纪末到 14 世纪，这个发端于元朝的大陆型世界经济体，横跨草原，向西拓展至波斯和欧洲。[1]16—17 世纪，一个以南海为中心的海上世界经济体将明朝与进出印度洋和横跨太平洋的各贸易体系连接在一起。这两个不同的世界以不同的方式将中国纳入其中。

这种转变的发生是以元、明以及世界其他地区所共同经历的气候变化为背景的。气候本身并不能解释元朝的兴起和明朝的衰落，更不足以解释一个王朝的建立和另一个王朝的衰落之间所发生的一切。但是，如果我们不考虑气候对社会和国家造成的压力，特别是它对作为整个国家赖以存在的经济基础的农业的影响的话，就无法充分理解这四个世纪的历史。不过，元明两朝的农民并不是被动地遭受气候异常的侵害。到 13 世纪为止，他们已经积累了在从干旱的北方草原到亚热带的南方的各种条件下进行粮食生产的极其详尽的知识。通过实践和调适，中国的农业知识已经具备了应对从北到南，乃至省际、县际的各种地理变化的高度包容性。每个人都明白，自己在一个地方种植的作物到了另一个地方未必能活。

262 中国农业在适应甚至积极利用各种自然条件方面的能力，直观地反映在各地繁多的稻米品种上。每个品种的开发都与当地的特定条件有关，并且随着时间的迁移而不断变化。正如人类学家白馥兰（Francesca Bray）在其中国农业史的著作中所说的，农民根据能够保证最大产出的那些特性来筛选水稻品种。如果没有这项工序，水稻就不会在元明时期传播至中国的每个角落，特别是北方——这一传统上的粟黍生态圈。[2] 一位清初学者曾收集了 3000 余种水稻的名称，但是白馥兰怀疑这个数字仍然少于实际种植的水稻品种数量。农业知识总是为适应地方生态的变化而不断发展。

然而，对空间变化的包容性，却无法简单地转化为对时间上的突然变化的包容性。在那些灾害最严重的时期，自然条件的变化超出了正常的波动范围，适应性变化的极限便显露了出来。对水稻品种进行因地制宜的改良是为了保障粮食安全，而年复一年的气候急剧变化却对此构成了严重威胁。我们对元以前的气候条件所知甚少，无法判断此前是否出现过幅度和范围更大的变化。但我们知道，元代的气候变化，无论在幅度还是范围方面，都是巨大的。这种环境压力的一个标志是农书和荒政类书在 14 世纪的出现。《王祯农书》的活字版于元皇庆二年（1313）问世，此后不断被翻刻和模仿。该书序言中的一个“备”字，点出了王祯力图综合南北农业技术，为地方官员提供一本完备的养民知识汇编的编纂意图。

《王祯农书》中包括了一张“周岁农事授时尺图”，以等分为 12

扇的饼分图说明一年之中每个月份的农业活动。一个认真的官员只要把这个“法轮”转到正确的月份，就知道农民应该做的和地方官务必监督贯彻的事项。一方面，这确立了一个尺度，只要照本宣科，基本上就能使农业知识得到有效应用。[3] 另一方面，如果气候偏离了它的正常基点，这个“法轮”就有可能变得百无一用——几百年来形成的精细调控手段，被一个新出现的气候形态全盘否定，后果便是大规模饥荒的出现。于是，不少大发善心的王侯将相纷纷编纂农书、荒政书和救荒本草，这种现象尤以明朝的最后百年为甚，这也从侧面反映 263
了修正既有知识的尝试从未完全成功。人们需要更好的知识，但是在农民们几百年来不断完善的知识之上，我们还能添加些什么呢？要改变这一知识体中的任何一个要素，特别是在日益壮大的人口对土地不断进行更为集约化利用的情况下，需要承担的风险实在太大了。[4] 适应性最终变成了脆弱性。

在“万历之渊”和“崇祯之渊”中幸存下来的人们也许遭遇了缺乏农业知识的困境，但不可忽略的是，他们还经历了地方和全球层面的不同寻常的再校准。不断增长的南海世界经济体推动明朝经济重心向海外转移，前者根据南美、南亚和欧洲的供求关系重新调整后者的价格，也就是说，无论明朝经济体的国内市场规模如何庞大，它的价格将不再仅仅受制于其内部的供求关系。新观念的传入进一步加深了这种复杂性。老的难题还没解决，新的难题接踵而至，以至于当时最优秀的经世人物在重新确定整个体系之时也感到困惑不解。要不是1644年清朝崛起带来了世界帝国的突然重组，被这种困惑终结的将不只是明朝。与明朝的做法相反，满人关闭了边境，把皇帝换成了可汗，并复兴了帝国的野心。

政治变迁、南方涛动（southern oscillations）[5] 和海上扩张熔于一炉，产生了史家所谓的早期现代世界（the early modern world）：这一时期，不断发展的贸易网络激励创新，并将彼此分隔的世界经济体连接起来，形成了后来的单一全球经济体的雏形。我们惯于把某些欧洲沿海地区的人口视为早期现代世界的创造者，然而，明朝人在这一进程中扮演的角色丝毫不亚于孕育了这一体系的其他施动者。

此后，分流发生了。就在明清易鼎前后的 10 年间，欧洲的外交家们通过一系列会议，终结了欧洲历史上最长的战争，并联合各种新诞生的政治和商业力量，为现代世界的发展开辟了道路。他们所达成的协议，亦即《威斯特伐利亚和约》（*the Peace of Westphalia*），确立了国家主权的规范，也就是当今世界秩序的基础。他们使国家成为世界体系中的主要作用者，承认每个国家享有神圣不可侵犯的主权，禁止国家间相互干涉内政。国家不再是君主的私人领域，而是
264 一个公共实体；它不再是一个贡物的消费者，而是为了国家利益集中并富于创业精神地有效利用资源的代理机构。[6]《威斯特伐利亚和约》为那些资源充沛的欧洲国家崛起成为新型帝国提供了保障，而那些新帝国将完全不同于蒙古人或满人建立的“老”帝国。《威斯特伐利亚和约》决定了中国和欧洲国家将从此走上不同的道路。荷兰法学家格劳秀斯（Hugo Grotius，1583—1645）早先定义为“海洋自由”的那些国家行为，被中国审判官指控为“海上强盗”。尽管如此，中国的制造业者和贸易商不断提供高价值、低价格的商品，使中国在到 18 世纪为止的全球贸易中牢牢占据一席之地。

如果认为欧洲人凭一己之力创造了早期现代世界，我们就忽略了他们所进入的是一个早已存在的商业网络，忽略了支持贸易的供应商们及其对变化到来已有的觉察。张燮依稀感到有什么正在发生。站在月港的码头上，他可以举目望洋并看到一个新世界的形成，而这个新世界所遵循的规则是不同的，甚至需要的人也是不同的。正如我们在其《东西洋考》中所读到的：“海门以出，洄沫粘天，奔涛接汉，无复崖埃可寻，村落可志，驿程可计也。”[7] 然而，“无复崖埃”并不是

明代生活的状况。那些没有出洋经历的人，只会把海洋看作一个充满危险和无序的混乱空间，但是，中国舟师——在张燮的时代已多达数万人——的感受则不同。据张燮称，“澄民习夷，什家而七”，[8]并不畏惧在东西洋上与外国人从事贸易活动。

商业积累、残酷激烈的竞争、炫耀性消费，以及对规范和传统的不满和反抗，无论在中国还是欧洲，这些都改变着社会习惯和态度，并把两者卷入了一个共同的历史进程，即我们今天所说的全球化。无论把那个时代称作文艺复兴（the Renaissance）、晚明，抑或早期现代世界，都不过是在变换代号而已。每个代号都揭示了过去和现在的一部分，因此，我们将继续变换着使用这些代号。总是有更多东西等待我们去理解，总是有更多方法使我们理解它们。新的观看方法不会改变我们需要理解的对象，但是会改变我们的视野。正如一位中国诗人曾说的那样： 265

> 白日依山尽，黄河入海流。
> 欲穷千里目，更上一层楼。[9]

本书以龙见拉开序幕，那么就让我以两次可见与不可见的龙见来为它画上句号吧。第一次展现在我们眼前的龙见出自一幅描绘罗汉坐禅的卷轴（图18）。万历朝的宫廷画师吴彬于万历二十九年（1601）创作了这幅作品。与明代人常见的龙相比，这条龙看起来有一点奇怪。小小的头突出了这条浑身是鳞的生物的蛇形特征。还要注意的是光打到它身上的方式。吴彬在龙身两侧用亮色，而在中间凸起的部分用暗色。这是当时的意大利艺术家刚发明不久的技法，被称之为“明暗法”（chiaroscuro），即用明暗来表现三维物体的体积。这不是中国艺术家使用的技法。我们也可以在罗汉周围嶙峋的怪石、他左肩后方耸立的光滑树干，还有树枝顶端用墨线勾勒的片片树叶上发现这种技法使用的痕迹。那么，我们怎么来看待龙跃于上的厚重白云呢？它们更接近于意大利的石雕作品，而非数百年来中国艺术家所擅长描摹

图18　吴彬：《罗汉图》（1601）。该画主题是一条龙出现在某个紧张的时刻——这是一个传统母题，但是用明暗来表现柱面的技法却透露出画家受到欧洲艺术的影响。欧洲铜版画于17世纪之初开始在中国流传，吴彬一定见过（台北“故宫博物院”藏）

的轻烟薄雾。 266

我们在此看到的这幅中国画，明代观画者恐怕不会把它认作“中国的”绘画作品。在我们看来这完全是一幅中国画，但是吴彬和他笔下的龙已经跨越了文化。吴彬并非有意模仿欧洲画风，然而这种画风潜移默化地进入了吴彬的视觉想象，并激发了他自己的独创性。艺术史家高居翰（James Cahill）发现了这一点，并将之归功于耶稣会士引入的欧洲铜版画及其木版画复制品在本地的传播。[10] 吴彬曾见过欧洲的龙（也许是伊甸园里的蛇？）并把它们的形象添加到中国绘画的宝库中。

现在来讲最后一条龙，也就是我们无法亲眼看到的那一条。这是明代历史上有确切记载的最后一条龙：它出现在崇祯十六年八月十六日（1643 年 9 月 26 日）。[11] 这条金光闪闪的巨物在山西省东南山地的夜空中升起。它来得悄无声息，空中没有一丝云彩，也没有一声惊雷。它突现中天，月亮的清辉洒在它扭动的身躯上。忽然它的身体发出一道金光，穿透了千家万户的门窗，惊醒了沉睡中的人们。人们不由自主地走出户外，满怀敬畏地仰望这一辉煌而祥和的景象。没有人能猜到它的来意或它的预兆。当后世的我们也无法洞察之时，他们又如何能够预见即将到来的是什么呢？

致谢

家人对我包容很多，尤其是在过去5个月我撰写这本书的日子里。当时我没有请求他们的谅解，在此，我对写作期间未能给予他们关注而道歉。我想对菲尔（Fay）、凡妮莎（Vanessa）、凯蒂（Katie）、泰勒（Taylor）、约拿（Jonah）说：我希望自己已回归正常的生活状态。

在过去5个月担任不列颠哥伦比亚大学圣约翰学院院长期间，我撰写了这本书，为此，我想感谢学院教职人员对我的支持。

我将永远铭记，是旧同事大卫·哈利威尔（David Helliwell）让我认识并拷贝了《塞尔登地图》（*the Selden map*）。我也要感谢，在时间紧迫的情况下，帮助我阅读部分书稿的同仁，他们是戴斯蒙·张（Desmond Cheung）、费丝言、挪亚·格拉斯（Noa Grass）、玛塔·汉森（Marta Hanson）、卡拉·纳皮（Carla Nappi）、司徒鼎（Tim Sedo）和切尔西雅·王（Chelsea Wang）。我特别要感谢的是戴彼得（Peter Ditmanson）、吉姆·威尔克森（Jim Wilkerson），尤其是菲尔·西姆斯（Fay Sims）对手稿的逐页阅读和细致批评。

我衷心感谢哈佛大学出版社的苏姗·华莱士·伯默尔（Susan Wallace Boehmer）女士耐心而出色地完成了包括本书在内的六卷本“帝制中国史”的编辑工作。最后，我要感谢的是哈佛大学出版社历史类著作的资深编辑凯瑟琳·麦克德莫特（Kathleen McDermott），她首先提议我主编这套书系，并且在本书的撰写过程中给予了我宝贵的建议和发挥的空间。

极端气温和降雨量的时期
（1260—1644年）

温度		降雨量	
寒	1261—1393	少雨水	1262—1306
		多雨水	1308—1325
		少雨水	1352—1374
		多雨水	1403—1425
寒	1439—1455	少雨水	1426—1503
暖	1470—1476		
寒	1481—1483		
寒	1504—1509		
		少雨水	1544—1643
暖	1536—1571	大旱	1544—1546
寒	1577—1598	大旱	1585—1589
寒	1616—1620	大旱	1614—1619
极寒	1629—1643	大旱	1637—1643

元明“九渊”

年份	年号	灾害情况
	元	
1295—1297	元贞	干旱、洪涝、龙见
1324—1330	泰定	干旱、饥荒、蝗灾
1342—1345	至正	严寒、干旱、饥荒、洪涝、大疫
	明	
1450—1455	景泰	严寒、多雨水、饥荒、洪涝，大疫
1516—1519	正德	严寒、多雨水、饥荒、地震、大疫、龙见
1544—1546	嘉靖	严寒、干旱、饥荒、大疫
1586—1588	万历 I	严寒、干旱、饥荒、洪涝、蝗灾、大疫、龙见
1615—1617	万历 II	严寒、干旱、饥荒、蝗灾、地震、龙见
1637—1643	崇祯	严寒、干旱、饥荒、蝗灾、地震、大疫、沙尘暴、龙见

元明帝王世系年表

姓名	年号	登基年份	继承关系
元朝 1271—1368 年			
1. 忽必烈	至元	1271	窝阔台侄
			（成吉思汗孙）
2. 铁穆耳	元贞	1294	末孙
	大德		
3. 海山	至大	1307	侄
			（铁穆耳兄答剌麻八剌子）
4. 爱育黎拔力八达	皇庆	1311	弟
	延祐		
5. 硕德八剌	至治	1320	子
6. 也孙铁木儿	泰定	1323	叔
			（铁穆耳兄甘麻剌之子）
	至和		
7. 阿速吉八	天顺	1328	子
8. 图帖睦尔	天历	1328	堂兄
			（海山子，答剌麻八剌孙）
9. 和世琜		1329	兄
10. 图帖睦尔	至顺	1329	弟
11. 懿璘质班		1332	侄
			（和世琜次子，答剌麻八剌曾孙）
12. 妥懽帖睦尔	元统	1333	嫡子
	至元		
	至正		

姓名	年号	登基年份	继承关系
明朝 1368—1644 年			
1. 朱元璋	洪武	1368	
2. 朱允炆	建文	1398	孙 （朱元璋长子之子）
3. 朱棣	永乐	1402	叔 （朱元璋第四子）
4. 朱高炽	洪熙	1424	长子
5. 朱瞻基	宣德	1425	长子
6. 朱祁镇	正统	1435	长子
7. 朱祁钰	景泰	1449	同父异母弟
8. 朱祁镇	天顺	1457	同父异母兄
9. 朱见深	成化	1464	长子
10. 朱祐樘	弘治	1487	第三子（继位时为最年长的皇子）
11. 朱厚照	正德	1505	独子
12. 朱厚熜	嘉靖	1521	堂弟 （朱见深孙）
13. 朱载垕	隆庆	1567	第三子（继位时为最年长的皇子）
14. 朱翊钧	万历	1572	第三子（继位时为最年长的皇子）
15. 朱常洛	泰昌	1620	长子
16. 朱由校	天启	1620	长子

17. 朱由检	崇祯	1627	弟 （朱常洛第五子）
18. 朱由崧	弘光	1644	堂兄 （朱翊钧孙）

注 释

（注释中的页码皆为原书页码）

第 1 章　龙 见

[1] 这一章是基于从元、明正史（宋濂，《元史》，第 1099 页；张廷玉，《明史》，第 439—440 页）、方志及其他书籍中辑录出的近 100 次有关见龙的记载而撰成。1293 年的那次，见《海盐县图经》（1624），卷三，第 54a—55b 页，重刊于《嘉兴府志》（1879），卷十一，第 6a 页，英文译文见伊懋可（Elvin），《大象的退却：一部中国环境史》（*The Retreat of the Elephants: An Environmental History of China*），第 196 页。

[2] 张廷玉，《明史》，第 439 页。临朐县的地方志记载，1363 年 6 月有流星陨于某山，但前后 10 年内并无其他异象见载。《临朐县志》（1552），卷一，第 8b 页，卷四，第 20b，28b 页。该省省志《山东通志》（1533），卷三十九，第 36b 页，证实了临朐的记载。

[3] 陶宗仪，《南村辍耕录》，卷八，“龙见嘉兴”条。

[4] 朱元璋，《明太祖集》，“神龙效灵赞并序”，第 350—351 页。

[5] 见《明史》卷二十八“五行志”之“龙蛇之孽”。——译者注

[6] 譬如焦竑对他的评价，见《玉堂丛语》，卷四“献替”，第 109—110 页。

[7] 张怡，《玉光剑气集》，第 1025 页。

[8] 龙纹在中国有六七千年的历史，自汉代起演化出蛟龙、盘龙、夔龙、黄龙等形式，有二爪、三爪、四爪、五爪等。明清盛行的龙纹为创自唐宋、定型于宋元的黄龙。龙象至尊的观念可追溯到周代，《礼记 · 礼器》，“礼有以文为贵者，天子龙衮。”但王族成员皆可穿龙衮。自元代起，除蒙古人外，皆不得服用龙凤纹，并规定五爪为龙。明代龙纹为皇室独享，并规定四爪为蟒，功臣、宦官可赐用蟒纹。有明一代，官民服饰蟒纹泛滥，故屡申禁令。——译者注

[9] 胡司德（Sterckx），《古代中国的动物与灵异》（*The Animal and the Daemon in Early China*）。

[10] 《清史》的记载与这一普遍法则恰相反，清代的首次龙见在 1649 年，距新政权草创不过五年。赵尔巽，《清史稿》，第 1516 页。这一记载是否在质疑满人统治的正当性？

[11] 《明武宗实录》，卷一百五十，第 3a 页，卷一百六二，第 2b 页。

[12] 黄仁宇（Huang）的《万历十五年》（*1587, A Year of No Significance*）对正德皇帝有尖锐的批评。

[13] “上坠水得疾北还，实与前吸舟涌水事相应。”沈德符，《万历野获编》，第 742 页。在《明史》记载的正德龙见之外，沈德符又增补了两条，其一来自陆粲（1494—1551），陆的记载更详，见《庚巳编》，第 105 页。在正德龙异条之前，沈德符还以更长的篇幅记述了弘治朝的“异变”。

[14] 张怡，《玉光剑气集》，第 1024 页。

[15] 爱德华 · 托普赛尔（Topsell），《大蛇的历史》（*The Historie of Serpents*），第 155、161—162 页。个别词的拼法作了修改。基思 · 本森（Keith Benson）推荐我读托普赛尔，谨致谢忱。

[16] 陈耀文，《天中记》，卷五十六，第 10a，19b，20a 页。

[17] 陆容，《菽园杂记》，第 14 页。

[18] 托普赛尔，《大蛇的历史》，第 153 页。

[19] 陈耀文，《天中记》，卷五十六，第 2a 页。

[20] 郎瑛，《七修类稿》，卷十九“辩证类”，“龙”条，第 289 页。

[21] 同上书，卷十九“辩证类”，“龙”条，第 645 页。德斯蒙德 · 张（Desmond Cheung）提醒

我注意郎瑛论龙的文章，谨致谢忱。

[22] 陆容，《菽园杂记》，卷十二，第 154 页。

[23] 谢肇淛，《五杂俎》，卷九“物部一”，第 166—167 页。

[24] 见谈迁，《枣林杂俎》中集，“龙”条，“崇祯丙子，沁水曲底村山崩，露龙骨，首如五斗盎，角长三四尺，齿广寸许，爪甚长。人多拾之，藏于家。”——译者注

[25] 托普赛尔，《大蛇的历史》，第 172—173 页。

[26] 叶子奇，《草木子》，第 16 页。明代对龙的药用价值的认识，参见纳皮（Nappi），《“墨猴儿”：前现代中国的自然史及其转型》（*The Monkey and the Inkpot: Natural History and Its Transformation in Early Modern China*），第 55—68 页。

[27] 谈迁，《枣林杂俎》，第 483 页；《山西通志》（1682），卷三十，第 40b 页。“龙骨”一词亦指商代巫卜用来占验的甲骨，占卜完毕后便埋入土中，采药人又把它们挖出来。直至二十世纪，两种类型的龙骨都被人收集，再研磨入药。见安特生（Andersson），《黄土地之子：关于史前中国的研究》（*Children of the Yellow Earth: Studies in Prehistoric China*），第 74—76 页；舒喜乐（Schmalzer），《人民的北京人：20 世纪中国的大众科学与人类身份》（*The People's Peking Man: Popular Science and Human Identity in Twentieth-Century China*），第 35—37、132—134 页。

[28] 现代史家中只有伊懋可提出，应将龙这样的巨兽（super fauna）当作解读古人如何认识世界的严肃史料。见氏著《大象的退却》，第 370 页。

[29] 古尔德（Gould），“前言”（“Foreword”），第 xiv 页。

[30] 赵尔巽，《清史稿》，第 1519 页。

[31] 赫恩（Hurn），《有龙？不，是大猫》（“Here Be Dragons?No，Big Cats”）。感谢古斯塔夫·豪特曼（Gustaaf Houtman）提醒我注意这篇文章，是他将该文发表在《今日人类学》（*Anthropology Today*）上的。

[32] 李清，《三垣笔记》，第 153 页。

第 2 章　幅员

[1] 马可·波罗（Polo），《马可·波罗游记》（*The Travels*），第 113 页。

[2] 通常所称的《马可·波罗游记》在历史上有多种称法，原书为法意混合语写成，已佚。现存的最早版本为拉丁文版，书名《寰宇记》，此外还有《百万》《东方闻见录》等名称。该书有 140 余种语言的版本。有关该书的第一篇汉语介绍是清同治十三年（1874）《中西闻见录》上的《元代西人入中国述》。汉语译本有六种，最早的是 1913 年的《元代客卿马哥博罗游记》，流传最广的是 1936 年初版的冯承钧译本《马可·波罗行记》。——译者注

[3] 还有一些自东徂西的旅行原本也可能开阔欧洲人的眼界，比如中国的景教僧列班·扫马（Rabban Sauma），1275 年从北京出发，1287 年见到了英法国王，但是这类游记都未被译成欧洲语言。扫马的故事，见罗茂瑞（Rossabi），《告别世外桃源：列班·扫马从中国到西方的第一次航海之旅》（*Voyager from Xanadu: Rabban Sauma and the First Journey from China to the West*）。

[4] 马可·波罗，《马可·波罗游记》，第 113、125、129、130 页。

[5] 柯勒律治在《忽必烈汗》（“Kubla Khan”）一诗中想象，蒙古统治者的夏宫在上都（Xanadu）。该诗中的意象大量取材于关于印度蒙兀儿王朝（Mughal India）的报告。蒙古没有“开着香花的树”或“像山丘一样古老的树林”，也没有“深沉而奇异的巨壑”遍植苍柏。至于那“穿

过深不可测的洞门，直流入不见阳光的海洋”的圣河，滦河确实通向 400 公里外的大海，但流经之处并没有什么岩洞。这首诗所描绘的情境是如此奇诡，它本就是柯勒律治为克服病痛而吞服鸦片后写下的，英语世界的学童们却是通过它才开始认识元朝开国皇帝的。

[6] 吴思芳（Wood），《马可·波罗真的到过中国吗？》（*Did Marco Polo Go to China?*），第 96 页。我不同意该书结论，但要了解马可·波罗记述中的疑点及其所处世界的复杂性，这还是本有趣的入门书。

[7] 马可·波罗，《马可·波罗游记》，第 85、91 页。

[8] 沃尔德（Waldron），《长城：从历史到神话》（*The Great Wall of China: From History to Myth*），第 140—164 页。

[9] 李约瑟（Needham），《中国科学技术史》（*Science and Civilisation in China*），第六卷，第 219—225 页。

[10] 德尔加多（Delgado），《忽必烈可汗的沉船：寻找传说中的舰队》（*Khubilai Khan's Lost Fleet: In Search of a Legendary Armada*）。

[11] 子聪（1216—1274）后为忽必烈赐名刘秉忠，并以此名传世。陈学霖著有其传记，见罗依果等，《效忠可汗：元初名人列传》[*In the Service of the Khan: Eminent Presonalities of the Early Mongol-Yüan Period (1200—1300)*]，第 245—269 页。

[12] 比如，刘基，《大明清类天文分野之书》，“序”，第 6a 页；朱元璋，《明太祖集》，第 9 页；黄瑜，《双槐岁钞》，第 12 页；《明太祖实录》，卷五十六，第 11b 页。

[13] 《明太祖实录》，卷五十六，第 12a 页。

[14] 张怡，《玉光剑气集》，第 120 页。

[15] 王圻，《三才图会》，“地理”卷一，第 7a—b 页。

[16] 王士性《广志绎》卷一·方舆崖略，“本朝北弃千里之东胜，南弃二千里之交趾，东北弃五百里之朵颜三卫，西北弃嘉峪以西二千里之哈密。”——译者注

[17] 詹姆斯·斯科特（Scott），《不被统治的艺术：东南亚高地的一段无政府主义历史》（*The Art of Not Being Governed: An Anarchist History of Upland Southeast Asia*），第 12 页。

[18] 所谓“九边”指的是明代设立的九大军事重镇，该防线从东北边境辽东镇直到西北边境的甘肃镇，中间的七镇自东向西分别是蓟州、宣府、大同、太原、延绥、陕西和宁夏。

[19] 王士性，《广志绎》，第 2 页。

[20] 马可·波罗，《马可·波罗游记》，第 150—154 页。英译本的译者把两种邮递系统搞混了，在第 151 页，他指责马可·波罗“有点儿和前面提到的人物搞混了”。事实上，马可·波罗区分两种系统的做法是正确的。每 40 公里一设的是“驿”，每 5 公里一设的是“铺”。马可·波罗对数字的估算异常准确。一般来说，每 60 里（约合 30 公里，18 英里）设一驿，每 10 里（约合 5 公里，3.1 英里）设一铺。见卜正民（Brook），《通信与商业》（“Commerce and Communication”）第 582、594 页。

[21] 《慈利县志》（1574），卷六，第 12b 页。

[22] 李乐，《见闻杂记》，卷一，第 18b 页。

[23] 沈定平，《明代驿递的设置、管辖和作用》（《文史知识》1984 年第 3 期，第 78—84 页），转引自卜正民，《纵乐的困惑：明代的商业与文化》（*The Confusions of Pleasure: Commerce and Culture in Ming China*），第 3、5 页。

[24] 《靖安县志》（1565），卷一，第 18a 页。

[25] 江永林（Jiang），英译本《大明律》（*The Great Ming Code*），146 页。

[26] 明律在兵律下专立邮驿门，共 18 条。此处提到的是“驿使稽程条”。——译者注

[27] 《大元圣政国朝典章》，兵部卷之三，典章三十六，第 6b—8a 页。

[28] 有关里程的数据，来自陶承庆校正、叶时用增补的《大明一统文武诸司衙门官制》（1586 年版）。这是当时刊行的一部有关明代行政制度的指南。北京所存孤本是清乾隆时江西巡抚

采进本。各省到京的平均里程，也可见于汤维强（Tong），《天下大乱：明朝的集体暴动》（*Disorder under Heaven: Collective Violence in the Ming Dynasty*），第 129 页。陶承庆的名字还与当时流行的一本行旅指南——《商程一览》联系在一起。见卜正民，《明清历史的地理资料》（*Geographical Sources of Ming-Qing History*），第 4.1.2 条。

[29] 杨正泰，《天下水陆路程》，第 88 页。

[30] 陈全之，《蓬窗日录》，卷一，第 38a—b 页。陈全之还注意到另一个环境上的区别，"北方多蝎而无蜈蚣，南方多蜈蚣而无蝎"，但是在淮河流域的某些府县"二物俱产"。关于水稻和小麦种植区的分界，参见卜正民，《明代的社会与国家》（*The Chinese State in Ming Society*），第 81—83 页。

[31] 谢肇淛，《五杂俎》，卷四，第 16b 页。有关这部笔记的简介，请见欧特林（Oertling），《〈五杂俎〉中的书画》（*Painting and Calligraphy in the Wu-tsa-tsu*），第 1—4 页。

[32] 原文英译遗漏"饶渔，西南"。——译者注

[33] 王士性，《广志绎》，第 3 页。

[34] 指一种守护社群内部传统价值的政治或道德立场。——译者注

[35] 汪道昆，《太函集》，"广东乡试录序"，第 494 页。

[36] 王士性，《广志绎》，第 2—3 页。（王士性此处讲的是江南概念的历史沿革，其中提到宋代的江南已远至福建等地，自宋至明的六七百年间，江南发展达到鼎盛，将来或许贵州、广东都会被纳入江南地区。原书英译作 16 世纪江南达到鼎盛，下一个兴起的地区可能为云南或广西，似理解有误。——译者注）

[37] 明清科举制度，分为童试、乡试、会试、殿试。童试是地方性考试，分为县试、府试和院试，合格者入府、州、县学学习。乡试在各省省城和京城举行，合格者称举人。会试在京城举行，合格者称贡士。最高一级为殿试，由皇帝本人或委任的考官进行策问，合格者称进士。乡、会、殿试，每三年举行一次。——译者注

[38] 王士性，《广志绎》，第 5 页。

[39] 以上论述，根据艾尔曼（Elman），《中华帝国晚期的科举文化史》（*A Cultural History of Civil Examinations in Late Imperial China*），第 90—97 页。

[40] 张廷玉，《明史》，第 7344 页；张怡，《玉光剑气集》，第 1025 页。有关监生的情况，见达迭斯（Dardess），《明代地方社会：14 至 17 世纪的江西泰和县》（*A Ming Society: T'ai-ho County, Kiangsi, in the Fourteenth to Seventeenth Centuries*），第 160—166 页。

[41] 这三处分别是岭北（外蒙古和西伯利亚的一部分），辽阳（满洲和朝鲜），征东（韩国，该地区实际由高丽人统治，与隔海相望的元朝是朝贡关系）。

[42] 有关明代政区地理，参见郭红、靳润成，《中国行政区划通史》（明代卷），或贺凯（Hucker），《中国古代官名辞典》（*A Dictionary of Official Titles in Imperial China*），第 62—65、75—78 页。在这一重新划分的基础上，大致形成了今天中国的行政区划格局。清代唯一一个重大变化，就是把湖广分为湖北和湖南。今天大部分中国城市的名称，也沿用了明代元制后的叫法，如集庆改称南京，汴梁改称开封，奉元改称西安，静江改称桂林，顺元改称贵阳，中庆改称昆明。

[43] 司徒鼎（Sedo），《明中期黄泛平原的环境执法》（"Environmental Jurisdiction within the Mid-Ming Yellow River Flood Plain"），第 8 页；另见倪清茂（Nimick），《明代地方政府：县、府、省级官员角色的变化》（*Local Administration in Ming China: The Changing Roles of Magistrates, Prefects, and Provincial Officials*），第 79—82 页。戴福士（Des Forges），《中国历史上的文化中心和政治变迁》（*Cultural Centrality and Political Change in Chinese History: Northeast Henan in the Fall of the Ming*），第 22—66 页。

[44] 江西是一个警备力量薄弱而人口众多的省份，明代中期设立了七个新县。见张廷玉，《明史》，第 1057—1067 页。

[45] 施儒，《请分立县治书》，转引自刘石吉，《明清时代江南地区的专业市镇》，第一章。

[46] 《海澄县志》（1762），卷二十一，第 1a—4a 页。

[47] 宋濂，《元史》，第 1345 页。本章人口数据来自梁方仲编，《中国历代户口、田地、田赋统计》，第 176 页起。

[48] 李诩，《戒庵老人漫笔》，转引自曹树基，《中国人口史》第 4 卷，第 19 页；另见李德甫，《明代人口与经济发展》，第 24 页。对该条材料的不同英文翻译，见何炳棣（Ho），《明初以降人口及其相关问题，1368—1953》（*Studies on the Population of China, 1368—1953*），第 4—5 页。（查曹书，朱元璋口谕来自中国社会科学院历史研究所藏户帖，见该所编《徽州恰年契约文书》第一卷。——译者注）

[49] 据明人张萱《疑耀》，唐代规定“凡男女始生为黄，四岁为小，十六为中，二十有一为丁，六十为老”，本书说法不知出处。——译者注

[50] 张萱，《疑耀》，转引自李德甫，《明代人口与经济发展》，第 26 页。

[51] 《开州志》（1534），卷三，第 3a 页。

[52] 《兰阳县志》（1545），卷二，第 8b 页。

[53] 较为折中的怀疑派代表有何炳棣（见《明初以降人口及其相关问题，1368—1953》，第 22 页）、曹树基（见《中国人口史》），极端怀疑派有马丁·海德拉（Martin Heijdra）[见《明代中国农村的社会经济发展》（“The Socio-economic Development of Rural China during the Ming”）]，基要派有李德甫（《明代人口与经济发展》，第 48—54 页）。有关该问题论证的概述，参见马立博（Marks），《明清中国人口规模：对于牟复礼修正说法的评论》（“China's Population Size during the Ming and Qing: a Comment on the Mote Revision”）。

[54] 张青，《洪洞大槐树移民志》，第 55 页。

[55] 《菏泽王氏家谱》，转引自张青，《洪洞大槐树移民志》，第 97—98 页。

[56] 原著英译为“delightful spot”，疑系将“爰”误作“爱”之故。——译者注

[57] 梁方仲编，《中国历代户口、田地、田赋统计》，第 205—207 页。有关各省人口密度的估算，见李德甫（《明代人口与经济发展》，第 111—112 页。

[58] 原文为“惰民”，指元明时浙江境内受歧视的一部分民户，也称“堕民”。——译者注

[59] 余继登，《典故纪闻》，第 183 页。

[60] 查原文为“正德十一年大水”，当为 1516 年。——译者注

[61] 《湖广图经志书》（1522），卷一，“司志”，第 66b 页。（查原文并无此说。——译者注）

[62] 卜正民，《明代的社会与国家》，第 22—32 页。

[63] 尽管明代官方并未要求编制流水簿，但一些县仍保持这一习惯，以便与鱼鳞册对照察看，见海瑞，《海瑞集》，第 160、190—192、285—287 页。

[64] 陆容，《菽园杂记》，卷七，第 84 页。

[65] 海瑞，《海瑞集》，第 159—160、190—198 页。关于 1572 年大造时丈量田地的详细情况，见卜正民，《明代的社会与国家》，第 43—59 页。

[66] 福徵，《憨山大师年谱疏》，第 46 页。

[67] 关于地方如何变通的探讨，见倪清茂，《明代地方政府》。

第 3 章　元明“九渊”

[1]　即 1449 年土木堡之变。——译者注

[2]　《琼州府志》(1618)，卷十二，第 3a 页。台风来的日子是 8 月 15 日；龙袭的日子不详。(原文误作《琼山府志》。——译者注)

[3]　《琼州府志》(1618)，卷十二，第 1b—12b 页。

[4]　沈家本，《沈寄簃先生遗书》(乙编)，卷七，第 8a—b 页；《琼州府志》(1890)，卷三十一，第 3b—4a 页。

[5]　宋濂，《元史》，第 1051—1115 页；张廷玉，《明史》，第 427—512 页。后者增加了一些前者所没有的类目，比如 1616 年和 1644 年的鼠患(第 477 页)。我基于这些史书进行的重构是试验性的，只能说是利用相关史料，首次尝试靠近一个至今被我们所忽略的历史面向。

[6]　陆容，《菽园杂记》，第 81—82 页；关于周忱在地方上的声誉，见第 59 页。

[7]　《松江府志》(1630)，卷四十七，第 19b—20a、21b 页。

[8]　《琼州府志》(1618)，卷十二，第 1a 页。

[9]　最后一段时期被称为蒙德极小期(the Maunder Minimum)，得名于英国天文学家爱德华·蒙德(Edward Maunder，1851—1928)，他认为气候变冷与太阳黑子活动量骤降有关。

[10]　格罗夫(Grove)，《小冰河期的开始》(“The Onset of the Little Ice Age”)，第 160—162 页。

[11]　张家诚(Zhang)、克劳利(Crowley)，《中国历史气象资料与过去气象状况的重建》(“Historical Climate Records in China and Reconstruction of Past Climates”)，第 841 页。

[12]　张玉娘，《忆秦娥·咏雪》，安娜·马歇尔·谢尔德(Anna Marshall Shields)译，载于孙康宜(Chang)、苏源熙(Saussy)编，《传统中国女性诗歌诗论选》(*Women Writers of Traditional China: An Anthology of Poetry and Criticism*)，第 149 页。

[13]　司徒鼎，《明中期黄泛平原的环境执法》，第 5 页。

[14]　《江都县志》(1743)，卷二，第 13b—14a 页。(原书作 1881 年，查《光绪江都县续志》并无相关记载。——译者注)

[15]　作者所引当为《乾隆江都县志》，卷二“祥异”，里面有关大寒的记载共两条。第一条：“(明)代宗景泰五年(1454)五月，扬州大雪，竹木多冻死。七月，复大雪，冰结三尺，海水亦冻。”第二条为“武宗正德元年(1506)正月朔，扬州河水冰，结成树木花卉之状，民间器皿内冰合，有成牡丹芍药形者。”不知作者关于 1455 年冬的说法出自何处。——译者注

[16]　加拉格尔(Gallagher)，《16 世纪的中国：利玛窦札记 (1583—1610)》(*China in the Sixteenth Century: The Journals of Matthew Ricci, 1583—1610*)，第 316 页。

[17]　戴进的其他雪景图，见高居翰(Cahill)，《江岸送别：明代初期与中期绘画(*1368—1580*)》(*Parting at the Shore: Chinese Painting of the Early and Middle Ming Dynasty, 1368—1580*)，第 15 页；武佩圣(Wu)，《兰亭雅集：密歇根大学艺术博物馆藏中国绘画》(*Orchid Pavilion Gathering*)，图 6、8、9；贺莉(He Li)、倪明昆(Knight)，《权力与荣耀：明代宫廷艺术展》(*Power and Glory: Court Arts of China's Ming Dynasty*)，第 119 页；高美庆(Gao)，《故宫博物院藏明代绘画》(*Paintings of the Ming Dynasty*)，第 4 页。

[18]　该画中文题注为“涉水返家图”。该画只题有“钱唐戴文道写”，大都会美术馆判断为雪景图，故作“Returning Home through the Snow”。——译者注

[19]　唐寅和沈忱的雪景图，见葛兰佩(Clapp)，《唐寅其人其画》(*The Painting of T'ang Yin*)，图 52、60、65。

[20]　文徵明的其他雪景图，见柯律格，《雅债：文徵明的社交性艺术》(*Elegant Debts: The Social Art of Wen Zhengming*)，第 22、74 页；高美庆，《故宫博物院藏明代绘画》，第 4 页。

[21] 高居翰，《江岸送别：明代初期与中期绘画》，第 29 页。（此处注释有误，中文本据明人唐志契，《绘事微言》卷下，“雪景”条，第 19b 页。——译者注）

[22] 赵左的雪景图，见高居翰，《气势撼人：17 世纪中国绘画中的自然和风格》（*Compelling Image: Nature and Style in Seventeenth-Century Chinese Painting*），第 82 页；高美庆，《故宫博物院藏明代绘画》，第 65 页。

[23] 严寒和降雪一直持续到三月二十五日，“细雨蒸溽，髹器皆如汗流。鸟声不止。”四月十二日，又有一次寒潮来袭（“寒甚”），此后，气温如常。李日华，《味水轩日记》，第 495—519 页。

[24] 北京故宫博物院藏有三幅张宏的雪景图。

[25] 有意了解年降雨量概况的读者，可参考北京中央气象局根据 1470 年以来地方志中的相关报告绘制的降雨量逐年分布地图。见中央气象局气象科学研究院编，《中国近五百年旱涝分布图集》。

[26] 张廷玉，《明史》，卷三十，志第六，五行三，第 485 页。

[27] 决定下不下雨的主导力量并不是地方性的。根据气象学的研究，太平洋及其周围的热带和温带地区的非正常降雨量变化与厄尔尼诺现象（El Niño）有关。厄尔尼诺是一种赤道暖洋流，每隔 4—6 年，在冬季时沿着南美洲西海岸往北流动，将暖湿气流和大量降雨带到秘鲁海岸。在东南亚，其产生的效果恰好相反，季风雨减弱，导致干旱和气候变冷。厄尔尼诺现象无法解释元明两代的持续干燥气候，这似乎说明更长时段的变化根植于大陆气候而非海洋气候。尽管如此，明代最后百年发生的某些严重干旱与厄尔尼诺现象仍然有关，16 世纪 40 年代中期、80 年代晚期和 17 世纪 10 年代晚期尤其如此。参见奎因（Quinn），《633 至 1900 年间气象活动中的南方涛动现象：结合尼罗河洪泛数据的研究》（“A Study of Southern Oscillation-Related Climatic Activityfor A.D. 633—1900 Incorporating Nile River Flood Data”），第 126 页。

[28] 查原文为“四虾、一蛙”。——译者注

[29] 张怡，《玉光剑气集》，第 1024 页。

[30] 宋濂，《元史》，第 1053 页。

[31] 同上书，第 1058 页。

[32] 国家地震局地球物理研究所、复旦大学中国历史地理研究所主编，《中国历史地震图集，远古至元时期》，第 151—156 页；顾功叙主编，《中国地震目录》，第 19—21 页。

[33] 陆粲，《庚巳编》，第 105 页。

[34] 顾功叙主编，《中国地震目录》，第 44—52 页。

[35] 谢肇淛，《五杂俎》，卷四，第 17a 页。

[36] 顾功叙主编，《中国地震目录》，第 63—64 页。（原书误注为 67—69 页。——译者注）

[37] 日期根据哈里斯·伦茨，《火山录：1500 余座火山的名称、位置、概况和历史》（*The Volcano Registry: Names, Locations, Descriptions and History for over 1500 Sites*）。

[38] 本尼迪克特（Benedictow），《黑死病全史，1346—1353 年》（*The Black Death, 1346—1353: The Complete History*），第 50 页。

[39] 同上书，第 18、26、49—51、229—231、235 页。此处的数据指的是（通过鼠蚤咬噬传播的）淋巴腺鼠疫，而不是（通过被感染者呼吸中的飞沫传播的）肺鼠疫。本尼迪克特认为，欧洲黑死病爆发期间很少出现肺鼠疫。李伯重也对所谓 1344 年疾疫为鼠疫的说法表达过相似的质疑，见李伯重（Li Bozhong），《有“14 世纪的拐点”吗？：论人口、土地、技术和农业管理》（“Was There a ‘Fourteenth-Century Turning Point’?”），第 138 页。

[40] 对于曹树基假设的概述和支持，见韩嵩（Hanson），《发明中国医药传统：17—19 世纪华南的儒家经典与地方医药知识》（“Inventing a Tradition in Chinese Medicine: From Universal Canon to Local Medical Knowledge in South China, the Seventeenth to the Nineteenth

Century”)，第 97—102 页。关于 1582 年和 1587 年北京疾疫的记载，见张廷玉，《明史》，第 443 页。

[41] 谢肇淛，《五杂俎》，第 26 页，转译自邓海伦（Dunstan），《晚明疫病初探》（“The Late Ming Epidemics”），第 7 页。

[42] 转引自本尼迪克特，《黑死病全史，1346—1353 年》，第 4 页。

[43] 《明神宗实录》，卷一百八十六，第 1 页。（原书误作 2a 页。——译者注）

[44] 韩嵩，《发明中国医药传统》，第 109 页。

[45] 谈迁，《枣林杂俎》，第 280 页。

[46] 意为俯看世间的神。——译者注

[47] 《海盐县志》（1876），卷十三，第 5a 页。

[48] 《明孝宗实录》，卷六十五，第 5a 页。

[49] 《绍兴府志》（1586），卷十三，第 32b 页。

[50] 目前尚无关于 1588 年大饥荒的研究，一个初步的调查见邓海伦，《晚明疫病初探》，第 8—18 页。

[51] 《明神宗实录》，卷一百八十八，第 4a 页。

[52] 《明神宗实录》，卷一百九十七，第 3a，11a；卷一百九十八，第 2a 页。

[53] 原文如此，泰定帝在位四年。——译者注

[54] 张廷玉，《明史》，第 1 页。

[55] 《本纪》作 17 岁，应是中西记岁虚实之别。——译者注

[56] 有关 1434—1448 年间每况愈下的情形的概述，见崔瑞德（Twitchett）、葛林（Grimm）编，《剑桥中国史》（*The Cambridge History of China*），第 7 卷，第 310—312 页，尽管他们没有讲到景泰年间。

[57] 伊懋可，《谁为天气负责？晚期中华帝国的道德气象学》（“Who Was Responsible for the Weather? Moral Meteorology in Late Imperial China”）。

[58] 张廷玉，《明史》，卷二百八，列传第九十六，第 5503 页。（此处引自《明史·列传》“彭汝实”条，彭为正德十六年进士，但此处所引因灾异上言的事发生在嘉靖朝。——译者注）

[59] 《明孝宗实录》，卷八十四，第 2b—4a 页。

[60] 《慈利县志》（1574），卷六，第 4a—6a 页。《上海县志》（1588），卷一，第 10b—11b 页。

[61] 从数学上讲，天干、地支可产生 120 对不重复的组合，但是中国人的思维习惯是使之减半。

[62] 余象斗，《万用正宗》，卷三，第 4b 页。读者如果对书中的其他占验术有兴趣，可参阅卜正民，《纵乐的困惑》，163—167 页。

[63] 所有的立春日干支参照王双怀，《中华日历通典》，第 3845—3864 页。

[64] 张廷玉，《明史》，第 453、475 页。

[65] 叶子奇，《草木子》，卷三，第 11b 页。（原注误作 47 页。——译者注）

[66] 焦竑，《玉堂丛语》，卷三“礼乐”，第 93 页。（1531 年，翰林编修姚涞上疏论元世祖不当与古帝王同祀，嘉靖帝下礼部覆议，礼部如是覆奏。——译者注）

第 4 章 可汗与皇帝

[1] 汗与大汗的区别，见埃尔森（Allsen），《蒙古帝国的兴起及其在中国北部的统治》（“The Rise of the Mongolian Empire and Mongolian Rule in North China”），第 332、367 页。马可·波

罗把这两个词译介到欧洲，见《马可·波罗游记》，第 113 页。关于何所谓汗的精妙阐释，见傅立初（Joseph Fletcher），《蒙古人：生态与社会的视角》（"The Mongols: Ecological and Social Perspectives"），第 21—28 页。

[2] 有关塔尼斯特里，见傅立初，《蒙古人：生态与社会的视角》，第 24—26、36—38 页。[塔尼斯特里，在凯尔特语里的意思为"继承"，是凯尔特人决定王位、族长位与土地所有权转移的制度。傅礼初最先用这个词来指称中亚和东北亚游牧民族的王位继承制度，即在由各部落首领推举的宗王候选人之间进行的"继位战"，最具军事实力的候选人即成为未来的"超部落"首领。他对该问题最系统的阐释，见傅立初，《奥斯曼帝国中的土耳其—蒙古帝制传统》（"Turco-Mongolian Monarchic Tradition in the Ottoman Empire"），载于《哈佛乌克兰研究》（*Harvard Ukrainian Studies*），3/4:1(1979/1980)，第 236—251 页。——译者注]

[3] 拉奇涅夫斯基（Ratchnevsky），《成吉思汗的生平与遗产》（*Genghis Khan: His Life and Legacy*），第 140 页。

[4] 窝阔台应为成吉思汗的第三子。——译者注

[5] 1241 年窝阔台死后，先皇后乃马贞氏称制。1246 年，由其子贵由即大汗位。1248 年，贵由死，蒙哥被推举为大汗，1251 年即位。——译者注

[6] 1260 年 3 月，忽必烈在开平废弃忽邻勒台选汗旧制，宣布即位。同年 4 月其弟阿里不哥在都城和林召开忽邻勒台，宣布为大汗。此后经过四年的战争，忽必烈于 1264 年打败阿里不哥，统一漠北、漠南和汉地。——译者注

[7] 狄百瑞（de Bary），《英译明夷待访录》（*Waiting for the Dawn*），第 99 页。（引文出自《明夷待访录》，"原法"篇。——译者注）

[8] 达迭斯（Dardess），《蒙古人重要吗？：北宋至明初中国的疆土、权力和士大夫》（"Did the Mongols Matter? Territory, Power, and the Intelligentsia in China from the Northern Song to the Early Ming"）。

[9] 1260 年，忽必烈即改元"中统"，取意"中原正统"；1264 年改元"至元"，取意"至哉坤元"；1271 年定国号"大元"，正式即皇帝位。——译者注

[10] 陈学霖（Chan）、刘秉忠（Liu Ping-chung），《效忠可汗：元初名人列传》，第 252—258 页。

[11] 罗茂瑞，《忽必烈汗及其时代》（*Khubilai Khan: His Life and Times*），第 130 页。

[12] 叶子奇，《草木子》，卷三，第 11a 页。（原书注第 47 页。——译者注）

[13] 萧启庆（Hsiao），《元代中期的政治》（"Mid-Yuan Politics"），第 531—532 页。

[14] 狄宇宙（Di Cosmo），《内陆亚洲历史上的国家形成和分期》（"State Formation and Periodization in Inner Asian History"），第 34 页。

[15] 贺凯，《明代的起源及其体制的变迁》（*The Ming Dynasty: Its Origins and Evolving Institutions*），第 33 页。

[16] 牟复礼（Mote），《中国专制制度的发展：对魏夫特用东方专制主义理论论述中国的批判》（"The Growth of Chinese Despotism: A Critique of Wittfogel's Theory of Oriental Despotism as Applied to China"），第 18 页。

[17] 布鲁（Blue），《中国与近代西方社会思想》（"China and Western Social Thought in the Modern Period"），86—94 页。

[18] 范德（Farmer），《朱元璋与明初立法：蒙元后中国社会秩序的重整》（*Zhu Yuanzhang and Early Ming Legislation: The Reordering of Chinese Society Following the Era of Mongol Rule*），第 100 页。

[19] 牟复礼，《中国专制制度的发展》，第 32 页。

[20] 陆容，《菽园杂记》，第 123 页。

[21] 卜正民等，《杀千刀》（*Death by a Thousand Cuts*），第 116 页。

[22] 语出《皇明祖训》，英译见范德，《朱元璋与明初立法》，第 114—149 页，引文见第 118 页。（引文见明太祖朱元璋撰，《皇明祖训》，“皇明祖训序”，第 1 页，四库全书存目丛书史部第 264 册，第 165 页。——译者注）

[23] 张廷玉，《明史》，第 7906—7908 页。

[24] 贺凯，《明代政府》（“Ming Government”），第 76 页。

[25] 太子朱标长子朱雄英殇，朱允炆为其次子。——译者注

[26] 在勤王中殉职的官员，见《山东通志》（嘉靖十二年刻本，1533），卷二十五，第 10 下—11 页上。后来，据说永乐帝善待了效忠建文帝的勤王官员，见陆容，《菽园杂记》，第 28 页。然而，也有记载指责燕军对战俘百般折磨。

[27] 张廷玉，《明史》，第 4019 页，有关方孝孺的保守主义倾向，见第 4053—4054 页。

[28] 余继登，《典故纪闻》，第 107 页。

[29] 程思丽（Church），《郑和宝船：形象抑或真相？》（“The Colossal Ships of Zheng He: Image or Reality?”），第 174—175 页。程思丽明智地修正了有关这些船只大小的历史记录，实际上它们的长度约为《明史》（第 160—162 页）所载的三分之一，载重量约为其十分之一。关于这数次著名航海经历的较为切合实际的描述，见蔡石山（Tsai），《永乐大帝：一个中国帝王的精神肖像》（*Perpetual Happiness: The Ming Emperor Yongle*），第 197—208 页。

[30] 韦杰夫（Geoff Wade）在《郑和航海的重新评价》（“The Zheng He Voyages: A Reassessment”）一文中提出，郑和航海可被看作永乐帝向东南亚扩张的试探之举，也是蒙元南进意图的延续。他的言下之意是，正如蒙古人假借“蒙古和平”（Pax Mongolica）征服亚洲大陆一样，永乐帝企图在亚洲海域打造出一个“大明和平”的天下。这一解释注意到军事是郑和航海中的一大因素，但作者可能将军事力量的意图放在了错误的位置上，实际上永乐帝此举的目的是威慑大于征服。（Pax Mongolica，拉丁语的“蒙古和平”，指 13—14 世纪，蒙古帝国统治下欧亚大陆大部在社会、文化、经济上的稳定和自由交流，是西方学者肯定蒙古扩张给欧亚内陆地区带来的正面影响的一个概念。——译者注）

[31] 此处故事转引自《明实录》，发生在正统五年。——译者注

[32] 沈德符，《万历野获编》，第 9 页；余继登，《典故纪闻》，第 196 页。

[33] 崔瑞德、葛林，《正统、景泰、天顺朝》（“The Cheng-t'ung, Ching-t'ai, T'ien-shun Reigns”），第 323 页。关于这场战役的军事后果，见沃尔德，《长城：从历史到神话》，第 87—90 页。

[34] 黄瑜，《双槐岁钞》，第 101 页。（引文出自是书卷五“雨滴谣”，第 84 页，中华书局，1985 年。——译者注）

[35] 陆容，《菽园杂记》，第 37 页；张廷玉，《明史》，第 4411 页。

[36] 崔瑞德、格里姆，《正统、景泰、天顺朝》，第 339 页。

[37] 关于刘瑾，见盖杰民（Geiss），《正德朝》（“The Cheng-te Reign”），第 405—412 页。

[38] 盖杰民，《正德朝》，第 433 页。

[39] 王安（Waltner），《烟火接续：明清的收继与亲族关系》（*Getting an Heir*），第 1—3 页。

[40] 张廷玉，《明史》，第 5077—5078 页。

[41] 费克光（Fisher），《大礼议：明世宗朝的继统与继嗣之争》（*The Chosen One: Succession and Adoption in the Court of Ming Shizong*），第 72—80、163—167 页；卜正民，《王阳明越境时发生了什么？》（“What Happens When Wang Yangming Crosses the Border?”）。王阳明在平定广西民变时所上第三封奏疏中表明了自己的态度，他称赞嘉靖帝道，“今皇上方推至孝以治天下。”见《王阳明全集》，第 470 页。[应为嘉靖七年二月十三日“奏报田州思恩平复疏”，译文引自吴光等编校，《王阳明全集（新编本）》第 2 册，浙江古籍出版社，2010 年，第 499 页。王阳明从道德先验论的角度来阐发孝道，他认为“良知只是一个天理，自然明觉发见

处，只是一个真诚恻怛，……致此真诚恻怛便是孝”，“生而知之”的圣人“只是依此良知，实落尽孝而已”；“学而知之”者，“只是时时省觉，要依此良知，尽孝而已”；而“困而知之”者，“蔽锢之深，虽要依此良知去孝，又为私欲所阻，是以不能”，因此要恢复人的先天“良知”，自然要尽孝道。见《传习录》中、下。——译者注]

[42] 盖杰民，《正德朝》，第450页。

[43] 英文原著误作郑氏“叔父”。——译者注

[44] 关于这些事件的描述，见夏伯嘉（Hsia），《利玛窦：紫禁城里的耶稣会士》（*A Jesuit in the Forbidden City: Matteo Ricci, 1552—1610*）。[该书名为《国本攸关》，刊行于万历三十一年（1603）十一月。此处所引为序言《续忧危竑议》，书中称万历帝立长实为不得已，皇帝闻言震怒，命东厂大索奸人，引发“明史三大案”之“妖书案”。——译者注]

[45] 王锡爵，《劝请赈济疏》，收入于陈子龙，《皇明经世文编》，395卷，第7页下。

[46] 黄仁宇在《万历十五年》一书的首章中描画了万历帝的顽抗。

[47] 黄仁宇，《龙井与万历朝》（“The Lung-ch'ing and Wan-li Reigns”），第517页。（中译文引牟复礼、崔瑞德编，张书生等译，《剑桥中国明代史》上册，中国社会科学出版社，1992年，第560页。——译者注）

[48] 暕，音jian，原文误作lian。——译者注

[49] 陆容，《菽园杂记》，第16页。有关《永乐大典》的编纂，见蔡石山，《永乐大帝》，第133页。

[50] 今湖北江陵西北。——译者注

[51] 汪道昆，《太函集》，第494—495页。

[52] 艾尔曼，《中华帝国晚期的科举文化史》，第151—152页。

第5章　经济与生态

[1] 马可·波罗，《马可·波罗游记》，第152、156、200—201、204—205、215、306页。

[2] 穆斯基（Meskill），《英译崔溥〈浮海录〉》（*Ch'oe Pu's Diary*），第93—94页。（中译文引自葛振家著，《崔溥〈漂海录〉评注》，北京，线装书局，2002年，第107页。——译者注）

[3] 中译文引自葛振家著，《崔溥〈漂海录〉评注》，北京，线装书局，2002年，第99页。——译者注

[4] 梁方仲编，《中国历代户口、田地、田赋统计》，第303页。该书所载26年后的岁入粮数完全相同，这一事实使人对这一统计数字不免有所怀疑。吴宏岐的《元代农业地理》是唯一关于元代经济地理的完整研究，但其中没有任何对农业生产力的量化描述。

[5] 马文升（1426—1510）语，转引自张怡，《玉光剑气集》，第73页。

[6] 黄仁宇，《明代财政制度》（“The Ming Fiscal Administration”），第107页。

[7] 梁方仲编，《中国历代户口、田地、田赋统计》，第344页。

[8] 黄仁宇认为一个以农立国的帝国要维系其存在，粮税税率不能低于10%。见黄仁宇，《16世纪的税收与明朝政府的财政》（*Taxation and Governmental Finance in Sixteenth-Century Ming China*），第174、183页。洪武朝的财政似乎刚达到这一最低限额。

[9] 朱元璋，《大诰武臣序》（1385），转引自杨一凡，《明大诰研究》，第426页。

[10] 马志冰，《明朝土地法制》，第421页，所引1578年上谕。

[11] 张怡，《玉光剑气集》，第509页。

[12] 省一级分区起运存留米麦数及其百分比，见梁方仲编著，《中国历代户口、田地、田赋统

计》，第 375 页。

[13] 《明武宗实录》，卷一百五十八，第 4 页下。

[14] 王国斌在《转变的中国》一书中对中国政府的这种处事原则进行了非常清楚的交待，见王国斌（Wong），《转变的中国：历史变迁与欧洲经验的局限》（*China Transformed: Historical Change and the Limits of European Experience*），第 135—149 页。虽然他的论断是基于清代的例子，但是清以前历朝历代的政府行为也是基于相同的原则。[《转变的中国》中英译本章节安排有很大不同，此处作者所引部分主要涉及晚期中华帝国与同时期西欧的政治经济比较（包括对商业和促进经济发展的不同态度和政策）及其对工业化过程的影响。——译者注]

[15] 关于明代官营织造业，见沙费尔（Schäfer）、库恩（Kuhn），《织造明代的经济模式 (1368—1644)：官营丝织业研究》[*Weaving and Economic Pattern in Ming Times (1368—1644):The Production of Silk Weaves in the State-Owned Silk Workshops*]。

[16] 陆容，《菽园杂记》，第 66 页。

[17] 吴缉华，《明代海运及运河的研究》，第 35—42 页；卜正民，《通讯与商业》，第 596—605 页。

[18] 司徒鼎，《明中期黄泛平原的环境执法》，第 4 页。

[19] 谈迁，《枣林杂俎》，第 39—40 页。关于"马快船"，见星斌夫，《明清时代交通史の研究》。

[20] 李东阳，《重修吕梁洪记》，收入陈子龙编，《明经世文编》，卷五十四，第 19 页下。转引自封越建，《明代京杭运河的工程管理》，《中国史研究》1993 年第 1 期，第 50 页。

[21] 邓刚并不认为明代已经出现了一个统一的国家经济。见邓刚（Deng），《前现代中国经济：结构性均衡与资本主义发展的不足》（*The Premodern Chinese Economy: Structural Equilibrium and Capitalist Sterility*）。

[22] 重印本收入明人黄汴著、杨正泰校注，《天下水陆路程》，第 334—342 页。

[23] 陆容，《菽园杂记》，第 8 页。

[24] 李伯重，《有"14 世纪的拐点"吗？》，第 145 页。

[25] 元明两代棉花种植成为中国纺织业支柱的过程，见宋汉理（Zurndorfer），《明清时期中国的棉纺织品》（"The Resistant Fibre"），第 44—51 页。

[26] 陈建，《皇明从信录》，卷十八，第 18 页下；张延玉，《明史》，第 946 页。

[27] 杨正泰，《明清临清的盛衰与地理条件的变化》，《历史地理》1983 年第 3 辑，第 117—119 页。

[28] 济宁是位于沿运河往南 200 公里处的一座城市，它也是这种发展逻辑的一个绝佳例证，见孙竞浩（Sun），《城市、国家与大运河：济宁的历史定位和转变（1289—1937）》（"City, State, and the Grand Canal: Jining's Identity and Transformation, 1289—1937"）。

[29] 原书误作"Jialing county"。——译者注

[30] 马丁·海德拉，《明代中国农村的社会经济发展》，第 511 页。（据清代刘献廷《广阳杂记》所说，"明代沙市极盛，有列巷九十九条，每行占一巷"。——译者注）

[31] 黄仁宇，《明代财政制度》，第 147 页。

[32] 王启茂，《沙市志感诗》，见《光绪荆州府志》（1880），卷四，第 2 页下。

[33] 陶宗仪，《南村辍耕录》，第 116 页。[原书两个时间分别作"1341 年 5 月 4 日"和"1342 年 6 月 4 日"，现据时间规范检索数据库（http://authority.ddbc.edu.tw/time/）检索结果更正。——译者注]

[34] 《南平县志》（1921），卷二，第 16—17 页下。

[35] 费丝言（Fei），《探讨城市空间：晚明南京的城市化》（*Negotiating Urban Space:Urbanization and Late Ming Nanjing*），第 1 页。

[36] 郑允端，《望夫石》，英译见彼得·斯特曼（Peter Sturman）译，《望夫石》，载于孙康宜、苏源熙编，《传统中国女性诗歌诗论选》，第 134 页。（原作引自《元诗选》初集壬集，第三册，第 2524 页。——译者注）

[37] 15 世纪中期地方政府在行政上表达与实践的分离，是倪清茂《明代地方政府》第 2 章的主题。

[38] 归有光，《回湖州府问长兴县土俗》，《震川先生集》（下册），第 922—923 页。

[39] 《嘉庆长兴县志》（1805），卷七，第 3 页。

[40] 徭役分为四类，里甲中的经常性服务称为“正役”，另有“均徭”“驿传”“民壮”三项。此处提到的是“均徭”，即服务于官府的经常性差役，其编役对象是丁，被编者亲身应役称为力差，纳银于官府，由后者代募应役的称为银差。此外还有在官府或里甲中的临时性服务，总称为“杂役”。——译者注

[41] 沈德符，《万历野获编》，第 481 页。沈德符的这番话是针对苏州银匠管方洲的故事而发。这个故事，见本书第九章开篇。

[42] 有关张居正的政治作为，见黄仁宇，《万历十五年》，第 1—3 章。

[43] 《元史·食货志》载，“世祖中统元年（1260），始造交钞，以丝为本。……是年十月，又造中统元宝钞。……又以文绫织为中统银货。”——译者注

[44] 萧启庆，《元代中期的政治》，第 552、575、585 页。

[45] 王临亨，《志外夷》，《粤剑编》，卷三，第 92 页。

[46] 万志英（Von Glahn）在《财源》（*Fountain of Fortune: Money and Monetary Policy in China, 1000—1700*）一书中逐一评析了明代的货币问题，尤其是银贵钱贱的变化（第 157—160 页）以及铜钱掺杂作假的情况（第 187—197 页）。

[47] 黑田明伸（Kuroda Akinobu）注意到，他所称的“标准铜钱”（即人们倾向于收藏而非使用的宋代或明初铸造的铜钱）与“流通铜钱”（用于日常买卖的后来铸造的劣质铜钱）有根本性的不同，后者在流通中折价严重。本书英文版封面上的就是洪武时期铸造的“标准铜钱”。见黑田明伸，《“钱贵银贱”：东亚“白银世纪”的另一面》（“Copper Coins Chosen and Silver Differetiated”），第 67—74 页。

[48] 黄宗羲，《黄宗羲全集》，卷二，第 220 页。（原文与此处解读略有不同，“日本初用洪武钱，后始铸其国号，而旧钱不敢销毁，藏之库中。”——译者注）

[49] 李乐，《见闻杂记》，卷七，第 4 页上。

[50] 余继登，《典故纪闻》，第 289 页。关于明代粮仓史，见星斌夫，《中国の社会福祉の歴史》，第 55—81 页。

[51] 余文龙，《史脔》，卷二十五，第 45 页下；宋濂，《元史》，第 4004 页。

[52] 同上书，第 59 页；宋濂，《元史》，第 4332 页。

[53] 即便是像章懋这样清醒的思想家——他曾经说过，自己述而不作，因为自己要说的宋儒已经言尽——也预备抛弃明太祖仓储制的理念。傅路德（Goodrich）、房兆楹（Fang），《明代名人传》（*Dictionary of Ming Biography*），第 97 页。（英文原著此处误作“Zhang Mou”——译者注。）

[54] 魏丕信（Will）、王国斌，《民生：17 世纪中期到 19 世纪中国的粮仓制度》（*Nourish the People: The State Civilian Granary System in China, 1650—1850*），第 11—13 页。

[55] 陆曾禹，《康济录》，卷三上，第 49—50 页。[此处评述历代凶年地方官员采取闭粜的地方保护措施而不顾邻县死活的错误做法。陆曾禹认为，“官之粜粜有限，民之兴贩无穷。彼射锱铢之利，我活沟壑之民，实云两得。”（第 49 页下案语）万历九年淮凤大灾时，张居正上疏禁止闭籴之令，要求受灾地附近各处协助市籴通行，各巡按互相关白，接递转运。被陆曾禹称为“救天下”的“奇策”（第 50 页上）。原书引文作“第 48 页”，似不确。——译者注]

[56] 《嘉靖兰阳县志》（1545），卷三，第 16 页上。

[57] 顾清，《俗变》，《崇祯松江府志》（1630），卷七，第 23 页上—32 页上。顾的传记，见同书，卷三十九，第 27 页下—29 页上；亦见张廷玉，《明史》，第 2432 页。

[58] 希拉尔德（Girard），《1625 年亚德里安诺·德·拉斯·科尔特斯中国游记》[*Le Voyage en*

Chine d'Adriano de las Cortes S. J. (1625)]，第 239 页。在该书的其他地方（第 165 页），拉斯·科尔特斯写道，“中国人吃得很差。”不过这种判断可能只是一个习惯以肉食为主的人的反应。关于拉斯·科尔特斯，见卜正民，《维梅尔的帽子：从一幅画看全球化贸易的兴起》（*Vermeer's Hat: The Seventeenth Century and the Dawn of the Global World*），第 87—113 页。彭慕兰在《大分流》中提出，18 世纪中国的生活水平比同时期的欧洲要高，而且两个社会的贫富差距接近，见彭慕兰（Pomeranz），《大分流：中国、欧洲，和现代世界经济的形成》（*The Great Divergence: China, Europe, and the Making of the Modern World Economy*），第 127—152 页。

[59] 斯科特，《不被统治的艺术》，第 12—13 页。

[60] 张岱，《陶庵梦忆》，第 110 页。（中译文引自张岱，《陶庵梦忆》，卷四之“牛首山打猎”，上海古籍出版社，1982 年，第 44 页。——译者注）史景迁（Spence）在《前朝梦忆》一书中生动地描绘了张岱的生平，关于其狩猎的场景，见史景迁，《前朝梦忆：张岱的浮华与苍凉》（*Return to Dragon Mountain: Memories of a Late Ming Man*），第 30 页。

[61] 白馥兰（Bray），《中国明代的技术与社会，1368—1644 年》[*Technology and Society in Ming China(1368—1644)*]，第 2—3 页。

[62] 刘殿爵（Lau），《英译孟子》（*Mencius*），164—165 页。（见《孟子·告子上》。——译者注）

[63] 相关论述，见丘濬，《大学衍义补》卷 150，“治国平天下之要·驭夷狄·守边固圉之要上”，郑州市，中州古籍出版社，1995 年，第 1912—1913 页。——译者注

[64] 孟泽思（Menzies），《林业》，（“Forestry”），第 658—662 页。明代政府的确在北方边境补栽树木，但当时这被视为军事防御的一种手段，而非恢复资源的举措。见邱仲麟，《明代长城沿线的植木造林》，《南开学报》2007 年第 3 期。

[65] 《明世宗实录》，卷二百零二，第 4 页上。（原书误作“第 2 页下”。——译者注）

[66] 谈迁，《枣林杂俎》，卷四百二十六，第 453 页。

[67] 伊懋可，《大象的退却》，第 85 页。

[68] 马立博，《虎、米、丝、泥：帝制晚期华南的环境与经济》（*Tigers, Rice, Silk, and Silt: Environment and Economy in Late Imperial South China*），第 43 页。

[69] 张廷玉，《明史》，卷一百九十四，列传第八十四，第 5134 页。乔宇在嘉靖年间（16 世纪 20 年代）官至吏部尚书；这个故事可能发生在 15 世纪末到 16 世纪初。

[70] 《同治祁门县志》（1873），卷三十六，第 4 页、第 6 页上—7 页上。

[71] 焦竑，《玉堂丛语》，第 266 页。

[72] 原书误作“Zhiheng”。——译者注

[73] 同一时期长江以南虎现的另一项记载，见于桑乔，《庐山纪事》，卷一，第 39 页上，发生在嘉靖三十年（1551）的一则事例。

[74] 于君方（Yü），《佛教在中国的更新：袾宏与晚明的三教合一》（*The Renewal of Buddhism in China*），第 20 页。（中译本引文据“禳虎疏”，莲池著述，孔宏点校，《竹窗随笔》，北京图书馆出版社，2005 年，第 282 页——译者注。）

[75] 广东、广西境内有关虎见的最后记载见于清嘉庆二十年（1815）；马立博，《虎、米、丝、泥》，第 325 页。

[76] 比如，17 世纪中期的台湾，对梅花鹿毛皮的高涨需求使这一物种濒临灭绝；见欧阳泰（Andrade），《福尔摩沙如何变成台湾府？》（*How Taiwan Became Chinese*），第 134—138、149—150 页。

[77] 张岱，《陶庵梦忆》，第 8 页。（原文出处有误，待查。——译者注）

第6章　家族

[1]　只有皇帝的服制上可用日与月的补子作装饰，见《明会典》卷六十二，第1页上。服制上有特殊规定的补子图案还包括龙、凤、狮、犀牛、象。有关皇家补服的介绍，见贺莉、倪明昆编，《权力与荣耀：明代宫廷艺术展》，第259页。贺莉和倪明昆所编的《权利与荣耀，明代宫廷艺术展》中收入了几幅明朝皇帝的宫廷画像，画像中肩上的补子似乎是15世纪中期才出现的（见《权力与荣耀》，第264页）。

[2]　陆容，《菽园杂记》，第62页。陆容说这是山西的风俗，但这种做法很可能十分普遍。

[3]　叶春及，《惠安政书》，卷四，第6页下。（此处引文见泉州历史研究会整理本，福建人民出版社，1987年，第73页。——译者注）

[4]　黑兹尔顿（Hazelton），《父系与宗族地方化：徽州休宁吴氏研究》（"Patrilines and the Development of Localized Lineages"）。

[5]　白馥兰，《技术与性别：晚期帝制中国的权力经纬》（*Technology and Gender: Fabrics of Power in Late Imperial China*），第175—181页。

[6]　有关这些性别分工，见宋应星，《英译天工开物》（*Chinese Technology in the Seventeenth Century*），第46、101页。

[7]　范德，《朱元璋与明初立法》，第161页；柏清韵（Birge），《宋明儒学与妇女：父权观念的制度化》（"Women and Confucianism from Song to Ming"）。

[8]　曹端，《家规辑略》，收录于《曹月川先生集》，转引自多贺秋五郎，《中国宗谱の研究》，第168页。

[9]　《嘉靖河间府志》（1540），卷七，第4页下。

[10]　达迭斯，《明代地方社会》，第97、122—123页。

[11]　《雍正扬州府志》（1733），卷三十四，第11页下。

[12]　例如《嘉靖汉阳府志》（1546），卷八，第5页下。

[13]　以下结论来自九部地方志中的节妇传，《保定府志》（1607）、《正德大名府志》《凤翔府志》（1766）、《福宁州志》（1593）、《廉州府志》（1637）、《南昌府志》（1588）、《青州府志》（1565）、《琼州府志》（1618）和《严州府志》（1613）。中国人的年龄是按照农历计算的（虚岁，是从出生时算起的），此处都改成了西方的年龄算法。

[14]　多贺秋五郎，《中国宗谱の研究》，第169页。

[15]　傅海波（Frank），《征服王朝时期的妇女》（"Women under the Dynasties of Conquest"），第41页。明律延续了这一定义，见江永林，英译本《大明律》，第214页。

[16]　《嘉靖怀安县志》（1530），卷九，第6页下—7页上。

[17]　达迭斯，《明代地方社会》，第81页，作者使用的是来自江西省的数据；另见刘翠溶，《明清时期家族人口与社会经济变迁》，第97页。

[18]　李日华，《味水轩日记》，第113页。明代妇科医药和产科理论，见费侠莉（Furth），《繁盛之阴：中国医学史中的性（960—1665）》（*A Flourishing Yin: Gender in China's Medical History, 960—1665*），第4—5章。

[19]　李日华，《味水轩日记》，第173页。

[20]　房兆楹，《霍韬》（"Huo Tao"），载于傅路德、房兆楹，《明代名人传》，第681页。（此处引文等据《霍文敏公全集》卷四上《正风俗疏》、卷九下《南京礼部公行》。——译者注）

[21]　赵吉士，《寄园寄所寄》卷上，第30页。

[22]　妾室危及正室婚姻的一个例子见陆容，《菽园杂记》，第47—48页。

[23]　芮效卫（David Roy）最近重译了这部小说。

[24] 沈德符，《万历野获编》，第 459—460 页，记载了一则发生在弘治朝的复杂故事，一位名叫满仓儿的女子被父亲卖给乐户，其父死后，满仓儿的母亲、兄长寻得她的踪迹，欲为其赎身，但遭到她的拒绝。此后的故事充满了各种权钱交易，最终惊动了弘治皇帝，以满仓儿获杖刑并充浣衣局结案。

[25] 孙康宜，《陈子龙柳如是诗词情缘》（*The Late Ming Poet Chen Tzu-lung*）。

[26] 卜正民，《纵乐的困惑》，第 97—99 页。

[27] 陆容，《菽园杂记》，第 141—142 页；参见江永林，英译本《大明律》，第 215 页。

[28] 沈德符，《万历野获编》，第 902 页；谢肇淛，《五杂俎》，卷八，第 4 页下；宋怡明（Szonyi），《胡田宝崇拜与 18 世纪同性恋话语》（"The Cult of Hu Tianbao and the Eighteenth-Century Discourse of Homosexuality"）。

[29] 刘翠溶，《明清时期家族人口与社会经济变迁》，第 53—55 页。

[30] 《惠安县志》（1530），卷九，第 6 页下。

[31] 谈迁，《枣林杂俎》，第 5 页，此处的中式纪岁被换成了西式的。

[32] 欧立德（Elliot），《胡说：北方异族与汉族的人种形成》（"Hushuo: The Northern Other and *Han* Enthnogenesis"）。

[33] 黄清连，《元代户籍制度研究》，第 197—216 页。在这个精心梳理的清单的最后，黄清连指出他怀疑仍有部分户籍为其遗漏，"留待将来补充"。

[34] 葛寅亮，《金陵梵刹志》，卷一，第 33 页下。朱元璋并不认为这四业穷尽了所有的社会职业类型，因为他紧接着又说释道是有别于它们的"二业"。

[35] 有关明代的兵，见柯律格，《大明帝国：明代中国的视觉文化和物质文化》（*Empire of Great Brightness: Visual and Material Cultures of Ming China 1368—1644*），第 160—182 页。

[36] 陆容，《菽园杂记》，第 134 页。

[37] 陈文石，《明代卫所的军》，第 198 页。（陈文发表于《"中央"研究院历史语言研究所集刊》1977 年第 2 期，第 177—205 页。原书误作"《明代卫所的军户》，第 228 页"。卜正民此处的说法与引文略有出入。陈文在论及明代军士社会地位衰落时引用《明史翟善传》，翟官至吏部尚书，太祖赏识他的才干而欲令其脱军籍，但翟不愿破例。陈以此说明明初武官受到重视而军户地位实低于民户。——译者注）

[38] 艾尔曼，《中华帝国晚期的科举文化史》，第 140—143、178 页。

[39] 张廷玉，《明史》，卷一百九十，表第十，宰辅年表一、二，第 3336—3379 页。

[40] 有关商辂，见张廷玉，《明史》，列传第六十四，商辂传，第 4687—4691 页；葛林在《明代人物传记词典》中编写的商辂传，见傅路德、房兆楹，《明代名人传》，第 1161—1163 页。

[41] 李乐，《见闻杂记》，卷一，第 43 页上。尽管人数不多，但换届频率很高。见帕森斯（Parsons），《明代官僚体系：有关背景力量的研究》（"The Ming Dynasaty Bureaucracy: Aspects of Background Forces"）。

[42] 《明世宗实录》，卷七十八，第 6 页上；或柯蔚南（Coblin），《汉语简史》（"Brief History of Mandarin"），第 542 页。

[43] 这两位大学士分别是杨荣（1371—1440）和陈山（1365—1434）。见张廷玉，《明史》，列传第一百五，李廷机传，第 5741 页；傅路德、房兆楹，《明代名人传》，第 1569 页。

[44] 秦玲子（Shinno），《"元代医学与三皇庙：跨文化互动的一例"》（"Medical Schools and the Temples of the Three Progenitors in Yuan China: A Case of Cross-Cultural Interactions"）；费侠莉，《繁盛之阴：中国医学史中的性（960—1665）》，第 156—157 页。

[45] 汪道昆，《太函集》，第 492—493 页。汪道昆是一位学者，但也为他人写传、赞等文章，收取一定的润笔费，时人赞誉他的文笔"最为物有所值"；柯律格，《长物：早期现代中国的

物质文化与社会状况》(*Superfluous Things: Materail Culture and Social Status in Early Modern China*)，第 14 页。[吴山甫(1552—1620)，名昆，别号鹤皋，安徽歙县人，祖父为明隆万间名医。吴昆 15 岁时投笔习医，深研医儒合一之理，融合家世心传，声名远振，著有医籍多部。中译本引文据汪道昆，《医方考引》，收录于(明)吴昆、(日)北山友松绳愆，《医方考绳愆》，中国科学技术出版社，1996 年，第 15 页。——译者注]

[46] 卜正民，《徐光启及其生活环境：上海士绅的世界》("Xu Guangqi in His Context: The World of the Shanghai Gentry")，第 80 页。

[47] 《同治徽州府志》(1874)，卷四十四，第 10 页下。

[48] 陆容，《菽园杂记》，第 85—86 页。(此处原文转述不确。据陆文，某富家是向孔克让的儿子孔士学提出易谱的要求，孔士学力拒。孔士学死后无嗣，家人才不得已答应了富家的要求。——译者注)

[49] 卜正民，《中华帝国晚期的丧礼和宗族》("Funerary Ritual and the Building of Lineages in Late Imperial China")，第 480 页。伊佩霞(Patricia Ebrey)已将《家礼》译成英文，即《家礼》(*The Family Rituals*)。

[50] 事件经过转引自卜正民，《明代的社会与国家》，第 1—9 页。

[51] 《嘉靖靖安县志》(1565)，卷一，第 18 页上。

[52] 《明孝宗实录》，卷一五五，第 4 页下—5 页上。

[53] 范德，《朱元璋与明初立法》，第 203 页。(中译本引文据张卤，《皇明制书》，卷九《教民榜文》，转引自张建民编，《10 世纪以来长江中游区域环境、经济与社会变迁》，武汉大学出版社，2008 年，第 288—289 页。——译者注)

[54] 赵秉忠，《江西舆地图说》，第 2 页下。

[55] 有关明代宦官任镇守的情况，见蔡石山，《明代宦官》(*Eunuchs in the Ming Dynasty*)，第 59—53 页。

[56] 见张廷玉，《明史》，第 5351 页，

[57] "中央"图书馆，《明人传记资料索引》，第 944 页；焦竑，《国朝献征录》，卷九十，第 9 页上。

[58] 《明孝宗实录》，卷一四五，第 9 页下。

第 7 章　信 仰

[1] 柳存仁(Liu)、贝林(Bering)，《蒙元时期的"三教"》("The 'Three Teachings' in the Mongol-Y ü an Period")。

[2] 卜正民，《宗教调和再思》("Rethinking Syncretism:The Unity of the Three Teachings and their Joint Worship in Late-Imperial China")。

[3] 谢肇淛，《五杂俎》，第 95 页。

[4] 葛寅亮，《金陵梵刹志》，卷三，第 23 页上—26 页下，64 页。关于元代皇家的供养，见同书卷一，第 17 页下。(译文据宋濂《蒋山寺广荐佛会记》，《金陵梵刹志》上册，天津人民出版社 2007 年，第 110—112 页。原文有若干不确处，如法会时间原作"二月十七日"，舞原作"二十八人"，现据所引文献改正。有关法会后天象的描述也不够确切，宋濂的原文为"濂闻，前事二日，凄风成寒，飞雪洒空，山川惨淡，不辨草木。銮舆一至，云开日明，祥光冲融，布满环宇，天颜怿如。历陛而升，严恭对越，不违咫尺。俯伏拜跪，穆然无声。……"另，景印文渊阁四库全书本宋濂《文宪集》卷四收录该文字句多有出入，此处以

原书所引版本为准，恕不一一指出。——译者注）

[5] 白瑞霞（Berger），《南京显灵：明代宫廷档案中关于五世哈立麻活佛大宝法王在首都活动的记载》（“Miracles in Nanjing: An Imperial Record of the Fifth Karmapa's Visit to the Chinese Capital”），第161页。［藏传佛教噶举派的支派之一噶玛噶举派在元明两代受到朝廷重视，在明永乐朝达到鼎盛。1407年，该派尚师哈立麻入京受封“大宝法王”，并奉命率僧于灵谷寺建普度大斋，为明太祖和皇后资福。仪式过程被绘成长卷，全长50米，由49幅画面组成，并配有汉、察合台文、回鹘文、藏、回鹘式蒙古文五种文字的题记，详细记述了卿云、天花、甘露、青狮、白鹤及舍利祥光等祥瑞。题记文字见罗文华，《明大宝法王建普度大斋长卷》，《中国藏学》1995年第1期。“交感幻觉”是科幻小说家威廉·吉布森（William Gibson）在小说《神经漫游者》（*Neuromancer*）中创造的词汇，指在以符号和信号流操控的场域中由参与者集体进行的幻象创造。小说中描述的由骇客意念操控从而在网络空间中将数据资料图像化的景象，与长卷记述的五彩斑斓的异象颇为相似。——译者注］

[6] 葛寅亮，《金陵梵刹志》，“御制蒋山寺广荐佛会文”，卷三，第5页上—7页上。

[7] 朱元璋，《鬼神有无论》，葛寅亮，《金陵梵刹志》上册，天津人民出版社，2007年，第15—16页。——译者注

[8] 《论语》，“八佾第三·第十二章”，英译文取自理雅各（Legge）译，《英译儒家经典》（*The Confucian Classics*），卷一，第59页。（“敬鬼神而远之”出自《论语》，“雍也第六·第二十二章”。——译者注）

[9] 郑振满、丁荷生，《福建宗教碑铭汇编（泉州府分册）》，第961页。

[10] 谈迁，《枣林杂俎》，第222页。

[11] 卜正民，《明代的社会与国家》，第141—146页。（葛寅亮，《金陵梵刹志》，卷二“钦录集”，上册，天津人民出版社，2007年，第59—62、66—69页。——译者注）

[12] 余继登，《典故纪闻》，第107—108页；张廷玉，《明史》，第97页。

[13] 余继登，《典故纪闻》，第134页。——译者注

[14] 《大明会典》［万历十五年（1587年）重修版］，卷一百零四，第2页。

[15] 此处及以下引文见于卜正民著《明代的社会与国家》一书所引方志，依次为卜正民，《明代的社会与国家》，第219—221：注释21（《涿州志》）、注释27（《怀柔县志》）、注释52（《临漳志》）、注释73（《南宫县志》）、注释74（《丘县志》）页。（引文依次为《涿州志》卷九，第2页下；《怀柔县志》卷一，第42页下—43页上；《南宫县志》，卷二，第8页上；《丘县志》，卷三，第14页下。——译者注）

[16] 卜正民，《为权力祈祷：佛教与晚明中国士绅社会的形成》（*Praying for Power: Buddhism and the Formation of Gentry Society in Late-Ming China*），第311—316页。

[17] 关于中国地图的计量研究，见余定国（Yee），《重释中国古代的舆地图》（“Reinterpreting Traditional Chinese Geographical Maps”），第53—67页。

[18] 章潢，《图书编》，卷二十九，第35页上。（页码有误，当为第45页下。引文出自章潢所收利玛窦《地球图说》。——译者注）

[19] 对于地球说的反响，见祝平一（Chu），《信任、工具和跨文化的科技交往》（“Trust, Instruments, and Cross-Cultural Scientific Exchanges”）；另见余定国，《参照世界标准：勘测和文本间的中国地图》（“Taking the World's Measure”），第117—122页。有关中国人对耶稣会士地图学的反应，见艾尔曼，《中国科学面面观，1550—1900》（*On Their Own Terms: Science in China, 1550—1900*），第122—131页。

[20] 章潢，《图书编》，卷二十九，第33页上、39页上。（页码有误，当为第42页下、49页下。——译者注）

[21] 徐光启，《徐光启集》，卷二，《题万国二圜图序》，第 63 页。

[22] 李之藻，“《坤舆万国全图》序”，载于李天纲编，《明末天主教三柱石文笺注》，第 148 页。

[23] 同上书，第 144 页。

[24] 王圻，《三才图会》“地理一卷”，卷一，第 1 页上。

[25] 桥本敬造（Hashimoto），《徐光启与〈崇祯历书〉修订：中国人对西方天文学的受容史》（*HsüKuang-ch'i and Astronomical Reform: The Process of the Chinese Acceptance of Western Astronomy, 1629—1635*），第 173、189 页。

[26] 李贽，《焚书》，第 16—33 页。耿定向，《耿天台文集》，卷四，第 40 页上—45 页下。黄仁宇对于李贽的评价仍具影响力，见黄仁宇，《万历十五年》，第 189—221 页。

[27] 《论语》第 12 章第 1 篇，英译见理雅各译，《英译儒家经典》，卷一，第 250 页。

[28] 同上书，第 324 页。

[29] 马经纶的书信，见厦门大学历史系编，《李贽研究参考资料》（第一辑），第 64 页。

[30] 蔡汝贤，《东夷图说》，“总说”，第 2 页上。

[31] 《正德朝邑县志》（1519、1824），“风俗”，第 9 页上；类似看法见《同治绥傜厅志》（1873），“风俗”，第 18 页下。（查《中国地方志集成目录》，仅有《道光连山绥傜厅志》。——译者注）

[32] 引自斯科特，《不被统治的艺术》，第 13 页。（斯科特书亦转引关于明代钱古训、李思聪《百夷传》的一项研究，但译者在《百夷传》中没有发现这段引文，该传中提到风俗相异之处如是说道，“百夷在云南西南数千里，其地方万里。……国朝洪武辛酉平云南。……上以远人不加约束，故官称、制度皆从其俗。……诸夷语言习俗虽异，然由大百夷为君长，故各或效其所为。”——译者注）

[33] 包弼德（Bol），《历史上的新儒学》（*Neo-Confucianism in History*），第 216 页。

[34] 王之春，《船山公年谱》，卷一，第 20 页下—21 页上。

[35] 李之藻，“《坤舆万国全图》序”，载于李天纲编，《明末天主教三柱石文笺注》，第 149 页。（李之藻的原文为，“昔儒以为最善言天，今观此图，意与暗契。东海西海，心同理同，于兹不信然乎？”——译者注）

[36] 徐光启，《正道提纲》，载于李天纲编，《明末天主教三柱石文笺注》，第 107 页。感谢李天纲向我指出了徐光启的这一思想特征。

[37] 杨廷筠，《代疑续篇》，转引自钟鸣旦（Standaert），《明末天主教儒者杨廷筠》（*Yang Tingyun*），第 206—208 页，我对钟鸣旦的英译略作了改动。

第 8 章　物　华

[1] 柯律格，《长物：早期现代中国的物质文化与社会状况》，第 46 页。柯律格对这份籍没册的概括，见第 47—48 页。关于严嵩的生平，见苏君伟（Kwan-wai So）所作传记条目，见傅路德、房兆楹，《明代名人传》，第 1586—1591 页。

[2] 历史学家巫仁恕发现了这些清单，见巫仁恕，《品味奢华：晚明的消费社会与士大夫》，第 225—232 页。

[3] 杜鼎克（Dudink），《晚明天主教五论》（“Christianity in Late Ming China: Five Studies”），第 177—226 页。

[4] 该书的英译本见大维德爵士（David），《英译格古要论》（Chinese Connoisseurship）。

[5] 魏文妮（Weitz），《周密〈云烟过眼录〉译注》（Zhou Mi's Record of Clouds and Mist），第 4、20 页。

[6] 例如《常熟县志》(1539)，卷四，第 20 页下。

[7] 卜正民，《纵乐的困惑》，第 144—147 页。

[8] 关于木匠服役方面的变迁，见鲁克思（Ruitenbeek），《中华帝国晚期的木工与建筑：关于 15 世纪〈鲁班经〉的研究》(*Carpentry and Building in Late Imperial China*)，第 16—17 页。

[9] 江苏省博物馆，《江苏省明清以来碑刻资料选集》，第 135—136 页。

[10] 有关明代宫廷绘画，见班宗华（Barnhart），《大明画家：院派与浙派》(*Painters of Great Ming*)。

[11] 李日华生平，见房兆楹编写的传记条目，傅路德、房兆楹，《明代名人传》，第 826—830 页。有关李日华的社会背景，见李铸晋（Li Chu-tsing），《李日华与他的晚明文人圈》("Li Rihua and his Literati Circle in the Late Ming Dynasty")。他的两幅画作和一幅书法作品，见李铸晋，《中国学者的书斋：晚明的艺术生活》(*The Chinese Scholar's Studio: Artistic Life in the Late Ming Period*)，图 3、4c、5。其他书法作品见班宗华，《玉斋：王南屏旧藏明清书画精品选录》(*The Jade Studio: Masterpieces of Ming and Qing Painting and Calligraphy from the Wong Nan-p'ing Collection*)，第 116—117 页。

[12] 《衡州府志》(1536)，卷九，第 14 页下。

[13] 书籍制作的工艺，见周绍明（McDermott），《书籍的社会史：中华帝国晚期的书籍与士人文化》(*A Social History of the Chinese Book: Books and Literati Culture in Late Imperial China*)，第 9—42 页。有关印书的工艺，见贾晋珠（Chia），《逐利的印刷业：11 至 17 世纪福建建阳的出版商》[*Printing for Profit: The Commercial Publishers of Jianyang, Fujian (11th-17th Centuries)*]，第 25—62 页。

[14] 顾炎武，《顾亭林诗文集》，第 29—30 页。据顾炎武所记，所有藏书于清兵入侵后流散。

[15] 卜正民，《明代的社会与国家》，第 101 页。

[16] 吴晗，《江浙藏书家史略》，第 10 页。

[17] 李日华日记中有关书的部分，见李日华，《味水轩日记》，第 73、105、190—191，277—278、303、305、374、454—455、496 页。有关藏书者贵宋刻的原由，见董其昌，《筠轩清閟录》，第 21—22 页。

[18] 英文原文作"书肆主人"，但据李日华日记所载，应为"沈恒川国医"，并非书商。见《味水轩日记》，上海远东出版社，1996 年，第 462—463 页。——译者注

[19] 文树德（Unschuld），《中国药学史》(*Medicine in China: A History of Pharmaceutics*)，第 128—142 页。

[20] 卜正民，《明代的社会与国家》，第 128—129 页。

[21] 希拉尔德，《1625 年亚德里安诺·德·拉斯·科特斯中国游记》，第 191、193 页。关于明代童蒙的研究，见施珊珊（Schneewind），《明代的社学与国家》(*Community Schools and the State in Ming China*)。

[22] 关于出版业，见周启荣（Chow），《早期现代中国的出版、文化和权力》(*Printing, Culture, and Power in Early Modern China*)，第 57—89 页。

[23] 明代小说，见浦安迪（Plaks），《明代小说四大奇书》(*The Four Masterworks of the Ming Novel*)。这些小说已分别由赛珍珠（Pearl Buck）、亚瑟·威利（Authur Waley）和芮效卫翻译成英语。

[24] 唐顺之，《荆川先生右编》。[原文说法出处不详。《荆川先生右编》，40 卷，为唐顺之原辑，刘曰宁补定，朱国祯校正，万历三十三年（1605）于南京国子监刊印，辑录自周至元历代诏令奏议，因古者右史记言，称为"右编"。《史纂左编》，记历代治法，《四库全书存目丛

书》本为嘉靖四十年（1561）胡宗宪校刻本，共 142 卷，另有常州原刊本，浙江藩司重刊本。——译者注]

[25] 有关建阳的出版产业，见贾晋珠，《逐利的印刷业：11 至 17 世纪福建建阳的出版商》。

[26] 英文原著将“蛎房”误作“酒”（liquor），应为牡蛎。见李日华，《味水轩日记》，第 82 页。——译者注

[27] 托马斯·柯立瑞（Thomas Cleary）的英译本，名为 *The Flower Ornament Scripture*。

[28] 见李日华，《味水轩日记》，第 286 页。（英文原书误作“16 日”。——译者注）

[29] 据王世襄《明式家具珍赏》[三联书店（香港）有限公司，1985 年，第 278 页]，带门围子的架子床，一般有六根立柱，故又名“六柱床”。[英文原书作“四柱床”（four-poster beds）。——译者注]

[30] 柯律格，《中国家具》（*Chinese Furniture*），第 19 页。

[31] 范濂，《云间据目抄》，卷二，英译文来自鲁克思，《中华帝国晚期的木工与建筑：关于 15 世纪〈鲁班经〉的研究》，第 15 页，转引时文字略有修改。[中译本据《云间据目抄》卷二，第 3 页下（《笔记小说大观》第 22 编，第 2630 页）。——译者注]

[32] 转引自柯律格，《长物》，第 42 页，有关《长物志》的讨论见下一章。[中译文引自《长物志》卷六，第 1 页上（陈植校注本，江苏科学技术出版社，1984 年，第 225 页）。——译者注]

[33] 英文原著的“胡床”典故，应指汉灵帝刘宏（156—189）。《后汉书·五行志》载，“灵帝好胡服、胡床、胡坐、胡饭、胡箜篌、胡笛、胡舞，京都贵戚皆竟为之。”而赵翼《陔余丛考》卷三十一载，应劭《风俗通》，“赵武灵王好胡服，作胡床，此为后世高座之始。”则将“胡床”的传入时间推至公元前四世纪。“胡床”，又称交椅、马扎等，是一种矮小的折叠凳，与在战国时期发展为兼供踞坐与寝卧的床榻完全不同。相关研究可参见杨森的《敦煌壁画家具图像研究》（民族出版社，2010 年）和崔咏雪的《中国家具史·坐具篇（增订新版）》（文明书局，1994 年）。——译者注

[34] 张瀚，《百工纪》，转引自柯律格，《长物》，第 145 页。（中译本引自张瀚《松窗梦语》卷四，《百工纪》，盛冬铃点校，中华书局，1985 年，第 78 页。——译者注）

[35] 希拉尔德，《1625 年亚德里安诺·德·拉斯·科特斯中国游记》，第 250 页。

[36] 柯律格，《中国家具》，第 55 页。

[37] 巫仁恕，《品味奢华》，第 228—229 页。[英文原著标注的页码和释文都有问题，经核查，应为巫书第 219—220 页。巫书所引《孙时立阄书》中并未提到英文原著中所谓的“折叠式圆桌和方桌”（collapsible round/square tables），物件数量也有出入，中译本据巫书引文改正。——译者注]

[38] 柯律格，《中国家具》，第 63 页。

[39] 李日华关于家具的论述，见氏著《味水轩日记》，第 164、246、481 页。

[40] 瓦特（Watt）、莱迪（Leidy），《永乐气象：15 世纪初中国的宫廷艺术》（*Defining Yongle: Imperial Art in Early Fifteenth-Century China*），第 27—30 页。

[41] 卡斯韦尔（Carswell），《青花：中国瓷器西传史》（*Blue and White: Chinese Porcelain around the World*），第 17 页。

[42] 李日华，《味水轩日记》，第 92 页。（“沈别驾”，英文原著误作“Shen Biehe”，“别驾”为官职名，即“别驾从事史”，汉制为州刺史佐吏，宋以后，诸州通判亦称“别驾”。李日记原文作“沈，杭人，以狼藉转王官，又营税监保留”，英文原著解读为“沈是一个来自杭州的臭名昭著的骗子，是某个藩王府邸的税收记录官”，中译本此处据译者的理解迳改。——译者注）

[43] 关于李日华和商贾间的一次有趣的争论，见卜正民，《维梅尔的帽子》，第 80—81 页。

[44] 魏文妮,《周密〈云烟过眼录〉译注》,第 238—239 页。

[45] 李日华,《味水轩日记》,第 170 页。——译者注

[46] 李日华提及书画的日记条目,见《味水轩日记》,第 58、62、93、124、170、187、283、298、417 页。(此处引文出自第 58、62 页。英文原著误作“1609 年 12 月 26 日”,中文译本迳改。——译者注)

[47] 有关文徵明的“粗笔”,见柯律格,《雅债》,第 178 页。[引文出自《味水轩日记》,万历三十七年四月二十三日(1609 年 5 月 26 日),第 20 页。“粗笔”是与“细笔”相对的一种绘画形式,笔法疏简,重在写意。事实上,明代谢肇淛《五杂俎》中认为文徵明的“得意之笔,往往以工致胜”,也就是说,他的绘画总体上以“细笔”见长。——译者注]

[48] 高居翰,《江岸送别:明代初期与中期绘画,1368—1580》,第 9—14 页。(明代画史上的二分说法以董其昌的“南北二宗”论为顶点,大体是将师法宋代院画的浙派职业画家与继承元画风韵的吴派文人业余画家相对立。相关论述可参见是书中译本高居翰著,夏春梅等译,《江岸送别:明代初期与中期绘画,1368—1580》,生活 · 读书 · 新知三联书店,2009 年,第 2—4 页。——译者注)

[49] 这个词借自柯律格,《雅债》,第 8 页。

[50] 李日华,《味水轩日记》,第 283 页。惩羹吹齑,比喻受过教训后,遇事分外小心。——译者注

[51] 同上书,第 298 页。“臂阁”,又作臂搁、手枕,用以在写毛笔字时搁置腕臂。此处英文原著的解读有误,日记原文中提到,“贾曰:是三代物,侯伯所执圭也。”事情的经过是,夏贾称带来的是圭,被李日华一眼识破,并猜测这是时人将掘出的碎玉雕琢后作臂阁用。——译者注

[52] 同上书,第 417 页。英文原著误作“1614 年 11 月 19 日”。——译者注

[53] 同上书,第 406 页。(日记原文作“夏老”,应不是指“夏贾”。——译者注)

[54] 徐澄琪(Hsü),《一斛珠:18 世纪扬州的书画市场》(*A Bushel of Pearls: Painting for Sale in Eighteenth-Century Yangchow*),第 16 页。

第 9 章　南 海

[1] 江永林,英译本《大明律》,第 157—158、244 页。 绞刑和斩首的区别,见卜正民,《杀千刀》,第 50—51 页。明代律法遵循死留全尸的理念,只有在惩处罪大恶极者时才破例。(英文原著“冒破物料”条误作“第 487 条”,径改。——译者注)

[2] 沈德符,《万历野获编》,第 481 页。

[3] 博德利(Bodley),《博德利爵士传》(*The Life of Sir Thomas Bodley*),第 38、58 页。

[4] 16 世纪中期,包括现在荷兰在内的低地(时称北方省)隶属西班牙王国。1568 年,爆发了北方省反抗西班牙的 80 年战争。1581 年,北方七省组成的乌得勒支同盟正式独立,被视作现代荷兰的开始。——译者注

[5] 特雷弗 - 罗珀(Trevor-Roper),《劳德大主教传》(*Archbishop Laud, 1573—1645*),第 276 页。

[6] 1961 年,向达将劳德航海通书誊抄并出版,见《两种海道针经》。有关它与郑和史事文献之间的关系,见田汝康,《〈渡海方程〉:中国第一本刻印的水路簿》。

[7] 罗森布拉特(Rosenblatt),《文艺复兴时期英国的大拉比:约翰 · 塞尔登传》(*Renaissance*

England's Chief Rabbi)。1617年出版的《论叙利亚人的神祇们》(*De diis Syriis*)奠定了他在东方研究中的地位，而他在17世纪30年代发表的一系列关于希伯来律法的研究则进一步巩固了他的学术声誉。

[8] 关于塞尔登与劳德的关系，见特雷弗－罗珀，《劳德大主教传》，第336—337页。

[9] 马夏尔西监狱坐落于伦敦泰晤士河南岸的萨瑟克区，于14世纪投入使用，至1842年关闭，是用来拘禁军事法庭审判的海事罪、"违背自然"罪和政治罪的犯人，后主要用来关禁无法清偿债务者。——译者注

[10] 这幅地图之所以长期无人知晓，是因为数十年来无人前来借阅。即便是像李孝聪这样研究海外收藏中国地图的权威，在1992年访问牛津并编纂《欧洲收藏部分中文古地图叙录》(*Descriptive Catalogue of Pre-1900 Chinese Maps Seen in Europe*)一书时也漏收了这幅地图。我要由衷地感谢戴维(David Helliwell)告知我这幅地图的存在，并为我复印该图。

[11] 英文原著误作"Djofar"。——译者注

[12] 苏基朗(So),《中国沿海的经济繁荣、宗教和政治制度：福建南部的模式(946—1368)》(*Property, Regions, and Institutions in Maritime China: The South Fukien Pattern, 946—1368*)，第117—125页。

[13] 叶盛,《水东日记》，卷十七，第2页上。

[14] 英文原著误作"Guanglun jiangyu tu"。——译者注

[15] 雷德雅(Ledyard),《韩国的制图学》("Cartography in Korea")，第244—246页。

[16] 张廷玉,《明史》，第23—28、34—35页;《明太祖实录》，卷二五四，第6页上，"洪武三十年八月丙午"条(即1397年9月26日，英文原著误作9月18日——译者注)，英译文见韦杰夫(Geoff Wade),《〈明实录〉中的东南亚：公共数据库》(*Southeast Asia in the Ming Shi-lu: An Open Access Resource*)。

[17] 张廷玉,《明史》，第717—776、780页。

[18] 明代出版家茅元仪(1594—约1641)在天启元年(1621)刊印的《武备志》(*Records of Military Preparedness*)中收入了郑和航海图。

[19] 谢肇淛,《五杂俎》，卷四"地部二"，第272、360—361页；后一条引文的英译见伊懋可，《大象的退却》，第378—379页，英文原著略有修改。谈迁在《枣林杂俎》中也记录了这一事件，很可能是根据谢肇淛所述，见该书第483页。

[20] 该命令发布于建文三年(1401)，限留存贩卖番货者，三月内销尽。见《同治广东通志》(1822)，卷一八七，第6页。

[21] 《明孝宗实录》，卷七十三，第3页上、下；张廷玉,《明史》，第4867—4868页。

[22] 张廷玉,《明史》，第212页。

[23] 有关事态发展，见卜正民,《纵乐的困惑》，第119—124页。

[24] 《崇祯泉州府志》(1829)，卷七十三，第20页上—32页上。

[25] 谈迁,《枣林杂俎》，第571、580页。

[26] 英文原著误作"兵部左侍郎"(Vice-Minister of War)，径改。——译者注

[27] 卜正民,《维梅尔的帽子》，第100—107页。

[28] 英文原著未出注，原话不详。——译者注

[29] 傅元初,《请开洋禁疏》，抄录于顾炎武,《天下郡国利病书》，第26册，第33页上。

[30] 阿尔维斯(Alves),《预言之声：16世纪前半期葡萄牙史料中有关郑和航海的记述》("La voix de la prophétie: Informations portuguaises de la ie moiti é du XVIe si è cle sur les voyages de Zheng He")，第41—44页。

[31] 布罗代尔（Braudel），《世界的透视》（*The Perspective of the World*），第 21—22 页。

[32] 欧阳泰，《福尔摩沙如何变成台湾府？》，第 20 页。

[33] 包乐史（Blussé），《看得见的城市：广东、长崎、巴达维亚和美国人的到来》（*Visible Cities: Canton, Nagasaki, and Batavia and the Coming of the Americans*），第 58—60、64—65 页。

[34] 顾炎武，《天下郡国利病书》，卷二十六，第 33 页下。

[35] 有关 1639—1640 年的屠杀，见卜正民，《维梅尔的帽子》，第 6 章。

[36] 有关明代园林的文化消费，见柯律格，《满庭芳：明代中国园林文化》（*Fruitful Sites: Garden Culture in Ming Dynasty China*）；柯律格用一整章的篇幅讲述了文氏家族的园林，见是书第 104—136 页。

[37] 柯律格，《长物》，第 41（略有更动）、43 页。

[38] 张燮，《东西洋考》，"周起元序"，第 17 页。

[39] 此处英文原著引文为"在所有的武装航海者中，一般说来，他们是最擅于智取财富的，而且并不完全用掠夺的方式"。译者找不到完全对应的原文，只有"不甚为寇掠"一语最近其意。——译者注

[40] 沈德符，《万历野获编》，第 783 页。

[41] 同上书，第 783 页。

[42] 布罗奇（Brockey），《东游记：1579 到 1724 年间的来华耶稣会士》（*Journal to the East*），第 29—30 页。

[43] 沈㴶语，转引自卜正民，《维梅尔的帽子》，第 108 页。[引语应指 1616 年南京教案期间，礼部侍郎沈㴶的《参远夷疏》《再参远夷疏》和《参远夷三疏》（见徐昌治编，夏瑰奇校注，《圣朝破邪集》，香港，建道神学院，1996 年，第 58—67 页）。译者未查到对应引文。较接近的表述见《参远夷三疏》论及传教士王丰肃及葡萄牙情况时语，"臣近又细询闽海士民，识彼原籍者云，的係佛狼机人。其王丰肃原名巴里狼当，先年同其党类，诈称行天主教，欺吕宋国王，而夺其地，改号大西洋。然则闽粤相近一狡夷尔，有何八万里之遥？臣虽未敢即以此说为据，然而伏戎于莽，为患叵测。"而有关耶稣会士以澳门为据点的说法，应来自礼部主客清吏司奉旨会审王丰肃等犯一案的记录，"会审得王丰肃……供称，……于万历二十七年七月内前到广东广州府香山县香山澳中，约有五月。"——译者注]

[44] 彼得森（Peterson），《为什么杨廷筠、李之藻和徐光启会成为天主教徒？》（"Why Did They Become Christians? Yang Tingyun, Li Zhizao, and Xu Guangqi"）

[45] 以利玛窦为主题的传记不乏佳作，其中较著名的有史景迁，《利玛窦的记忆之宫》（*The Memory Palace of Matteo Ricci*）和夏伯嘉，《紫禁城里的耶稣会士：利玛窦传》。

[46] 沈德符，《万历野获编》，第 783 页。

[47] 梅欧金（Menegon），《祖先、处女和天主教修士：明清时期的地方天主教》（*Ancestors, Virgins, and Friars*）。

[48] 此处说法未见于《万历野获编》。——译者注

第 10 章　崩 溃

[1] 黄宗羲，《弘光实录抄》，收录于《黄宗羲全集》第 2 册，第 1 页。黄宗羲并未署名，但这部作品一般被归入他的名下，并被认为代表了他及其学友、弟子的观点。参见司徒琳，《明清冲突》（*The Ming-Qing Conflict*），第 226 页。

[2] 黄宗羲,《黄宗羲全集》第 2 册，第 3 页。

[3] 李清,《三垣笔记》，第 90 页。

[4] 原书引文未出注，只能直译。——译者注

[5] 叶梦珠,《阅世编》，第 183 页。

[6] 王微,《秋夜舟中留别》，孙康宜英译，见孙康宜、苏源熙编,《传统中国女性诗歌诗论选》，第 322 页。

[7] 王朝衰落的叙事影响了 20 世纪 80 年代中国历史学家用英文撰写的两部重要明史著作，黄仁宇的《万历十五年》和陈纶绪（Albert Chan）的《明代兴亡史》（*The Glory and Fall of the Ming Dynasty*）。

[8] 黄仁宇,《隆庆与万历朝》，第 517 页；黄仁宇,《明代财政制度》，第 162—164 页。

[9] 杨东明,《饥民图说》。

[10] 《明神宗实录》，卷五三八，第 2 页下；卷五三九，第 9 页下；卷五百四十，第 7 页下；卷 542，第 2 页下。

[11] 张廷玉,《明史》，第 512 页。

[12] 黄仁宇,《隆庆与万历朝》，第 583 页。

[13] 较早对税赋高涨与税款拖欠进行研究的有王玉川（Wang Y ü -ch' ü an),《中国历史上土地税的增减与朝代兴亡》（"The Rise of Land Tax and the Fall of Dynasties in Chinese History"）。

[14] 黄一农（Huang Yi-Long),《孙元化：推行徐光启军事改革的明代基督徒》（"Sun Yuanhua"）。

[15] 卜正民,《维梅尔的帽子》，第 103—104 页。

[16] 黄一农,《孙元化：推行徐光启军事改革的明代基督徒》，第 250—255 页。

[17] 《明熹宗实录》，卷三十六，第 2 页下。

[18] 李清,《三垣笔记》，第 8 页。

[19] 谈迁,《枣林杂俎》，第 597—598 页。

[20] 魏斐德（Wakeman),《洪业：清朝开国史》（*The Great Enterprise: The Manchu Reconstruction of Imperial Order in Seventeenth-Century China*），第 130 页。

[21] 李清,《三垣笔记》，第 17 页。

[22] 俄罗斯的寒期记录大致与中国的粮食价格变动记录吻合。同样，俄罗斯的干湿度记录也基本能够印证中央气象局（Central Meteorological Bureau）示意图上的年度调查结果；见兰姆（Lamb),《气候：现在，过去与未来》（*Climate: Present, Past and Future*），卷二，第 362、364 页。

[23] 《明崇祯长编》，卷五十七，第 6 页上；卷六十三，第 10 页上；卷六十四，第 20 页下。

[24] 《济南府志》（1840），卷三十，第 9 页下;《德平县志》（1673），卷三，第 40 页上。

[25] 《临清州志》（1674），卷三，第 40 页上。

[26] 《上海县志》（1882），卷三十，第 9 页下。正常价格是斗米银一钱。

[27] 张廷玉,《明史》，第 486 页。

[28] 库珀（Cooper),《早期耶稣会士陆若汉研究》（*Rodrigues the Interpreter*），第 342、346 页。

[29] 《甘肃新通志》（1909），卷二，第 36 页上。

[30] 张廷玉,《明史》，第 477 页。

[31] 《沂州志》（1674），卷一，第 8 页下。（未查到原引文，故直译。——译者注）

[32] 《曹州志》（1674），卷十九，第 21 页上;《新郑县志》（1693），卷四，第 96 页上。

[33] 邓海伦,《晚明疫疠初探》；韩嵩,《发明中国医药传统》，第 103—107 页。

[34] 《云中志》（1652），卷十二，第 20 页上。疫情在当年晚些时候逐步退去。

[35] 《明熹宗实录》，卷三十三，第 15 页上。

[36] 李清，《三垣笔记》，第 3 页。有关金融危机对地方的冲击，见倪清茂《明代地方政府》。

[37] 帕森斯，《晚明农民起义》（*Peasant Rebellions of the Late Ming Dynasty*），第 4—6 页；李自成与张献忠的形象，见第 17—21 页。1628—1642 年间，每年叛乱发生地的地图，散见于第 3—84 页。

[38] 关于李自成起义到 17 世纪 40 年代初的情况，见戴福士，《中国历史上的文化中心和政治变迁》，第 204—311 页。

[39] 赵世瑜、杜正贞，《太阳生日：东南沿海地区对崇祯之死的历史记忆》。

[40] 《新郑县志》（1693），卷四，第 100 页上。

[41] 有关这段历史的重构，见司徒琳，《南明史》（*The Southern Ming 1644—1662*）。

[42] 黄宗羲，《黄宗羲全集》第 2 册，第 205—206 页。

[43] 这些故事的英文选译，见于司徒琳，《明清易代巨变中的声音：虎口下的中国》（*Voices from the Ming-Qing Cataclysm: China in Tigers' Jaws*）。

[44] 黄宗羲，《黄宗羲全集》第 2 册，第 240 页。

[45] 同上书，第 239 页。

[46] 高居翰，《气势撼人》，第 186—225 页。

[47] 黄媛介，《丙戌清明》，该诗由孙康宜译成英文，引用时略有修改，见孙康宜、苏源熙编，《传统中国女性诗歌诗论选》，第 359 页。

[48] 商景兰，《悼亡》，该诗由魏爱莲（Ellen Widmer）译成英文，见孙康宜、苏源熙编，《传统中国女性诗歌诗论选》，第 320 页。

结 语

[1] 阿布－卢格霍德（Abu-Lughod），《欧洲霸权兴起之前：公元 1250—1350 年的世界体系》（*Before European Hegemony: The World-System A.D. 1250—1350*），第 12 页。

[2] 白馥兰，《农业》（*Agriculture*），第 489—490 页；卜正民，《明代的社会与国家》，第 85—89 页。

[3] 王祯，《王祯农书》，第 6—9 页。有关其他农书，见周致元，《明代荒政文献研究》，第 33—59 页。第一本有关饥荒的药典是《救荒本草》，由朱元璋的第五个儿子在明永乐四年（1406）刊印；文树德，《中国药学史》，第 221 页。

[4] 我要感谢魏捷兹（James Wilkerson）帮助我澄清这一论断的逻辑。

[5] 南方涛动指发生在东南太平洋与印度洋及印尼地区之间的反相气压振动，是热带环流年际变化中的一个重要现象。——译者注

[6] 卜正民，《维梅尔的帽子》，第 222—223 页。

[7] 张燮，《东西洋考》，第 170 页。

[8] 语出明高克正“折吕宋采金议”，见张燮，《东西洋考》，第 222 页。——译者注

[9] 王之涣，《登鹳雀楼》。该诗英译版见转引自罗恩·布洛林（Ron Butlin），《珍贵的乐器》（*The Exquisite Instrument*），第 29 页，承蒙原译者授权征引。

[10] 高居翰，《气势撼人》，第 83 页。

[11] 《山西通志》（1682），卷三十，第 41 页下。

参考文献

为便于读者检阅，参考文献分为中文一手资料和以英文为主的各种文字的二手资料。注释中出现的地方志，在此恕不予以收录。

一手文献

[1] 蔡汝贤：《东夷图像》，1586 年。

[2] 陈建著、沈国元补定：《皇明从信录》，1620 年。

[3] 陈全之：《蓬窗日录》，1565 年，上海：上海书店，1979 年。

[4] 陈耀文：《天中记》，1569 年，1589 年再刻本。

[5] 陈子龙编：《明经世文编》，华亭：1638 年，北京：中华书局，1982 年。

[6] 《崇祯长编》，见《明实录》。

[7] 《大元圣政国朝典章》，1303 年，影印本，台北：故宫博物院，1972 年。

[8] 郑振满、丁荷生编纂：《福建宗教碑铭汇编・泉州府分册》，三卷，福州：福建人民出版社，2003 年。

[9] 董其昌：《筠轩清閟录》，与陈继儒《妮古录》合印本，1937 年。

[10] 福善记录、福徵述疏：《憨山大师年谱疏注》，重印本，台北：真善美出版社，1967 年。

[11] 葛寅亮：《金陵梵刹志》，南京：僧录司，1607 年。重印本，1627 年。

[12] 耿定向：《耿天台文集》。

[13] 顾起元：《客座赘语》，南京：1617 年。

[14] 顾炎武：《天下郡国利病书》，1662 年。重印本，上海：上海古籍出版社，1984 年。

[15] 归有光：《震川先生集》，重印本，上海：上海古籍出版社，1981 年。

[16] 海瑞：《海瑞集》，重印本，北京：中华书局，1981 年。

[17] 怀效锋点校：《大明律》，北京：法律出版社，1999 年。

[18] 黄瑜：《双槐岁钞》，1456—1497 年编，1549 年出版。重印本，北京：中华书局，1999 年。

[19] 黄宗羲：《黄宗羲全集》，杭州：浙江古籍出版社，1985 年。

[20] 《寰宇通衢》，南京：兵部，1394 年。四库全书存目丛书影印本，卷 166，1977 年。

[21] 江苏省博物馆编：《江苏省明清以来碑刻史料选集》，北京：三联出版社，1959 年。

[22] 焦竑：《国朝献徵录》，1616 年。

[23] 焦竑：《玉堂丛语》，1618 年。重印本，北京：中华书局，1981 年。

[24] 郎瑛：《七修类稿》，重印本，台北：世界书局，1963 年。

[25] 雷梦麟：《读律琐言》，1557 年。重印本，北京：法律出版社，2000 年。

[26] 李乐：《见闻杂记》，1610 年。重印本，上海：上海古籍出版社，1986 年。

[27] 李清：《三垣笔记》，17 世纪 40 年代编。北京：中华书局，1982 年。

[28] 李天纲笺注：《明末天主教三柱石文笺注：徐光启、李之藻、杨廷筠论教文集》，香港：道风书社，2007 年。

[29] 李贽：《焚书・续焚书》，重印本，北京：中华书局，1975 年。

[30] 林兆珂：《考工记述注》，建阳：1603 年。

[31] 刘基编：《大明清类天文分野之书》，1384 年。

[32] 陆粲：《庚巳编》，1510—1519 年编，1590 年初刻。重印本，北京：中华书局，1987 年。

[33] 陆容：《菽园杂记》，1494 年以前编。重印本，北京：中华书局，1987 年。

[34] 陆曾禹：《康济录》。

[35] 《大明会典》，申时行编，1588 年。

[36] 《明实录》：《明太祖实录》《明孝宗实录》《明武宗实录》《明世宗实录》《明神宗实录》《明熹宗实录》《崇祯长编》，台北：中央研究院历史语言研究所，1962 年。

[37] 桑乔：《庐山纪事》，1561 年。

[38] 沈榜：《宛署杂记》，1593 年。重印本，北京：北京古籍出版社，1980 年。

[39] 沈德符：《万历野获编》，1619 年。重印本，北京：中华书局，1997 年。

[40] 沈家本：《沈寄簃先生遗书》（乙编），重印本，台北：文海出版社，1967 年。

[41] 宋濂编：《元史》，1371 年。重印本，北京：中华书局，1976 年。

[42] 宋应星：《天工开物》。

[43] 谈迁：《枣林杂俎》，1644 年，1911 年初印。重印本，北京：中华书局，2006 年。

[44] 唐顺之：《荆川先生右编》，南京：国子监，1595 年。四库全书存目丛书重印本，第二集，卷 70—71，济南：齐鲁书社，1997 年。

[45] 陶承庆校正，叶时用增补：《大明一统文武诸司衙门官制》，江西，1586 年。

[46] 陶宗仪：《南村辍耕录》，1366 年初刻。重印本，北京：中华书局，2004 年。

[47] 汪道昆：《太函集》，四卷。重印本：合肥：黄山书社，2004 年。

[48] 王凌亨：《粤剑编》，与叶权《贤博编》、李中馥《原李耳载》合印，北京：中华书局，1987 年。

[49] 王圻：《三才图会》，1607 年。

[50] 王士性：《广志绎》，1597 年编，1644 年初刻。重印本，北京：中华书局，1981 年。

[51] 王阳明（守仁）：《王阳明全集》，重印本，上海：上海古籍出版社，1992 年。

[52] 王祯：《王祯农书》，1313 年初刻。北京：农业出版社，1981 年。

[53] 王之春：《船山公年谱》，1893 年。重印本，衡阳：衡阳市博物馆，1975 年。

[54] 向达编：《两种海道针经》，北京：中华书局，1961 年。

[55] 萧洵：《故宫遗录》，1368 年成书，1398 年序。重印本，北京：1616 年。

[56] 谢肇淛：《五杂俎》，万历末（17 世纪 10 年代）。重印本，上海：上海书店，2001 年。

[57] 徐光启：《农政全书》，重印本，上海：上海古籍出版社，1979 年。

[58] 徐光启：《徐光启集》，2 卷。上海：上海古籍出版社，1984 年。

[59] 徐弘祖：《徐霞客游记》，丁文江编，1928 年。重印本，北京：商务印书馆，1996 年。

[60] 杨东明：《饥民图说》，1658 年，重印，1748 年。

[61] 黄汴著，杨正泰校注：《天下水陆路程》。太原：山西人民出版社，1992 年。

[62] 姚虞：《岭海舆图》，1542 年。影印四库全书本，台北：广文书局，1969 年。

[63] 叶春及：《惠安政书》，1573 年。

[64] 叶梦珠：《阅世编》，康熙年间。上海：上海古籍出版社，1981 年。

[65] 叶盛：《水东日记》，四库全书本，1778 年。

[66] 叶子奇：《草木子》，1378 年著，1516 年遗刊本。重印本，北京：中华书局，1959 年。

[67] 余继登：《典故纪闻》，万历初刻本。重印本，北京：中华书局，2006 年。

[68] 余文龙：《史脔》，1618 年。

[69] 余象斗：《万用正宗》，建阳：1599 年。

[70] 《元典章》，见《大元圣政国朝典章》。

[71] 章潢编：《图书编》，1613 年。

[72] 张廷玉编：《明史》，重印本，北京：中华书局，1974 年。

[73] 张燮：《东西洋考》，重印本，北京：中华书局，1981 年。

[74] 张怡：《玉光剑气集》，2 卷。重印本，北京：中华书局，2006 年。

[75] 赵秉忠：《江西舆地图说》，万历年间。

[76] 赵尔巽编：《清史稿》，重印本，北京：中华书局，1976 年。

[77] 赵吉士：《寄园寄所寄》，1695 年。

[78] 周密：《云烟过眼录》，1296 年。

[79] 朱元璋：《明太祖集》，1374 年初刻。重印本，合肥：黄山书社，1991 年。

[80] 《御制大诰》《御制续诰》《御制三诰》，转引自杨一凡：《明大诰研究》，南京：江苏人民出版社，1988 年。

二手文献

Abu-Lughod, Janet. *Before European Hegemony: The World-System A.D. 1250–1350*. New York: Oxford University Press, 1989.

Allsen, Thomas. "The Rise of the Mongolian Empire and Mongolian Rule in North China." In *The Cambridge History of China*, vol. 6: *Alien Regimes and Border States 907–1368*, ed. Herbert Franke and Denis Twitchett, 321–413. Cambridge: Cambridge University Press, 1994.

Alves, Jorge M. dos Santos. "La voix de la prophétie: Informations portuguaises de la 1e moitié du XVIe siècle sur les voyages de Zheng He." In *Zheng He:*

Images and Perceptions/Bilder und Wahrnehmingen, ed. Claudine Salmon and Roderich Ptak, 39–55. Wiesbaden: Harrassowitz, 2005.

Andersson, Gunnar. *Children of the Yellow Earth: Studies in Prehistoric China.* London: Kegan Paul, Trench, Trübner, 1973.

Andrade, Tonio. *How Taiwan Became Chinese: Dutch, Spanish, and Han Colonization in the Seventeenth Century.* New York: Columbia University Press, 2008.

Barnhart, Richard. *Painters of the Great Ming: The Imperial Court and the Zhe School.* Dallas: Dallas Museum of Art, 1993.

——— et al. *The Jade Studio: Masterpieces of Ming and Qing Painting and Calligraphy from the Wong Nan-p'ing Collection.* New Haven: Yale University Art Gallery, 1994.

Benedictow, Ole. *The Black Death, 1346–1353: The Complete History.* Woodbridge: Boydell Press, 2004.

Berger, Patricia. "Miracles in Nanjing: An Imperial Record of the Fifth Karmapa's Visit to the Chinese Capital." In *Cultural Intersections in Later Chinese Buddhism,* 145–169. Honolulu: University of Hawaii Press, 2001.

Birge, Bettine. "Women and Confucianism from Song to Ming: The Institutionalization of Patrilineality." In *The Song-Yuan-Ming Transition in Chinese History,* ed. Paul Jakov Smith and Richard von Glahn, 212–240. Cambridge, Mass.: Harvard University Press, 2003.

Blue, Gregory. "China and Western Social Thought in the Modern Period." In *China and Historical Capitalism: Genealogies of Sinological Knowledge,* ed. Timothy Brook and Gregory Blue, 57–109. Cambridge: Cambridge University Press, 1999.

Blussé, Leonard. *Visible Cities: Canton, Nagasaki, and Batavia and the Coming of the Americans.* Cambridge, Mass.: Harvard University Press, 2009.

Bodley, Thomas. *The Life of Sir Thomas Bodley.* Chicago: A. C. McClurg, 1906.

Bol, Peter. "Geography and Culture: Middle-Period Discourse on the *Zhong guo*—the Central Country." *Hanxue yanjiu,* 2009.

———. *Neo-Confucianism in History.* Cambridge, Mass.: Harvard University Asia Center, 2008.

Braudel, Fernand. *The Perspective of the World.* Vol. 3 of *Civilization and Capitalism, 15th–18th Century.* London: Collins, 1984.

Bray, Francesca. *Agriculture. Science and Civilisation in China,* VI:2, ed. Joseph Needham. Cambridge: Cambridge University Press, 1984.

———. *Technology and Gender: Fabrics of Power in Late Imperial China.* Berkeley: University of California Press, 1997.

———. *Technology and Society in Ming China (1368–1644).* Washington, DC: American Historical Association, 2000.

Brockey, Liam. *Journey to the East: The Jesuit Mission to China, 1579-1724.* Cambridge, Mass.: Harvard University Press, 2007.

Brokaw, Cynthia, and Kai-wing Chow, eds. *Printing and Book Culture in Late Imperial China*. Berkeley: University of California Press, 2005.

Brook, Timothy. *The Chinese State in Ming Society*. London: RoutledgeCurzon, 2005.

———. "Communications and Commerce." In *The Cambridge History of China*, vol. 8: *The Ming Dynasty*, pt. 2, ed. Denis Twitchett and Frederick Mote, 579–707. Cambridge: Cambridge University Press, 1998.

———. *The Confusions of Pleasure: Commerce and Culture in Ming China*. Berkeley: University of California Press, 1998.

———. "The Early Jesuits and the Late Ming Border: The Chinese Search for Accommodation." In *Encounters and Dialogues: Changing Perspectives on Chinese-Western Exchanges from the Sixteenth to Eighteenth Centuries*, ed. Xiaoxin Wu, 19–38. Sankt Augustin: Monumenta Serica, 2005.

———. "Europaeology? On the Difficulty of Assembling a Knowledge of Europe in China." In *Christianity and Cultures: Japan and China in Comparison (1543–1644)*, ed. Antoni Ucerler, 261–285. Rome: Institutum Historicum Societatis Iesu, 2010.

———. "Funerary Ritual and the Building of Lineages in Late Imperial China." *Harvard Journal of Asiatic Studies* 49, 2 (December 1989): 465–499.

———. *Geographical Sources of Ming-Qing History*, 2nd enlarged ed. Ann Arbor: Center for Chinese Studies, University of Michigan, 2002.

———. *Praying for Power: Buddhism and the Formation of Gentry Society in Late-Ming China*. Cambridge, Mass.: Council on East Asian Studies, Harvard University, 1993.

———. "Rethinking Syncretism: The Unity of the Three Teachings and their Joint Worship in Late-Imperial China." *Journal of Chinese Religions* 21 (Fall 1993): 13–44.

———. *Vermeer's Hat: The Seventeenth Century and the Dawn of the Global World*. New York: Bloomsbury; Toronto: Viking; London: Profile, 2008.

———. "What Happens When Wang Yangming Crosses the Border?" In *The Chinese State at the Borders*, ed. Diana Lary, 74–90. Vancouver: University of British Columbia Press, 2007.

———. "Xu Guangqi in His Context: The World of the Shanghai Gentry." In *Statecraft and Intellectual Renewal in Late Ming China: The Cross-Cultural Synthesis of Xu Guangqi (1562–1633)*, ed. Catherine Jami, Peter Engelfriet, and Gregory Blue, 72–98. Leiden: Brill, 2001.

Brook, Timothy, and Gregory Blue, eds. *China and Historical Capitalism: Genealogies of Sinological Knowledge*. Cambridge: Cambridge University Press, 1999.

Brook, Timothy, Jérôme Bourgon, and Gregory Blue. *Death by a Thousand Cuts*. Cambridge, Mass.: Harvard University Press, 2008.

Buck, Pearl, trans. *All Men Are Brothers*. New York: J. Day, 1933.

Butlin, Ron. *The Exquisite Instrument*. Edinburgh: Salamander, 1982.

Cahill, James. *The Compelling Image: Nature and Style in Seventeenth-Century Chinese Painting*. Cambridge, Mass.: Harvard University Press, 1982.

———. *The Distant Mountains: Chinese Painting of the Late Ming Dynasty, 1570–1644*. Tokyo: Weatherhill, 1982.

———. *Parting at the Shore: Chinese Painting of the Early and Middle Ming Dynasty, 1368–1580*. Tokyo: Weatherhill, 1978.

Cao Shuji. *Zhongguo renkou shi* (Demographic history of China), vol. 4: *Ming shiqi* (The Ming period). Shanghai: Fudan daxue chubanshe, 2000.

Carswell, John. *Blue and White: Chinese Porcelain around the World*. Chicago: Art Media Resources, 2000.

Caviedes, César. *El Niño in History: Storming through the Ages*. Gainesville: University Press of Florida, 2001.

Chan, Albert. *The Glory and Fall of the Ming Dynasty.*

Chan, Hok-lam. "Liu Ping-chung." In *In the Service of the Khan: Eminent Personalities of the Early Mongol-Yüan Period (1200–1300)*, ed. Igor de Rachewiltz, Hok-lan Chan, Hsiao Ch'i-ch'ing, and Peter Geier, 245–269. Wiesbaden: Harrassowitz Verlag, 1993.

———, and Wm. Theodore de Bary, eds. *Yüan Thought: Chinese Thought and Religion under the Mongols*. New York: Columbia University Press, 1982.

Chang, Kang-i Sun. *The Late Ming Poet Chen Tzu-lung: Crises of Love and Loyalism*. New Haven: Yale University Press, 1991.

Chang, Kang-i Sun, and Haun Saussy, eds. *Women Writers of Traditional China: An Anthology of Poetry and Criticism*. Stanford: Stanford University Press, 1999.

Chen Wenshi. "Mingdai weisuo de junhu" (Military households in the Ming guard system). Reprinted in *Mingshi yanjiu luncong*, ed. Wu Zhihe, vol. 2, 223–262. Taipei: Dali chubanshe, 1982.

Chia, Lucille. *Printing for Profit: The Commercial Publishers of Jianyang, Fujian (11th–17th Centuries)*. Cambridge, Mass.: Harvard University Asia Center, 2002.

Ching, Dora. "Visual Images of Zhu Yuanzhang." In *Long Live the Emperor!* ed. Sarah Schneewind, 171–209. Minneapolis: Society for Ming Studies, 2008.

Chow, Kai-wing. *Printing, Culture, and Power in Early Modern China*. Stanford: Stanford University Press, 2004.

Chu, Pingyi. "Trust, Instruments, and Cross-Cultural Scientific Exchanges: Chinese Debates over the Shape of the Earth, 1600–1800." *Science in Context* 12, 3 (1999): 385–411.

Church, Sally. "The Colossal Ships of Zheng He: Image or Reality?" In *Zheng He: Images and Perceptions*, ed. Roderich Ptak and Claudine Salmon, 156–176. Wiesbaden: Harrassowitz, 2005.

Clapp, Anne. *The Painting of T'ang Yin*. Chicago: University of Chicago Press, 1991.
Cleary, Thomas. *The Flower Ornament Scripture: A Translation of the Avatamsaka Sutra*. Boston: Shambhala, 1993.
Clunas, Craig. *Chinese Furniture*. London: Bamboo, 1988.
———. *Elegant Debts: The Social Art of Wen Zhengming*. London: Reaktion, 2004.
———. *Empire of Great Brightness: Visual and Material Cultures of Ming China 1368–1644*. London: Reaktion, 2007.
———. *Fruitful Sites: Garden Culture in Ming Dynasty China*. London: Reaktion, 1996.
———. *Superfluous Things: Material Culture and Social Status in Early Modern China*. Cambridge: Polity, 1991.
Coblin, W. South. "A Brief History of Mandarin." *Journal of the American Oriental Society* 120, 4 (Oct.–Dec. 2000): 537–552.
Cooper, Michael. *Rodrigues the Interpreter: An Early Jesuit in Japan and China*. Tokyo: Weatherhill, 1974.
Dai Mingshi. *Yulin chengshou jilüe* (Brief account of the defense of Yulin). Reprinted in *Dongnan jishi (wai shier zhong)* (Twelve records of the southeast), ed. Shao Tingcai. Beijing: Zhonghua shuju, 2002.
Dardess, John. *A Ming Society: T'ai-ho County, Kiangsi, in the Fourteenth to Seventeenth Centuries*. Berkeley: University of California Press, 1996.
———. *Blood and History in China: The Donglin Faction and Its Repression, 1620–1627*. Honolulu: University of Hawaii Press, 2002.
———. "Did the Mongols Matter? Territory, Power, and the Intelligentsia in China from the Northern Song to the Early Ming." In *The Song-Yuan-Ming Transition in Chinese History*, ed. Paul Jakov Smith and Richard von Glahn, 111–134. Cambridge, Mass.: Harvard University Asia Center, 2003.
David, Percival, trans. *Chinese Connoisseurship: The Ko Ku Yao Lun, the Essential Criteria of Antiquities*. New York: Praeger, 1971.
de Bary, Theodore, trans. *Waiting for the Dawn: A Plan for the Prince: Huang Tsung-hsi's Ming-i-tai-fang lu*. New York: Columbia University Press, 1993.
de Rachewiltz, Igor; Hok-lan Chan; Hsiao Ch'i-ch'ing; and Peter Geier, eds. *In the Service of the Khan: Eminent Personalities of the Early Mongol-Yüan Period (1200–1300)*. Wiesbaden: Harrassowitz Verlag, 1993.
Delgado, James. *Khubilai Khan's Lost Fleet: In Search of a Legendary Armada*. Vancouver: Douglas and McIntyre, 2008.
Deng, Kent. *The Premodern Chinese Economy: Structural Equilibrium and Capitalist Sterility*. London: Routledge, 1999.
Des Forges, Roger. *Cultural Centrality and Political Change in Chinese History:*

Northeast Henan in the Fall of the Ming. Stanford: Stanford University Press, 2003.
Di Cosmo, Nicola. "State Formation and Periodization in Inner Asian History." *Journal of World History* 10, 1 (1999): 1–40.
Dreyer, Edward. *Early Ming China: A Political History, 1355–1435*. Stanford: Stanford University Press, 1982.
Dudink, Ad. "Christianity in Late Ming China: Five Studies." Ph.D. diss., University of Leiden, 1995.
Dunstan, Helen. "The Late Ming Epidemics: A Preliminary Survey." *Ch'ing-shih wen-t'i* 23, 3 (November 1975): 1–59.
Ebrey, Patricia, trans. *Chu Hsi's Family Rituals: A Twelfth-Century Chinese Manual for the Performance of Cappings, Weddings, Funerals, and Ancestral Rites*. Princeton: Princeton University Press, 1991.
Elliott, Mark. "Hushuo: The Northern Other and *Han* Ethnogenesis." *China Heritage Quarterly* 19 (September 2009).
Elman, Benjamin. *A Cultural History of Civil Examinations in Late Imperial China*. Berkeley: University of California Press, 2000.
———. *On Their Own Terms: Science in China, 1550–1900*. Cambridge, Mass.: Harvard University Press, 2005.
Elvin, Mark. *The Retreat of the Elephants: An Environmental History of China*. New Haven: Yale University Press, 2004.
———. "Who Was Responsible for the Weather? Moral Meteorology in Late Imperial China." *Osiris*, 13 (1998): 213–237.
Farmer, Edward. *Early Ming Government: The Evolution of Dual Capitals*. Cambridge, Mass.: Harvard University Press, 1976.
———. *Zhu Yuanzhang and Early Ming Legislation: The Reordering of Chinese Society Following the Era of Mongol Rule*. Leiden: Brill, 1995.
Fei, Si-yen. *Negotiating Urban Space: Urbanization and Late Ming Nanjing*. Cambridge, Mass.: Harvard University Press, 2009.
Feng Yuejian. "Mingdai Jing-Hang yunhe de gongcheng guanli" (The management of the Grand Canal from the capital to Hangzhou in the Ming dynasty). *Zhongguo shi yanjiu*, 1993, 1: 50–60.
Fisher, Carney. *The Chosen One: Succession and Adoption in the Court of Ming Shizong*. Sydney: Allen and Unwin, 1990.
Fletcher, Joseph. "The Mongols: Ecological and Social Perspectives." *Harvard Journal of Asiatic Studies* 46 (1986): 11–50. Reprinted in his *Studies on Chinese and Islamic Inner Asia*, ed. Beatrice Forbes Manz. Farnham, Surrey: Ashgate, 1995.
Frank, Andre Gunder. *ReOrient: Global Economy in the Asian Age*. Berkeley: University of California Press, 1998.
Franke, Herbert. "Women under the Dynasties of Conquest." In *China under Mongol Rule*, ch. 6. London: Variorum, 1994.
———, and Denis Twitchett, eds. *The Cambridge History of China*, vol. 6: *Alien*

Regimes and Border States 907–1368. Cambridge: Cambridge University Press, 1994.
Furth, Charlotte. *A Flourishing Yin: Gender in China's Medical History, 960–1665*. Berkeley: University of California Press, 1998.
Gallagher, Louis, ed. *China in the Sixteenth Century: The Journals of Matthew Ricci, 1583–1610*. New York: Random House, 1953.
Gao Meiqing. *Paintings of the Ming Dynasty from the Palace Museum*. Hong Kong: The Chinese University of Hong Kong, 1988.
Geiss, James. "The Cheng-te Reign." In *The Cambridge History of China,* vol. 7: *The Ming Dynasty,* pt. 1, ed. Frederick Mote and Denis Twitchett, 403–439. Cambridge: Cambridge University Press, 1988.
———. "The Chia-ching Reign, 1522–1566." In *The Cambridge History of China,* vol. 7, ed. Frederick Mote and Denis Twitchett, 440–510. Cambridge: Cambridge University Press, 1988.
Girard, Pascale, ed. *Le Voyage en Chine d'Adriano de las Cortes S.J. (1625)*. Paris: Chandeigne, 2001.
Goodrich, L. Carrington, and Chaoying Fang, eds. *Dictionary of Ming Biography.* 2 vols. New York: Columbia University Press, 1976.
Gould, Stephen Jay. "Foreword" to Claudine Cohen, *The Fate of the Mammoth: Fossils, Myth, and History.* Chicago: University of Chicago Press, 1994.
Grove, Jean. "The Onset of the Little Ice Age." In *History and Climate: Memories of the Future?* ed. P. D. Jones, A. E. J. Ogilvie, T. D. Davies, and K. R. Briffa, 153–185. New York: Kluwer/Plenum, 2001.
Gu Gongxu, ed. *Catalogue of Chinese Earthquakes*.
Guo Hong and Jin Runcheng. *Zhongguo xingzheng quhua tongshi: Mingdai juan* (A history of administrative jurisdictions in China: Ming volume). Shanghai: Fudan daxue chubanshe, 2007.
Handlin, Joanna. *Action in Late Ming Thought: The Reorientation of Lü Kun and Other Scholar-Officials*. Berkeley: University of California Press, 1983.
Hanson, Marta. "Inventing a Tradition in Chinese Medicine: From Universal Canon to Local Medical Knowledge in South China, the Seventeenth to the Nineteenth Century." Ph.D. diss., University of Pennsylvania, 1997.
Hartley, J. B., and David Woodward, eds. *Cartography in the Traditional East and Southeast Asian Societies*. Vol. 2, bk. 2 of *The History of Cartography.* Chicago: University of Chicago Press, 1994.
Hashimoto, Keizo. *Hsü Kuang-ch'i and Astronomical Reform: The Process of the Chinese Acceptance of Western Astronomy, 1629–1635*. Osaka: Kansai University Press, 1988.
Hazelton, Keith. "Patrilines and the Development of Localized Lineages: The Wu of Hsiu-ning City, Huichou, to 1528." In *Kinship Organization in Late Imperial China, 1000 to 1940,* ed. Patricia Ebrey and James Watson, 137–169. Berkeley: University of California Press, 1986.
Heijdra, Martin. "The Socio-Economic Development of Rural China during the

Ming." In *The Cambridge History of China,* vol. 8: *The Ming Dynasty,* pt. 2, ed. Denis Twitchett and Frederick Mote, 417–578. Cambridge: Cambridge University Press, 1998.

Ho, Ping-ti. *Studies on the Population of China, 1368–1953.* Cambridge, Mass.: Harvard University Press, 1959.

Hoshi Ayao. *Chūgoku no shakai fukushi no rekishi* (The history of social welfare in China). Tokyo: Yamagawa shuppansha, 1988.

———. *Min-Shin jidai kōtsūshi no kenkyū* (Studies in the transportation history of the Ming-Qing period). Tokyo: Yamakawa, 1971.

Hsia, Ronnie. *A Jesuit in the Forbidden City: Matteo Ricci, 1552–1610.* Oxford: Oxford University Press, 2010.

Hsiao, Ch'i-ch'ing. "Mid-Yüan Politics." In *The Cambridge History of China,* vol. 6, ed. Herbert Franke and Denis Twitchett, 490–560. Cambridge: Cambridge University Press, 1994.

Hsü, Ginger. *A Bushel of Pearls: Paintings for Sale in Eighteenth-Century Yangzhou.* Stanford: Stanford University Press, 2001.

Huang Qinglian. *Yuandai huji zhidu yanjiu* (Studies in the household registration system of the Yuan dynasty). Taipei: Guoli Taiwan daxue wenxuebu, 1977.

Huang, Ray. *1587, a Year of No Significance.* New Haven: Yale University Press, 1981.

———. "The Lung-ch'ing and Wan-li Reigns, 1567–1620." In *The Cambridge History of China,* vol. 7: *The Ming Dynasty,* pt. 1, ed. Frederick Mote and Denis Twitchett, 511–584. Cambridge: Cambridge University Press, 1988.

———. "The Ming Fiscal Administration." In *The Cambridge History of China,* vol. 8: *The Ming Dynasty,* pt. 2, ed. Denis Twitchett and Frederick Mote, 106–171. Cambridge: Cambridge University Press, 1998.

———. *Taxation and Governmental Finance in Sixteenth-Century Ming China.* Cambridge: Cambridge University Press, 1974.

Huang Yi-Long. "Sun Yuanhua (1581–1632): A Christian Convert Who Put Xu Guangqi's Military Reform Policy into Practice." In *Statecraft and Intellectual Renewal in Late Ming China: The Cross-Cultural Synthesis of Xu Guangqi (1562–1633),* ed. Catherine Jami, Peter Engelfriet, and Gregory Blue, 225–259. Leiden: Brill, 2001.

Hucker, Charles. *A Dictionary of Official Titles in Imperial China.* Stanford: Stanford University Press, 1985.

———. *The Ming Dynasty: Its Origins and Evolving Institutions.* Ann Arbor: Center for Chinese Studies, University of Michigan, 1978.

———. "Ming Government." In *The Cambridge History of China,* vol. 8: *The Ming Dynasty,* pt. 2, ed. Denis Twitchett and Frederick Mote, 9–105. Cambridge: Cambridge University Press, 1998.

Hurn, Samantha. "Here Be Dragons? No, Big Cats." *Anthropology Today* 25, 1 (February 2009): 6–11.

Jami, Catherine, Peter Engelfriet, and Gregory Blue, eds. *Statecraft and Intellectual Renewal in Late Ming China: The Cross-Cultural Synthesis of Xu Guangqi (1562–1633)*. Leiden: Brill, 2001.

Jay, Jennifer. *A Change in Dynasties: Loyalism in Thirteenth-Century China*. Bellingham: Center for East Asian Studies, Western Washington University, 1991.

Jiang, Yonglin, trans. *The Great Ming Code*. Seattle: University of Washington Press, 2005.

Johnston, Iain. *Cultural Realism: Strategic Culture and Grand Strategy in Chinese History*. Princeton: Princeton University Press, 1995.

Kieschnick, John. *The Impact of Buddhism on Chinese Material Culture*. Princeton: Princeton University Press, 2003.

Knapp, Robert. *Chinese Landscapes: The Village as Place*. Honolulu: University of Hawaii Press, 1992.

Kuroda Akinobu. "Copper Coins Chosen and Silver Differentiated." *Acta Asiatica* 88 (2005), 65–86.

Kutcher, Norman. *Mourning in Late Imperial China: Filial Piety and the State*. Cambridge: Cambridge University Press, 1999.

Lau, D. C., trans. *Mencius*. London: Penguin, 1970.

Lamb, H. H. *Climate; Present, Past and Future,* vol. 2.

Ledyard, Gari. "Cartography in Korea." In *Cartography in the Traditional East and Southeast Asian Societies,* ed. J. B. Hartley and David Woodward, 235–345. Chicago: University of Chicago Press, 1994.

Legge, James, trans. *The Confucian Classics,* vol. 1.

Lentz, Harris. *The Volcano Registry: Names, Locations, Descriptions and History for over 1500 Sites*. Jefferson, NC: McFarland, 1999.

Lewis, Mark Edward. "The Mythology of Early China." In *Early Chinese Religion,* vol. 1, pt. 1, ed. John Lagerway and Marc Kalinowski, 543–594. Leiden: Brill, 2009.

Li Bozhong. "Was There a 'Fourteenth-Century Turning Point'? Population, Land, Technology, and Farm Management." In *The Song-Yuan-Ming Transition in Chinese History,* ed. Paul Jakov Smith and Richard von Glahn, 135–175. Cambridge, Mass.: Harvard University Asia Center, 2003.

Li Chu-tsing. "Li Rihua and His Literati Circle in the Late Ming Dynasty." *Orientations* 18, 8 (August 1987): 28–39.

——— et al. *The Chinese Scholar's Studio: Artistic Life in the Late Ming Period*. New York: Thames and Hudson, 1987.

Li Defu. *Mingdai renkou yu jingji fazhan* (Population and economic development in the Ming dynasty). Beijing: Zhongguo shehui kexue chubanshe, 2008.

Li, He, and Michael Knight. *Power and Glory: Court Arts of China's Ming Dynasty.* San Francisco: Asian Art Museum, 2008.

Li Xiaocong. *Ouzhou shoucang bufen Zhongwen gu ditu xulu* (A descriptive catalogue of pre-1900 Chinese maps as seen in Europe). Beijing: Guoji wenhua chuban gongsi, 1996.

Liang Fangzhong, ed. *Zhongguo lidai hukou, tiandi, tianfu tongji* (Chinese population, land, and taxation statistics for successive dynasties). Shanghai: Shanghai renmin chubanshe, 1980.

Lieberman, Victor. *Strange Parallels: Southeast Asia in Global Context, c. 800–1830.* New York: Cambridge University Press, 2002.

Littrup, Leif. *Subbureaucratic Government in China in Ming Times: A Study of Shandong Province in the Sixteenth Century.* Oslo: Universitetsforlaget, 1981.

Liu Cuirong. *Ming-Qing shiqi jiazu renkou yu shehui jingji bianqian* (Family demography and socioeconomic change in the Ming-Qing period). Taipei: Zhongyang yanjiuyuan jingji yanjiusuo, 1992.

Liu Ts'un-yan and Judith Berling. "The 'Three Teachings' in the Mongol-Yüan Period." In *Yüan Thought: Chinese Thought and Religion under the Mongols,* ed. Hok-lan Chan and Wm. Theodore de Bary, 479–512. New York: Columbia University Press, 1982.

Ma Zhibing. "Mingchao tudi fazhi" (Land law in the Ming dynasty). In *Zhonggou lidai tudi ziyuan fazhi yanjiu* (Studies in the law on land resources in China through the dynasties), ed. Pu Jian, 405–458. Beijing: Beijing daxue chubanshe, 2006.

Marks, Robert. "China's Population Size during the Ming and Qing: A Comment on the Mote Revision." Paper presented at the annual meeting of the Association for Asian Studies, 2002.

McDermott, Joseph. *A Social History of the Chinese Book: Books and Literati Culture in Late Imperial China.* Hong Kong: Hong Kong University Press, 2006.

McNeill, William. *Plagues and Peoples.* Harmondsworth: Penguin, 1979.

Menegon, Eugenio. *Ancestors, Virgins, and Friars: Christianity as a Local Religion in Late Imperial China.* Cambridge, Mass.: Harvard University Press, 2009.

Menzies, Nicholas. "Forestry." In *Science and Civilisation in China* VI:3, ed. Joseph Needham, 539–667. Cambridge: Cambridge University Press, 1996.

Meskill, John, trans. *Ch'oe Pu's Diary: A Record of Drifting across the Sea.* Tucson: University of Arizona Press, 1965.

Mote, Frederick. "Chinese Society under Mongol Rule, 1215–1368." In *The Cambridge History of China,* vol. 6, ed. Herbert Franke and Denis Twitchett, 616–664.

———. "The Growth of Chinese Despotism: A Critique of Wittfogel's Theory of Oriental Despotism as Applied to China." *Oriens Entremus* 8 (1961): 1–41.

Mote, Frederick, and Denis Twitchett, eds. *The Cambridge History of China,* vol. 7: *The Ming Dynasty 1368–1644,* pt. 1. Cambridge: Cambridge University Press, 1988.

Moule, A. C., and Paul Pelliot, trans. *The Description of the World.* London: Routledge, 1938.

Nappi, Carla. *The Monkey and the Inkpot: Natural History and Its Transformation in Early Modern China.* Cambridge, Mass.: Harvard University Press, 2009.

Needham, Joseph, and Robin Yates. *Science and Civilisation in China* V:6 (Military Technology: Missiles and Sieges). Cambridge: Cambridge University Press, 1994.

Nimick, Thomas. *Local Administration in Ming China: The Changing Roles of Magistrates, Prefects, and Provincial Officials.* Minneapolis: Society for Ming Studies, 2008.

Oertling, Sewall. *Painting and Calligraphy in the Wu-tsa-tsu.* Ann Arbor: Center for Chinese Studies, University of Michigan, 1997.

Parsons, James. "The Ming Dynasty Bureaucracy: Aspects of Background Forces." In *Chinese Government in Ming Times: Seven Studies,* ed. Charles Hucker, 175–232. New York: Columbia University Press, 1969.

———. *The Peasant Rebellions of the Late Ming Dynasty.* Tucson: University of Arizona Press, 1970.

Peng Xinwei. *Zhongguo huobi shi* (A history of Chinese currency). Beijing: Qunlian chubanshe, 1954.

Peterson, Willard. "Why Did They Become Christians? Yang Tingyun, Li Zhizao, and Xu Guangqi." In *East Meets West: The Jesuits in China, 1582–1773,* ed. Charles Ronan and Bonnie Oh. Chicago: Loyola University Press, 1988.

Plaks, Andrew. *The Four Masterworks of the Ming Novel.* Princeton: Princeton University Press, 1987.

Polo, Marco. *The Travels,* trans. Ronald Latham. Harmondsworth: Penguin, 1958.

Pomeranz, Kenneth. *The Great Divergence: China, Europe, and the Making of the Modern World Economy.* Princeton: Princeton University Press, 2000.

Ptak, Roderich, and Claudine Salmon, eds. *Zheng He: Images and Perceptions.* South China and Maritime Asia, vol. 15. Wiesbaden: Harrassowitz, 2005.

Qiu Zhonglin. "Mingdai changcheng yanxian de zhimu zaolin" (Afforestation along the Great Wall in the Ming dynasty). *Nankai daxue xuebao* 2007, 3: 32–42.

Quinn, William. "A Study of Southern Oscillation-Related Climatic Activity for A.D. 633–1900 Incorporating Nile River Flood Data." In *El Niño: Historical and Paleoclimatic Aspects of the Southern Oscillation,* ed. Henry Diaz and Vera Markgraf, 119–149. Cambridge: Cambridge University Press, 1992.

Ratchnevsky, Paul. *Genghis Khan: His Life and Legacy.* Oxford: Blackwell, 1991.

Reid, Anthony. *Southeast Asia in the Age of Commerce, 1458–1680,* vol. 2: *Expansion and Crisis.* New Haven: Yale University Press, 1993.

Riello, Giorgio, and Prasannan Parthasarathi, eds. *The Spinning World: A Global History of Cotton Textiles.* Oxford: Oxford University Press, 2009.

Rosenblatt, Jason. *Renaissance England's Chief Rabbi.* Oxford: Oxford University Press, 2006.

Rossabi, Morris. *Khubilai Khan: His Life and Times.* Berkeley: University of California Press, 1988.

———. *Voyager from Xanadu: Rabban Sauma and the First Journey from China to the West.* Tokyo: Kodansha, 1992.

Rowe, William. *Hankow: Commerce and Society in a Chinese City, 1796–1889.* Stanford: Stanford University Press, 1984.

Roy, David, trans. *Plum in the Golden Vase.* 3 vols. Princeton: Princeton University Press, 1993.

Ruitenbeek, Klaas. *Carpentry and Building in Late Imperial China: A Study of the Fifteenth-Century Carpenter's Manual Lu Ban Jing.* Leiden: E. J. Brill, 1993.

Salmon, Claudine, and Roderich Ptak, eds. *Zheng He: Images and Perceptions/ Bilder und Wahrnehmingen.* Wiesbaden: Harrassowitz, 2005.

Schäfer, Dagmar, and Dieter Kuhn. *Weaving an Economic Pattern in Ming Times (1368–1644): The Production of Silk Weaves in the State-Owned Silk Workshops.* Würzburger Sinologische Schriften. Heidelberg: Forum, 2002.

Schmalzer, Sigrid. *The People's Peking Man: Popular Science and Human Identity in Twentieth-Century China.* Chicago: University of Chicago Press, 2008.

Schneewind, Sarah. *Community Schools and the State in Ming China.* Stanford: Stanford University Press, 2006.

———, ed. *Long Live the Emperor! Uses of the Ming Founder across Six Centuries of East Asian History.* Minneapolis: Society for Ming Studies, 2008.

Scott, James C. *The Art of Not Being Governed: An Anarchist History of Upland Southeast Asia.* New Haven: Yale University Press, 2009.

Sedo, Timothy. "Environmental Jurisdiction within the Mid-Ming Yellow River Flood Plain." Paper presented at the annual meeting of the Association for Asian Studies, 2008.

Shin, Leo. *The Making of the Chinese State: Ethnicity and Expansion on the Ming Borderlands.* Cambridge: Cambridge University Press, 2006.
Shinno, Reiko. "Medical Schools and the Temples of the Three Progenitors in Yuan China: A Case of Cross-Cultural Interactions." *Harvard Journal of Asiatic Studies* 67, 1 (June 2007): 89–133.
Smith, Paul Jakov, and Richard von Glahn, eds. *The Song-Yuan-Ming Transition in Chinese History.* Cambridge, Mass.: Harvard University Asia Center, 2003.
So, K. L. Billy. *Prosperity, Region, and Institutions in Maritime China: The South Fukien Pattern, 946–1368.* Cambridge, Mass.: Harvard University Asia Center, 2000.
Spence, Jonathan. *The Memory Palace of Matteo Ricci.* Harmondsworth: Penguin, 1985.
———. *Return to Dragon Mountain: Memories of a Late Ming Man.* New York: Viking, 2007.
Standaert, Nicolas, ed. *Handbook of Christianity in China,* vol. 1: 635–1800. Leiden: Brill, 2001.
———. *Yang Tingyun, Confucian and Christian in Late Ming China: His Life and Thought.* Leiden: E. J. Brill, 1988.
Sterckx, Roel. *The Animal and the Daemon in Early China.* Albany: State University of New York Press, 2002.
Struve, Lynn. *The Southern Ming 1644–1662.* New Haven: Yale University Press, 1984.
———, ed. *Time, Temporality, and Imperial Transition: East Asia from Ming to Qing.* Honolulu: University of Hawaii Press, 2005.
———. *Voices from the Ming-Qing Cataclysm: China in Tigers' Jaws.* New Haven: Yale University Press, 1993.
Stuart-Fox, Martin. "Mongol Expansionism." Reprinted in *China and Southeast Asia,* ed. Geoff Wade, vol. 1, 365–378. London: Routledge, 2009.
Subrahmanyam, Sanjay. *The Portuguese Empire in Asia, 1500–1700: A Political and Economic History.* New York: Longman, 1993.
Sun, Jinghao. "City, State, and the Grand Canal: Jining's Identity and Transformation, 1289–1937." Ph.D. diss., University of Toronto, 2007.
Sun, Laichen. "Ming-Southeast Asian Overland Interactions, 1368–1644." Ph.D. diss., University of Michigan, 2000.
Sung Ying-hsing. *T'ien-kung k'ai-wu; Chinese Technology in the Seventeenth Century,* trans. E-tu Zen Sun and Shiou-chuan Sun. University Park: Pennsylvania State University Press, 1966.
Szonyi, Michael. "The Cult of Hu Tianbao and the Eighteenth-Century Discourse of Homosexuality." *Late Imperial China* 19, 1 (June 1998): 1–25.
Taga Akigorō. *Chūgoku sōfu no kenkyū* (Studies in Chinese lineage genealogies). Tokyo: Nihon gakujutsu shinkōkai, 1981.

Tian Rukang (T'ien Ju-K'ang). "*Duhai fangcheng*—Zhongguo diyiben keyin de shuilupu" (The first printed Chinese rutter—*Duhai fangcheng*). In *Zhongguo kejishi tansuo* (Explorations in the history of science and technology in China), ed. Li Guohao, Zhang Mengwen, and Cao Tianqin, 301–308. Shanghai: Shanghai Chinese Classics Publishing House, 1982.

Tong, James. *Disorder under Heaven: Collective Violence in the Ming Dynasty.* Stanford: Stanford University Press, 1991.

Topsell, Edward. *The Historie of Serpents.* London: William Jagger, 1608.

Trevor-Roper, H. R. *Archbishop Laud, 1573–1645,* 2nd ed. London: Macmillan, 1963.

Tsai, Shih-shan Henry. *The Eunuchs in the Ming Dynasty.* Albany: State University of New York Press, 1996.

———. *Perpetual Happiness: The Ming Emperor Yongle.* Seattle: University of Washington Press, 2001.

Tu, Wei-ming. *Neo-Confucian Thought in Action: Wang Yang-ming's Youth (1572–1509).* Berkeley: University of California Press, 1976.

Twitchett, Denis, and Tileman Grimm. "The Cheng-t'ung, Ching-t'ai, and T'ien-shun Reigns, 1436–1464." In *The Cambridge History of China,* vol. 7: *The Ming Dynasty,* pt. 1, ed. Frederick Mote and Denis Twitchett, 305–342. Cambridge: Cambridge University Press, 1988.

Twitchett, Denis and Frederick Mote, eds. *The Cambridge History of China,* vol. 8: *The Ming Dynasty 1368–1644,* pt. 2. Cambridge: Cambridge University Press, 1997.

Unschuld, Paul. *Medicine in China: A History of Pharmaceutics.* Berkeley: University of California Press, 1986.

Von Glahn, Richard. *Fountain of Fortune; Money and Monetary Policy in China, 1000–1700,* Berkeley: University of California Press, 1996.

Wade, Geoff. *Southeast Asia in the Ming Shi-lu: An Open Access Resource.* Singapore: Asia Research Institute and the Singapore E-Press, National University of Singapore, accessed 2010.

———. "The Zheng He Voyages: A Reassessment." Reprinted in *China and Southeast Asia,* vol. 2, 118–141. London: Routledge, 2009.

Wakeman, Frederic, Jr. *The Great Enterprise: The Manchu Reconstruction of Imperial Order in Seventeenth-Century China.* 2 vols. Berkeley: University of California Press, 1985.

Waldron, Arthur. *The Great Wall: From History to Myth.* New York: Cambridge University Press, 1990.

Waley, Arthur, trans. *The Analects of Confucius.* London: Allen and Unwin, 1949.

———, trans. *Monkey.* New York: Grove, 1970.

Wallerstein, Immanuel. *The Modern World-System II: Mercantilism and the*

Consolidation of the European World-Economy, 1600–1750. New York: Academic Press, 1980.
Waltner, Ann. *Getting an Heir: Adoption and the Construction of Kinship in Late Imperial China*. Honolulu: University of Hawaii Press, 1990.
Wang Shao-wu and Wei Gao. "La Niña and Its Impacts on China's Climate." In *La Niña and Its Impacts: Facts and Speculation,* ed. Michael Glantz, 186–189. Tokyo: United Nations University Press, 2002.
Wang Shuanghuai and Fang Jun, eds. *Zhonghua rili tongdian* (A complete Chinese calendar), vol. 4: *Yuan Ming Qing rili* (Calendar of the Yuan, Ming, and Qing). Changchun: Jilin wenshi chubanshe, 2006.
Wang Yong. *Zhongguo ditu shigang* (An outline history of Chinese maps). Beijing, 1958.
Wang Yü-ch'üan. "The Rise of Land Tax and the Fall of Dynasties in Chinese History." *Pacific Affairs* 9, 2 (June 1936).
Watt, James C. Y., and Denise Patry Leidy. *Defining Yongle: Imperial Art in Early Fifteenth-Century China*. New York: Metropolitan Museum of Art, 2005.
Weitz, Ankeney. *Zhou Mi's Record of Clouds and Mist Passing before One's Eyes: An Annotated Translation*. Leiden: Brill, 2002.
Will, Pierre-Étienne, and R. Bin Wong, eds. *Nourish the People: The State Civilian Granary System in China, 1650-1850*. Ann Arbor: Center for Chinese Studies, University of Michigan, 1991.
Wong, R. Bin. *China Transformed: Historical Change and the Limits of European Experience*. Ithaca: Cornell University Press, 1997.
Wood, Frances. *Did Marco Polo Go to China?* London: Secker and Warburg, 1995.
Woodside, Alexander. "The Ch'ien-lung Reign." In *The Cambridge History of China,* vol. 9, ed. Willard Peterson, 230–309. Cambridge: Cambridge University Press, 2002.
Wu Chengluo. *Zhongguo duliangheng shi* (A history of Chinese measurements). Shanghai: Shangwu yinshuguan, 1957.
Wu Han. *Jiang Zhe cangshujia shilüe* (A brief history of book collectors in Jiangsu and Zhejiang). Reprint, Beijing: Zhonghua shuju, 1981.
Wu Hongqi. *Yuandai nongye dili* (Economic geography of the Yuan dynasty). Xi'an: Xi'an ditu chubanshe, 1997.
Wu Jihua. *Mingdai haiyun ji yunhe de yanjiu* (Sea transport and the Grand Canal in the Ming dynasty). Taipei: Academia Sinica, 1961.
Wu, Marshall. *The Orchid Pavilion Gathering: Chinese Painting from the University of Michigan Museum of Art*. 2 vols. Ann Arbor: University of Michigan, 2000.
Wu Renshu. *Pinwei shehua: Wan Ming de xiaofei shehui yu shidafu* (Delicacy

and extravagance: consumer society and the gentry in the late Ming). Taipei: Lianjing chubanshe, 2007.

Xiamen daxue lishixi (History department of Amoy University), ed. *Li Zhi yanjiu cankao ziliao* (Reference materials for the study of Li Zhi). Xiamen.

Yang Zhengtai. "Ming-Qing Linqing de shengshuai yu dili tiaojian de bianhua" (The rise and fall of Linqing in the Ming and Qing in relation to changes in geographical conditions). *Lishi dili* 3 (1983): 115–120.

Yee, Cordell. "Reinterpreting Traditional Chinese Geographical Maps." In *Cartography in the Traditional East and Southeast Asian Societies,* ed. J. B. Hartley and David Woodward, 35–70. Chicago: University of Chicago Press, 1994.

———. "Taking the World's Measure: Chinese Maps between Observation and Text." In *Cartography in the Traditional East and Southeast Asian Societies,* ed. J. B. Hartley and David Woodward, 117–124. Chicago: University of Chicago Press, 1994.

Yü, Chün-fang. *The Renewal of Buddhism in China: Chu-hung and the Late Ming Synthesis.* New York: Columbia University Press, 1981.

Zhang Jiacheng and Thomas Crowley. "Historical Climate Records in China and Reconstruction of Past Climates." *Journal of Climate* 2 (August 1989): 833–849.

Zhang Qing. *Hongdong dahuaishu yimin zhi* (Migration gazetteer of the old locust tree in Hongdong). Taiyuan: Shanxi guji chubanshe, 2000.

Zhao Shiyu and Du Zhengzhen. "'Birthday of the Sun': Historical Memory in Southeastern Coastal China of the Chongzhen Emperor's Death." In *Time, Temporality, and Imperial Transition: East Asia from Ming to Qing,* ed. Lynn A. Struve, 244–276. Honolulu: University of Hawaii Press, 2005.

Zhongyang qixiangju qixiang kexue yanjiuyuan (Meteorological research institute of the central meteorological bureau), ed. *Zhongguo jin wubai nian hanlao fenbu tuji* (Atlas of the distribution of drought and wetness in China for the last five hundred years). Beijing: Ditu chubanshe, 1981.

Zhou Zhiyuan. *Mingdai huangzheng wenxian yanjiu* (Studies on famine administration texts of the Ming dynasty). Hefei: Anhui daxue chubanshe, 2007.

Zurndorfer, Harriet. "The Resistant Fibre: Cotton Textiles in Imperial China." In *The Spinning World: A Global History of Cotton Textiles, 1200–1850,* ed. Giorgio Riello and Prasannan Parthasarathi, 43–62. Oxford: Oxford University Press, 2009.

索 引

（按英文原著关键词排序和页码，即中译本边页码）

A

B

C

D

E

F

G

H

I

J

K

L

M

N

O

P

Q

R

S

T

U

V

W

X

Y

Z